dumont taschenbücher

Jürgen W. Frembgen, geboren 1955 in Bonn, studierte Ethnologie, Vergleichende Religionswissenschaft und Orientalische Kunstgeschichte, Promotion 1984. 15 Feldforschungsaufenthalte führten ihn nach Pakistan, zahlreiche Reisen in weitere Länder des islamischen Orient. Seit 1987 ist er Leiter der Orient-Abteilung am Staatlichen Museum für Völkerkunde, München. Zahlreiche Veröffentlichungen zu Süd- und Westasien.

Jürgen W. Frembgen

Derwische

Gelebter Sufismus
Wandernde Mystiker und Asketen
im islamischen Orient

DuMont Buchverlag Köln

Umschlagvorderseite: Tanzender Derwisch vor dem Schrein von Data Ganj Bakhsh in Lahore (Pakistan)
Umschlagrückseite: Mütze eines iranischen *sheikh*, rotes Tuch, bestickt
Frontispiz: Mit Eisenringen und Metallreifen behängter Fakir aus Madras (Südindien); in der Hand hält er eine *chimta*

Meiner Frau Sabine
und meinen Söhnen Simon, Milan und Robin
gewidmet

Die Deutsche Bibliothek – CIP-Einheitsaufnahme

Frembgen, Jürgen:
Derwische : gelebter Sufismus ; wandernde Mystiker und Asketen im islamischen Orient / Jürgen W. Frembgen. –
Erstveröff. – Köln : DuMont, 1993
(DuMont-Taschenbücher ; Bd. 295)
ISBN 3-7701-2829-X
NE: GT

Erstveröffentlichung

Satz: Fotosatz Froitzheim, Bonn
Druck: Rasch, Bramsche
Buchbinderische Verarbeitung: Bramscher Buchbinder Betriebe

Printed in Germany ISBN 3-7701-2829-X

Inhalt

Hinweise

Begriffe aus orientalischen Sprachen sind in sehr vereinfachter Form (ohne diakritische Zeichen) auf der Grundlage des Englischen wiedergegeben und kursiv gesetzt. Aussprache z.B. *sh* wie *sch*, *j* wie *dsch*, *ch* wie *tsch*, *y* wie *j*, *z* wie stimmhaftes *s*, *kh* in Arabisch und Persisch wie *ch*, ‘ als Knacklaut und ’ als Stimmabsatz. Fremdwörter, meist aus dem Arabischen, stehen in der Regel jeweils im Singular, auf die Angabe der Pluralform wurde zumeist verzichtet. Alle fremdsprachigen Zitate wurden vom Autor ins Deutsche übersetzt.

»Oh Qalandar, ich gebe mein Herz an deiner Türschwelle hin;
Qalandar, der mein Herz beherrscht, mach mich trunken!«
(Anrufung an den Heiligen Lal Shahbaz Qalandar)

»Ich bin der mystische Wanderer, den man Qalandar nennt;
ich habe weder ein Herdfeuer, noch einen Konvent.
Am Tag wandere ich durch die Welt, und in der Nacht
schlafe ich mit einem Ziegelstein unter meinem Kopf.«
(Baba Tahir 'Uryan, 11. Jh.)

Vorwort

Zu dieser Studie über »Wandernde Mystiker und Asketen im islamischen Orient« bin ich durch das bizarre und fremdartige Verhalten pakistanischer Derwische angeregt worden. Ihre Lebensumstände, ihre Ablehnung der Orthodoxie, ihre Vereinigung anscheinend unvereinbarer Extreme und ihre Hinwendung zu Gott ohne Rücksicht auf Etikette und Konventionen haben mich angezogen. Das drohend Befremdliche, das ich am Anfang einer Begegnung mit Derwischen oder Fakiren bisweilen empfand, kann bekannterweise auch verführen. Beeindruckt war ich von ihrer vollkommenen Abkehr vom Lebensstil der anderen und fasziniert von dem intensiven religiösen Erleben an den Heiligenschreinen, die gleichsam einen Brenn- und Kristallisationspunkt des Derwischwesens bilden. Der Ansicht Peter Sloterdijks folgend, daß man extreme Formen studieren sollte, um das Zentrum besser zu erkennen, stehen die heterodoxen Derwischbruderschaften und Ekstatiker im Vordergrund dieser Arbeit.

Danksagen möchte ich Monika Klauck und Britta Lanzerath (beide DuMont Buchverlag) für die Korrekturen, Swantje Autrum-Mulzer und Marietta Weidner für die Erledigung zahlreicher Photoarbeiten und Petra Thalmeier für die Anfertigung der Zeichnungen. Ferner danke ich all jenen Kollegen, die mir freundlicherweise aus ihren Museen oder aus ihrem Privatbesitz Photos zur Verfügung stellten oder mir mit einzelnen Hinweisen behilflich waren.

Gröbenzell, im Januar 1993 Jürgen W. Frembgen

Iranischer Derwisch, historische Aufnahme

Einleitung

Die westliche Welt identifiziert den Islam fast nur mit seiner offiziellen, normativen Erscheinungsform – dem orthodoxen Gesetzesislam. Dabei unterschätzt oder übersieht sie meist die Bedeutung des parallel dazu existierenden volkstümlichen Islam, insbesondere des Sufismus und der Heiligenverehrung. Der Sufismus, die islamische Mystik, ist zutiefst eine Religion der Hingabe und Ergriffenheit. Sein Gedankengut bildet die Grundlage des Derwischwesens. Es waren Derwische, die den Sufismus verbreiteten, ihn popularisierten, aber auch spirituell vertieften. Bis heute prägen Derwischbruderschaften vielerorts die Volksfrömmigkeit.

Sufis lieferten bedeutende Beiträge zur Literatur, Kunst und Geistesgeschichte des islamischen Orient; Orientalisten, Religionswissenschaftler und Historiker studierten eingehend zahlreiche der Handschriften und Texte sowie die Organisationsformen und Riten verschiedener Bruderschaften. Weniger untersucht wurde hingegen der *gelebte* Sufismus, das alltägliche Verhalten einfacher Derwische, ihre Lebenswelt, Kleidung und Ausrüstung. Den Ethnologen interessieren vor allem die ›Sufis als Derwische‹ und das Derwischwesen als eine »Religion der Straße«.[1] Er bemüht sich, das zu verstehen und zu deuten, was Richard Hartmann einmal – nicht gerade unvoreingenommen – als »schmutzig realistische Mystik« und die »Niederungen des einfachen Derwischtums« bezeichnet hat (1915: 54).[2]

Zum westlichen Mythos vom Orient gehört das Bild der ›tanzenden‹ und ›heulenden‹ Derwische, die seit dem 17. Jh. besonders den Malern ein beliebtes Sujet boten. Bekanntgeworden sind auch die wandernden Derwische, dargestellt als halbnackte, zerlumpte, mit Schmutz bedeckte Ekstatiker und Landstreicher.[3] So bezeichnen etwa Reisebeschreibungen des 19. Jh. muslimische Fakire (heterodoxe Derwische) in Indien als »ekelhafte schmutzige Narren«, »Wahnsinnige«, »verabscheuungswürdiges Gesindel« und »stinkfaule Heuchler«.[4] Und von mittelasiatischen Wanderderwischen wird berichtet: »... ein gemeineres, unverschämteres und widerlicheres Pack als die Duwanas kann man sich schwerlich vorstellen« (Schwarz 1900: 196).

Das Mißtrauen gegenüber Derwischen ist groß: Man sagt ihnen sexuelle Perversionen und orgiastische Praktiken nach, betrachtet sie als Schurken, Verbrecher, Scharlatane und Parasiten oder als skurrile, lächerliche Figuren. Ein negatives Zerrbild, das nicht nur in der westlichen Literatur weit verbreitet ist – etwa in den Orientromanen Karl Mays und selbst im wissenschaftlichen Schrifttum –, sondern auch in der islamischen Welt: in der modernen Gegenwartsliteratur, in Karikaturen und Zeitschriften. Wandernde Derwische beim Bettelgang wurden im Iran oft geringschätzig ›Spatzen‹ genannt, die alles Eßbare aufpicken. Der kritische Umgang mit ihnen beschränkte sich jedoch nicht auf den Spott allein. Vertreter der konservativen orthodoxen Geistlichkeit haben die Mystiker oft als Teufel oder falsche Propheten verurteilt und ihnen vorgeworfen, die religiösen Gesetze und Regeln offen zu mißachten.[5] Besonders unter der iranischen Dynastie der Safawiden waren Derwische – obwohl sie sich bemühten, ihre Lehren und Riten geheimzuhalten – Verfolgungen ausgesetzt[6], und viele emigrierten damals nach Indien. Die Intoleranz ging so weit, sie als Häretiker und Ungläubige zu foltern oder gar zu töten. Die Verketzerung der Sufis und Derwische im Iran ging vor allem auf orthodoxe Rechtsgelehrte *('ulama)* zurück, die aus Arabien stammten, und noch heute wenden sich einzelne streng orthodoxe Gruppierungen, wie etwa die arabischen Wahhabi, vehement gegen Heiligenverehrung und Derwischpraktiken – eine Auffassung, die auch manche orthodoxen Sufis, etwa die Anhänger der Naqshbandi-Bruderschaft, teilen. In der Konsequenz gilt auch die Beschäftigung des Wissenschaftlers mit Sufismus und Derwischwesen in den Augen der *'ulama* als reine Zeitverschwendung, da man sich – um den ›wahren Islam‹ zu finden – auf den heiligen Koran besinnen sollte.

Besonders heftige Kritik und Ablehnung erfahren seit jeher die frei und ungebunden lebenden Sufis, die oft keiner organisierten Bruderschaft angehören. Diese umherziehenden Mystiker und Asketen, im europäischen Sprachgebrauch gewöhnlich als ›Derwische‹ bezeichnet, sind im Orient unter verschiedenen Bezeichnungen wie Qalandar, Malang, Fakir, Majzub und Malamati bekannt. Ihre »Lebensstile in augenfälliger Abkehr vom Establishment« (Eaton 1978: 243) machen sie zu Randfiguren der Gesellschaft und unterscheiden sie von den orthodoxen Sufis.[7] Sucht man die bizarren, eigenartigen und oft zunächst auch völlig unverständlich erscheinenden Phänomene des Derwischwesens zu verstehen und zu deuten, so sollten weder schroffe Ablehnung oder Widerwille noch Sensationslust das Interesse leiten, vielmehr die Bereitschaft, sich diesem Komplex religiöser Ideen und Handlungsweisen möglichst unvoreingenommen anzunähern.

Die vorliegende ethnologische Studie setzt den regionalen Schwerpunkt auf die östlichen Traditionen des Derwischwesens; denn betrachtet man die räumliche Verbreitung der Muslime zwischen Nordafrika und Bengalen, so befindet sich das Herz der islamischen Welt weiter östlich, als dies bei uns zumeist angenommen wird: in Pakistan, Indien, Bangladesh oder auch Mittelasien (West- und Ostturkestan). In den genannten Regionen haben die Menschen in der Regel eine noch gefühlsbetontere Einstellung zu ihrer Religion als im arabisch geprägten Vorderen Orient oder in Nordafrika. Bis heute läßt sich insbesondere der indo-pakistanische Subkontinent als eigentliche Heimat der wandernden Mystiker und Asketen bezeichnen.

Sufismus – Die Grundlage des Derwischwesens

Der Begriff Sufismus *(tasawwuf)* wird zumeist von dem Wort *suf* für Wolle abgeleitet, da die frühen islamischen Asketen nach dem Vorbild des Propheten einen Mantel aus grobem weißen Wollstoff trugen.[8] Sie besaßen das unbedingte Vertrauen *(tawakkul)* auf Gott, der für jeden sorgt. Die Askese allein führt den Sufi jedoch nicht zu dem Einen und Wirklichen; als viel wichtiger erweist sich die Liebe zu Gott, die selbst als eine Gnadengabe Gottes gilt. Der Sufi sucht den göttlichen Freund und Geliebten unmittelbar zu erfahren. Er sieht Ihn in allen Dingen, er erkennt alles auf Ihn bezogen, außerhalb des Göttlichen gibt es nichts. Die Anerkenntnis der absoluten Einheit und Einzigkeit Gottes *(tauhid)* bildet den weltanschaulichen Kernpunkt des Sufismus. Das mystische System Ibn 'Arabis (1165–1240) entwickelte die Einheitserklärung schließlich weiter zur theosophisch angelegten Konzeption der ›Einheit des Seins‹ *(wahdat al-wujud),* die ab 1300 das Denken der Sufis dominierte.

Der mystische Weg *(tariqa)* zur Einheitserfahrung führt zum eigenen Herzen hin, in dem man den Herrn der Welt findet. Häufig wird das Herz als Spiegel versinnbildlicht, in dem der Gläubige Gott schauen kann.[9] Die Reinheit des Herzens bildet die Voraussetzung für das Gebet und die mystische Vereinigung mit Gott. Für den Sufi ist sie noch wichtiger als die äußerliche rituelle Reinheit, die sich etwa in den vorgeschriebenen religiösen Waschungen manifestiert. Gott enthüllt sein Wesen nur dem *innerlich* Reinen, äußerlicher Schmutz oder die geflickte Kleidung des Mystikers beeinträchtigen die innere Reinheit nicht, zeugen vielmehr von der Ergriffenheit durch den Einen und sind Zeichen der Abkehr von der diesseitigen Welt, die als schlecht und verabscheuenswert, als nicht wirklich gilt und nur dem Ungläubigen paradiesisch erscheint.[10] Der Sufi, der den mystischen Pfad verfolgt[11], bemüht sich um seine Vervollkommnung. Mystische Übungen auf dem stufenweise betretenen geistigen Weg bestimmen ein Leben der liebenden Hingabe zu Gott. Zum Charakterideal des Sufi gehören Einfachheit, Genügsamkeit, Ehrlichkeit und Gastfreundschaft. Er achtet nicht auf Äußerlichkeiten und behandelt jeden gleich.

Wird der Mystiker endlich – oft erst nach vielen Ängsten, Qualen und Leiden – von Gott berührt und ergriffen, der in seinem Herzen Wohnung genommen hat, so ist er überwältigt von dessen Größe und Fülle. Die mystischen Erlebnisse können so mächtig sein, daß sie ihn entrücken und in Ekstase versetzen. Nicht selten ist der Gott-Trunkene auch verwirrt und bestürzt angesichts der göttlichen Gegenwart. Er hat das Ziel seines mystischen Weges erreicht – das Ent-werden *(fana')* –, die Vereinigung mit dem göttlichen Geliebten. Der Mystiker lebt nur noch in Gott, sein Selbst, seinen eigenen Willen sowie seine persönlichen Wünsche und Bedürfnisse hat er aufgegeben und vernichtet. Oft hat man versucht, die Einswerdung von Mensch und Gott in poetischen Bildern wiederzugeben, so etwa in dem des Falters, der in der

Nordindischer Fakir, historische Aufnahme

Flamme den Liebestod sucht und findet, oder in dem Verschwinden der Seele im Meer des göttlichen Lichts. Der Tod des Mystikers gilt als das eigentliche Tor zum Leben in Gott.[12] Damit ist sowohl das freiwillige mystische Sterben gemeint als auch der physische Tod, der als ›heilige Hochzeit‹ *('urs)* mit Gott aufgefaßt wird, als geistige Vereinigung der Liebenden, die fortdauert und erst das wirkliche Leben bedeutet.[13]

Die Anfänge des Sufismus liegen in Khorassan, dem heutigen Nordostiran, sowie in Teilen Afghanistans und Mittelasiens; aus diesen Regionen stammen zahlreiche bedeutende Mystiker, die das religiöse Leben in anderen Gebieten des islamischen Orient stark beeinflußten. Seit seiner Herausbildung im 8. und 9. Jh. stellt der Sufismus eine Alternative zum offiziellen Gesetzesislam dar. Er verkörpert in besonderer Weise die Ideale der Toleranz und des Humanismus im Islam.[14] Gottes- und Menschenliebe sowie die Wertschätzung der mystischen Erfahrungen anderer Religionen haben die Sufis zu einer liberalen und toleranten Einstellung gegenüber Nicht-Muslimen geführt. Als bemerkenswertes Beispiel seien das gute Einvernehmen und die engen Beziehungen zwischen islamischen Mystikern und Hindus in Indo-Pakistan genannt.

Derwische stehen in der Tradition des Sufismus, dessen Gedanken, Ideale und Verhaltensregeln die Grundlage ihrer Lebenspraxis bilden. In diesem Sinne bezeichnet H. J. Kissling den Sufismus als den »psychologischen Mutterboden der Derwischorden« (1959: 2). Das Derwischwesen selbst betrachten manche Gelehrte in Abgrenzung zu der literarisch geprägten Mystik als ›vulgären Sufismus‹.

Läßt sich ein Unterschied zwischen Sufi und Derwisch definieren?

Beide verfolgen den mystischen Weg hin zu Gott, der Sufi mehr durch philosophisch-theoretische Betrachtungen, der Derwisch hingegen lebt und praktiziert ihn auch äußerlich: beispielsweise folgt er dem Gebot der Armut, indem er bettelt.[15] Natürlich kann ein Mystiker zugleich Sufi und Derwisch sein, allerdings ist zu bedenken, daß sich die heterodoxen Vorstellungen und Praktiken einiger Derwischbruderschaften teils weit von dem entfernt haben, was gewöhnlich unter Sufismus verstanden wird.[16] Tatsächlich ist der Sufismus ein äußerst facettenreiches und dynamisches Phänomen, die Spanne zwischen verschiedenen Mystikertypen kann beträchtlich sein. Im Falle des ekstatischen Majzub etwa hat man von ›radikalem Sufismus‹ gesprochen.

Im Unterschied zum orthodoxen Sufismus ist das Derwischwesen stark von der Armut geprägt, auf die bereits die Begriffe *darwesh (darwish)* und *faqir* hinweisen. Die Grundbedeutung von *darwish* (persisch) und *faqir* (arabisch) lautet ›arm‹ und ›bedürftig‹ – gemeint sind *homines religiosi,* die in materieller Armut leben und Gott bedürfen. Das neupersische *darwish* wird über das mittelpersische *daryosh* aus dem avestischen *drigu* abgeleitet, einem Begriff, mit dem im Alt-Iran die Mitglieder der Jüngerschar Zarathustras bezeichnet wurden.[17] *Drigu* korrespondiert übrigens in Pali mit *bhikkhu* und in Sanskrit mit *bhiksu,* den in Indien geläufigen Ausdrücken für einen buddhistischen Wandermönch. Der Begriff *darwish* ist wörtlich auf *dar* = ›Tür‹ und *wish* (möglicherweise von *wihtan* = ›betteln‹ abzuleiten) zurückgeführt worden und bezeichnet konkret den von Tür zu Tür gehenden Bettler, im übertragenen Sinne die ›Türschwelle‹ zwischen Diesseits und Jenseits.

Speziell bei den türkischen Bektashi bezeichnet man mit dem Begriff *darwish* ein voll eingeweihtes Bruderschaftsmitglied, im Iran steht der Begriff für einen bestimmten Grad, den der Mystiker auf seinem Weg erreicht hat: Ein *darwish* gilt, verglichen mit einem heterodoxen Wanderderwisch, als höherstehender.

Ein muslimischer Fakir (es gibt auch hinduistische!) entspricht einem Derwisch der heterodoxen Richtung.

Sheikh 'Abdul Qadir Jilani (Gilani), der Begründer der größten Derwischbruderschaft, der Qadiriyya, ägyptischer Farbdruck

Heilige und Derwische im islamischen Orient

Zum Erscheinungsbild der islamischen Volksfrömmigkeit gehört als wesentlicher Bestandteil die Heiligenverehrung. Die Heiligen und ihre Grabstätten selbst sind untrennbar mit den Derwischen verbunden[18], denn häufig handelt es sich bei berühmten Heiligen um Mystiker, die zu Lebzeiten Derwischbruderschaften gründeten. Vielfach aber werden auch einfache Derwische nach ihrem Tod als Heilige verehrt[19], denen der Volksglaube eher magische und in geringerem Maße charismatische Qualitäten zuschreibt. Zusammen mit Glaubenskämpfern, Märtyrern und Frommen bilden sie die große Menge der oft nur lokal in einem begrenzten Stadtviertel oder Dorf verehrten ›kleinen‹ Heiligen, an die sich die Bevölkerung mit ihren alltäglichen Sorgen und Nöten wendet.

Gottesfreunde und spirituelle Führer

Wer durch göttliche Gnade zum Heiligen erhoben wurde, gilt in islamischem Sinne als ›vollkommener Mensch‹ *(insan kamil)*; in der Regel hat er schon im Diesseits ein einem Heiligen würdiges Leben geführt. Ihm sind Charisma und Segenskraft zu eigen, das Volk verehrt ihn als Wundertäter. Im Islam wird ein Heiliger allgemein mit dem arabischen Begriff *wali* (Pl. *auliya*) als ›Gottesfreund‹ bezeichnet. Eine solche Heilsgestalt ist beispielsweise der Sufi-Lehrmeister, der Schüler auf ihrem spirituellen Weg unterweist und selbst Oberhaupt einer Bruderschaft sein kann. Er trägt den religiösen Titel *sheikh* oder – vor allem im Mittleren Osten und in Südasien – auch *pir*. Der Begriff *murshid* beschreibt demgegenüber im allgemeineren Sinne die Funktion eines Seelenführers.[20] In Mittelasien werden Heilige und spirituelle Führer *ishan* genannt.[21] In Nordafrika heißen sie in Arabisch *murabit* (›jemand, der an Gott gebunden oder gefesselt ist‹), in der Sprache der Berber ist der Ausdruck *agurram* (Pl. *igurramen*) gebräuchlich.[22]

Über dem *sheikh* oder *pir*, der einen Konvent führt und dem ein bestimmtes Territorium zugewiesen ist, steht in der Hierarchie einer Derwischbruderschaft als höchste geistliche Instanz der *qutb* (›Pol‹). Der Pol legitimiert seine Autorität damit, daß er sich in einer – häufig fiktiven – geistigen Ahnenreihe *(silsila)* über frühere Heilige auf die Familie des Propheten zurückführt. Das amtierende Oberhaupt einer Bruderschaft oder eines davon abgespaltenen Zweiges wird oft auch als *sheikh al-sajjada* bezeichnet, d. h. als derjenige Sufi-Meister, der auf dem von seinem Vorgänger ererbten Gebetsteppich sitzt. Dieser Teppich oder dieses Sitzfell symbolisiert gewissermaßen den Thron einer Bruderschaft. Gibt es in einer Stadt mehrere Konvente, so führt häufig ein *sheikh al-masheikh* (›Großscheich‹ oder ›Scheich der Scheiche‹) den Vorsitz, fungiert also in der ›Ordens‹-Hierarchie als Mittler zwischen *sheikh* und *qutb*.

Die meist permanent an einem Schrein lebenden *sheikh, pir, ishan* usw. stellen geistliche Autoritäten dar, die Schüler in mystischen Lehren unterweisen, Literatur und Poesie schreiben oder religiöse Reformen propagieren. Demgegenüber sind die eher weltentsagenden Derwische sowohl Wanderer auf dem inneren spirituellen Weg als auch in der diesseitigen äußeren Welt, sie leben den Sufismus, indem sie mit Hilfe ekstatischer Praktiken die Nähe zu Gott suchen.

Islamisierung durch Sufis

Ihre Lebensläufe belegen, daß viele der Heiligen, Sufis und Derwische jahrelange Reisen in verschiedene Länder unternahmen, um dort mystisches Wissen zu erlangen und gleichzeitig zu missionieren.[23] Die warmherzige Frömmigkeit, mit der die Mystiker zu überzeugen wußten, trug dazu bei, daß die Bekehrung der ›heidnischen‹ Bevölkerung zum Islam – in Verbindung mit neu entstehenden muslimischen Staaten – zumeist friedlich verlief. Insbesondere zwischen dem 11. und 14. Jh. verbreiteten sie den Islam mystischer

Prägung sowohl in Nordafrika, Anatolien, dem Kaukasus, im iranischen Hochland und den Steppengebieten Mittelasiens als auch in Pakistan und Indien. Einige Beispiele mögen hier genügen: Mu'in ud-Din Chishti († 1236) war vielleicht der berühmteste und wichtigste islamische Missionar auf dem Subkontinent.[24] Der zur selben Bruderschaft, der Chishtiyya, gehörende Heilige Baba Farid ud-Din Shakarganj († 1265) bekehrte große Teile der damals überwiegend hinduistischen Landbevölkerung des südwestlichen Panjab und schickte Sendboten weiter in den Süden bis nach Kutch, Sindh und Makran.[25] Kashmir wurde in erster Linie von Sayid 'Ali Hamadani (1314–85) und seinen Begleitern islamisiert.[26]

Sufis und Derwische sind jedoch auch – gerade in den Grenzgebieten der islamischen Welt – immer wieder gewaltsam gegen Ungläubige vorgegangen. So verbanden sie sich vor allem in Nordafrika, Anatolien und – zur Zeit des Safawiden-Herrschers Shah Isma'il (reg. 1501–24) – im Iran und in Turkestan mit den Glaubenskämpfern *(ghazi)*. Die Derwische der von Abu Ishaq Kazeruni (963–1034) gegründeten Ishaqi-Bruderschaft missionierten im 15. Jh. in militanter Weise besonders unter Zoroastriern und Juden.[27] Vom Ende des 13. bis Mitte des 14. Jh. waren es bewaffnete kriegerische Sufis, die – gemeinsam mit muslimischen Armeen – von Nordindien in das südindische Bijapur zogen und dort den *jihad* (›heiligen Krieg‹) gegen die Hindus ausriefen.[28]

Berühmte Heilige und mystische Schulen

Welche Heiligen verehrt das einfache Volk besonders, und welche mystischen Richtungen vertreten diese?

Neben der herausragenden Stellung des Propheten Mohammad in der Volksfrömmigkeit spielt sein Vetter und Schwiegersohn 'Ali in Sufismus und Derwischwesen eine bedeutende Rolle. 'Ali gilt als der erste Mystiker und *pir* und wird als der islamische Heilige par excellence verehrt. Im Gedankengut und Brauchtum vieler Derwischbruderschaften finden sich auf ihn zurückgehende schiitische

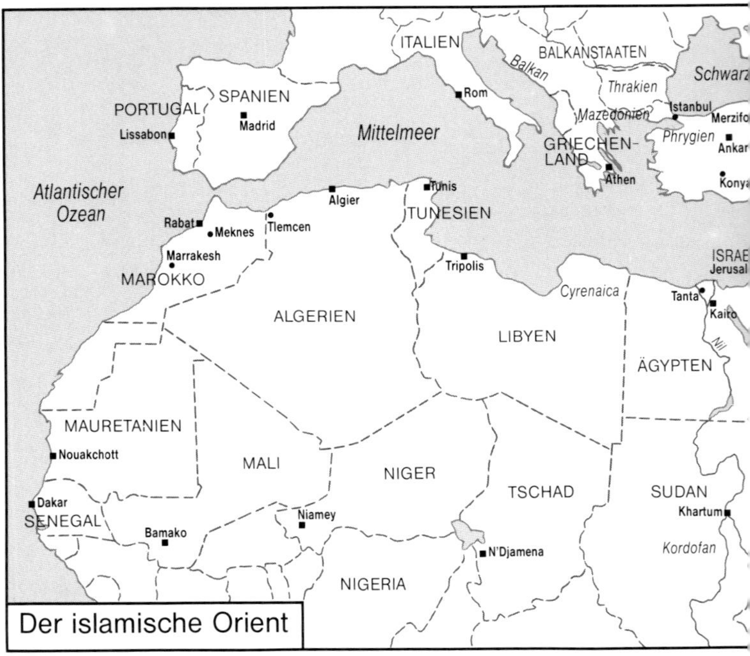

Der islamische Orient

Tendenzen und Neigungen. ʻAli, Begründer der Schia und nach Ansicht seiner Anhänger rechtmäßiger Nachfolger des Propheten, wird vor allem von den türkischen Bektashi-Derwischen hochgeschätzt und steht im Mittelpunkt ihrer Riten[29]: Der legendäre Haji Bektash Veli soll von ʻAli selbst seine Wunderkraft erhalten haben. Die einfachen Gläubigen pilgern zu Heiligtümern, die ʻAli geweiht sind, und erhoffen sich dort Heilung von Krankheiten und Gebrechen: So suchen in Afghanistan viele Blinde und Lahme seine heiligen Stätten in Kabul und Mazar-i Sharif auf.[30]

Bei der Vielzahl der im islamischen Orient verehrten Heiligen unterscheidet man zwischen denen, die ›Hilfe jeder Art‹ spenden, und solchen, die auf die Heilung bestimmter körperlicher Leiden ›spezialisiert‹ sind (etwa Lepra, Blindheit, Unfruchtbarkeit, Zahnschmerzen, Schlangenbisse usw.). Handelt es sich um Heilige, die nur in einem Dorf oder in einem eng begrenzten Gebiet bekannt

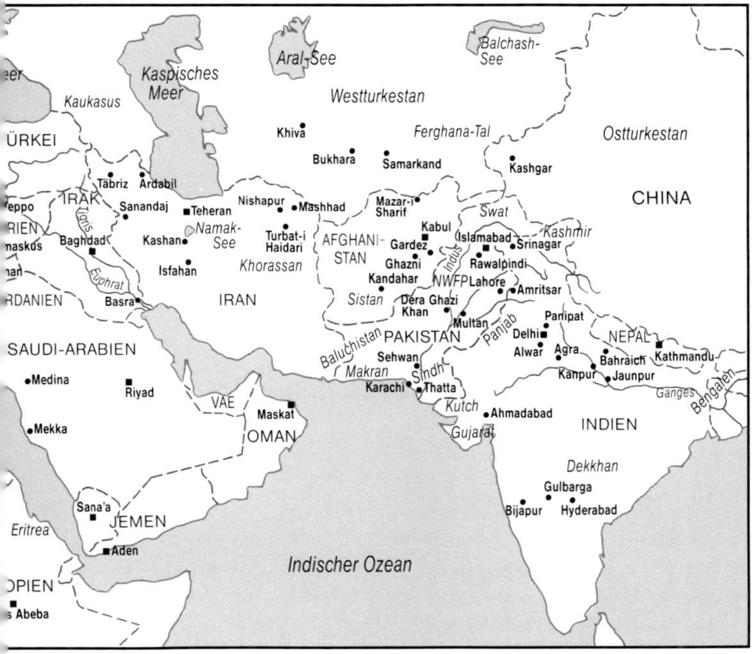

sind, weiß die Bevölkerung häufig mehr über deren Heil- und Segenskräfte zu berichten als über die mystischen Richtungen, denen diese einmal angehört haben mögen.

Berühmtere Heilige hingegen erwähnt die hagiographische Literatur. Oft spielen sie in der Geschichte der Bruderschaften eine bedeutende Rolle und sind darüber hinaus vielfach durch ihre Dichtungen hervorgetreten. Meist lassen sie sich einer der beiden großen, einander entgegengesetzten mystischen Richtungen zuordnen: den ›Iraki‹ oder den ›Khorassani‹.[31] Die Iraki- (oder Baghdader) Schule tritt für einen gemäßigten, konformen, auf Gottvertrauen basierenden Sufismus ein. Sie geht auf Abu'l-Qasim Junaid († 910) zurück, einen der größten mystischen Führer seiner Zeit, der die Ausrichtung der meisten Bruderschaften prägte. Radikaler und exzentrischer waren die Ansichten des Iraners Abu Yazid (Bayezid) Taifur Bistami († 874), der die Entstehung des Malamati-

Sufis und das Handwerkertum

Die Beinamen vieler bedeutender Heiliger und Sufis weisen darauf hin, daß sie aus Handwerksberufen stammen.[32] Der Heilige Hallaj etwa war seinem Namen nach ein Baumwollkarder, und Baha ud-Din Naqshband († 1389) – der Gründer der großen Naqshbandiyya – arbeitete als Sticker oder Steingraveur. Bekannt sind auch Abu Hafs al-Haddad (›der Schmied‹), ein asketischer Heiliger des 9. Jh. aus Turkestan, und Abu 'Ali al-Daqqaq (›der Tuchwalker‹) aus Turkmenistan (10. Jh.). Der im 16. Jh. in Nordafrika umherziehende gottbegeisterte Sidi 'Abdur Rahman arbeitete zeitweise als Mattenflechter.[33] Andere Beinamen verweisen auf Weber, Sattler, Glasschleifer, Bogenmacher, Korbflechter, Baumwollhändler usw.

Bis heute zählen die Mitglieder von Derwischbruderschaften eher zum einfachen Volk; sie stammen aus den ärmeren Bevölkerungsschichten der Handwerker und Bauern. Vor allem im Iran und dem Osmanischen Reich bestanden oft enge Beziehungen zwischen Derwischbruderschaften und Zunftorganisationen der Handwerker und Händler.[34] So kamen die Khaksar-Derwische überwiegend aus dem Handwerkerbund der *faqr-i 'ajam*. Derwische und Zunftmitglieder kennen teilweise die gleichen Riten und folgen beide den ritterlichen Idealen der *futuwwa,* wie diese Bünde im Vorderen Orient und Mittleren Osten allgemein genannt werden. Es handelt sich dabei vor allem um die Tugenden der Treue, Freigebigkeit und Selbstentsagung. Im islamischen Mittelalter traten *futuwwa*-Mitglieder als ausgesprochen gewalttätige Glaubenskämpfer auf, denn auch außergewöhnliche Tapferkeit gehörte zu ihren Idealen. Neben den genannten Khaksar pflegten insbesondere die Derwische der Kubrawi- und Bektashi-Bruderschaften Beziehungen zu Handwerkerbünden und blieben so dem einfachen Volk eng verbunden.

und Qalandartums entscheidend beeinflußte. Seine asketische Schule ist nach ihrem Kerngebiet im heutigen Nordostiran und Nordafghanistan auch als Khorassani bekannt. Namhafte Bruderschaften, wie die Naqshbandiyya, Khalwatiyya, Yasawiyya und Bektashiyye, führen sich auf diese Tradition zurück.

Der berühmte Heilige Hujwiri – genannt Data Ganj Bakhsh – aus Lahore (Pakistan), pakistanischer Farbdruck

Wie facettenreich der Sufismus bereits in seiner Frühphase war, zeigt das Beispiel des großen Mystikers und Märtyrers Hussein ibn Mansur al-Hallaj (858–922), der in Baghdad hingerichtet wurde.[35] Sein berühmter ekstatischer Ruf *ana' l-haq* (›Ich bin die Wahrheit‹) im Sinne von ›Ich bin Gott‹ galt als Häresie. In der Chishtiyya und Qadiriyya aber lebt die Tradition von Hallaj weiter, der mit seiner asketischen Lebensweise das extreme Modell einer liebenden Hingabe an Gott verkörperte.

Gemäßigter – und den strengen Asketen (im besonderen den Malamati; s. S. 70f.) gegenüber kritisch eingestellt – war der aus dem afghanischen Ghazna stammende Hujwiri.[36] Er starb um 1071 in Lahore, der indischen Hauptstadt der Ghaznawiden, wo er vom Volk seitdem als Data Ganj Bakhsh (›der Schätzeverteiler‹) geachtet und verehrt wird. Bis heute ist Data Sahib einer der bedeutendsten Heiligen Pakistans. Sein Hauptwerk »Kashf al-mahjub« (»Die Enthüllung des Verschleierten«) schrieb Hujwiri übrigens in Persisch, wohingegen vor ihm mystische Literatur fast ausschließlich in Arabisch verfaßt worden war.

Der ägyptische Heilige Ahmad al-Badawi, ägyptischer Farbdruck

Eher der asketischen Richtung zuzuordnen ist der von Westafrika bis Bengalen wohl populärste und bekannteste Heilige – ʿAbdul Qadir Jilani (1088–1166), Gründer der größten Bruderschaft in der islamischen Welt, der Qadiriyya (Abb. S. 18, 140/141).[37] In Südasien verehrt ihn das Volk als *qutb* (›Pol‹, ›Achse‹)

aller Heiligen. Eine Fülle volkstümlicher Legenden und Wundererzählungen rankt sich um diesen Prediger aus Baghdad.

Neben den reinen Mystikern und Asketen verehrt das Volk aber gerade solche Heilige, die sich als Glaubenskämpfer einen Ehrennamen erwarben. Zu ihnen gehört 'Abdullah Shah Ghazi (†768), der Hauptheilige der pakistanischen Hafenstadt Karachi[38], dessen Grab zahlreiche Derwische aufsuchen. Dieser Urenkel Hassans, des Sohns 'Alis, lebte und wirkte im südlichen Teil der Provinz Sindh, dem *bab ul-Islam* (›Tor des Islam‹) zum indo-pakistanischen Subkontinent.

Ein besonders kriegerischer Heiliger war Sipahsalar Mas'ud Ghazi, der als Neffe Mahmud von Ghaznas in Nordindien kämpfte und als Märtyrer starb (11. Jh.).[39] An seinem Schrein in Bahraich (Uttar Pradesh) suchen vor allem Leprakranke, Blinde, Lahme und Krüppel Heilung von ihren Leiden. Der Heilige – auch Ghazi Miyan, Bale Miyan oder Ghazi Salar genannt – wird speziell von den wandernden Dafali-Musikern geehrt, die singen und eine kleine Rahmentrommel schlagen.

Heilige mit ausgesprochen kriegerischen Zügen sind ferner aus der islamischen Geschichte Südosteuropas bekannt.[40] Bei den Derwischheiligen Thrakiens und des Balkan handelt es sich nach H. J. Kissling um Personen, die zunächst als Glaubenskämpfer die türkischen Eroberer begleiteten und dann später als Heilige verehrt wurden.

Anhänger des im 12./13. Jh. verstorbenen Sakhi Sarwar sind die Bharai-Fakire, die wie die Dafali-Musiker beim Bettelgang eine Trommel verwenden; sie ziehen umher und preisen in Liedern und Hymnen die Wundertaten ihres Heiligen.[41] Sein Grab liegt in Nigaha bei Dera Ghazi Khan in der Nähe des Indus. Sakhi Sarwar Sultan, vielleicht der populärste Heilige des Panjab, verehren die frommen Gläubigen als den ›freigebigen Heiligen‹, als Lakh Data (›Geber von Hunderttausenden‹). Auffallend ist die große Toleranz, die man an seinem Schrein und dem von Baba Farid in Pakpattan (Panjab) Hindus entgegenbringt.

Als einer der bekanntesten Heiligen West- und Südasiens kann wohl Jalal ud-Din Rumi (1207–73) gelten, der im nordafghanischen Balkh geborene und im türkischen Konya verstorbene große Mystiker und Dichter.[42] Es heißt, daß Rumi – oft Maulana

Der nordindische Heilige Shah Madar, Detail eines pakistanischen Heiligenbilds (Farbdruck)

(Mevlana) oder im Iran auch Maulavi genannt – in Verzückung seine ekstatischen Liebesgedichte diktierte. Er gründete die Mevlevi-Bruderschaft, die von seinem ältesten Sohn Sultan Walad († 1312) institutionalisiert wurde. Die Mevlevi-Derwische vertreten den gemäßigten Sufismus, der auf Junaid zurückgeht. Bis heute pflegen sie besonders die Lyrik ihres Meisters Jalal ud-Din und die spirituelle Musik.

Die mystische Tradition Junaids beeinflußte auch den turkestanischen Heiligen Yusuf Hamadani († 1140), der sich in einer geistigen Kette auf Bayezid Bistami zurückführte. Hamadanis wichtigster Schüler und Nachfolger war Ahmad Yasawi († 1166), der die Yasawiyya gründete und den Islam unter den Turkvölkern verbreitete.[43] Der in der Stadt Turkestan begrabene Heilige schrieb mystische Verse und Lieder für das einfache Volk, die im türkischen Versmaß gedichtet und als *hikmet* (›Weisheit‹) bekannt sind.

Ein Yasawi-*ishan* war auch Gözli-ata, ein in der zweiten Hälfte des 14. Jh. lebender Heiliger, damals einer der wichtigsten *sheikh* Mittelasiens.[44] Zeitweise zog er als Qalandar-Derwisch umher und bekehrte die Turkmenen und Uzbeken in Khorezm zum Islam. Als typischer Derwisch der Yasawiyya übte er das laute Gottgedenken *(dhikr, zikr)* und tanzte in Ekstase.

Der größte und berühmteste Heilige Ägyptens, Sidi Ahmad al-Badawi (um 1200–76; Abb. S. 26) aus Tanta im Nil-Delta, läßt sich ebenfalls eher als Yogi-artiger Derwisch und Asket denn als orthodoxer Sufi charakterisieren.[45] Er gründete die Badawiyya, eine der größten Bruderschaften in Ägypten und dem Sudan. Besonders das einfache Volk liebt noch heute Sidi Ahmad al-Badawi, und eine Fülle von Legenden überliefert seine Wundertaten. Vor allem Frauen, die Kindersegen erflehen, pilgern zu seinem Grab in Tanta.

Im 13. Jh. wirkte Sheikh 'Usman Marwandi (†1274), der wichtigste Heilige der Qalandariyya, einer Bruderschaft und Bewegung, die sich in jener Zeit gegen die Verweltlichung des Sufismus wandte.[46] Aus seiner Heimat, Marwand bei Täbriz (Aserbeidschan), wanderte 'Usman Marwandi nach Osten in den Sindh, wo er sich schließlich in Sehwan niederließ. Es heißt, daß er zunächst außerhalb des Ortes in einem hohlen Baumstamm wohnte, später in einem Prostituiertenviertel. Bekannt ist der vom Malamatitum geprägte Heilige, dem man viele Wunder zuschreibt, unter dem Namen Lal Shahbaz Qalandar (Farbabb. 8). Die Bezeichnung *lal* (›rot‹, ›Rubin‹) wird einerseits auf die Farbe seines Gewandes zurückgeführt und andererseits mit einer Legende erklärt, nach der er ein Jahr in einem großen Kessel über einem Feuer saß und dadurch eine rote Hautfarbe erhielt. Den Ehrennamen *shahbaz* (›Königsfalke‹) trägt er, da er einst die Gestalt eines Raubvogels annahm, um seinen Freund Sheikh Sadr ud-Din 'Arif, den Sohn des Suhrawardi-Heiligen Sheikh Baha ud-Din Zakariya (1171–1262), aus den Händen eines ungläubigen Herrschers zu befreien. In die kultische Verehrung Jiwe Lals (›lebender Rubin‹), wie der Heilige zärtlich genannt wird, sind viele hinduistische Elemente eingegangen; nicht zuletzt befand sich in Sehwan ein bedeutendes Shiva-Heiligtum. Der Schrein Lal Shahbaz Qalandars bildet heute den Hauptanziehungspunkt für die in Schwarz gekleideten Malang, die aus allen Teilen Pakistans zu ihrem Heiligen pilgern.

Als letztes Beispiel für berühmte volkstümliche Heilige des islamischen Orient sei hier Shah Madar aus Nordindien vorgestellt.[47] Der konvertierte Jude aus dem syrischen Aleppo hieß eigentlich Shah Badi ud-Din. Einer Quelle zufolge wurde er um das Jahr 1050 geboren, nach einer anderen lebte er von 1315–1434 und starb in Makanpur (Kanpur-Distrikt). Der wie Lal Shahbaz Qalandar zölibatär lebende Heilige steht in der Tradition des Asketen Bayezid Bistami und gilt auf dem indo-pakistanischen Subkontinent als Schutzpatron der Gaukler. Shah Madar gründete die Bruderschaft der Madari-Derwische, die sich nach seinem Vorbild in Schwarz kleiden. Es handelt sich um eine ›freie‹, außerhalb des religiösen Gesetzes *(bi-shar')* stehende Organisation. Bekannt sind die Madari für ihren Lauf über glühende Holzkohlen, den sie anläßlich des alljährlichen Heiligenfestes durchführen (s. S. 194ff.). Shah Madar wird von Muslimen und Hindus gleichermaßen verehrt. Die Hindus betrachten den als lebend *(zinda)* geltenden Heiligen übrigens als eine Inkarnation des Gottes Lakshmana, in den Mythen der Sohn Vishnus und Bruder Ramas.

Wundertaten der Heiligen

Heilige, dem Volk oft durch einen handwerklichen Beruf vertraut, werden vor allem wegen ihrer von Gott verliehenen Heil- und Segenskräfte verehrt. Ausdruck und Nachweis dieser besonderen Wirkkräfte sind Wunder *(karamat)*, von denen eine Fülle frommer Legenden berichtet. In vielen Fällen mag es fraglich sein, ob die in den Wundererzählungen geschilderten Begebenheiten tatsächlich so geschehen sind, oder ob es sich um unerklärliche Vorgänge gehandelt hat[48], die sich als visionäre Erscheinungen deuten lassen, hervorgerufen durch Fasten, Schlafentzug, Einnahme von Rauschmitteln und andere Askese- und Ekstasepraktiken.[49]

Beispiele für wundersame Fähigkeiten der Heiligen sind Unsichtbarmachen, magisches Fliegen, gleichzeitige Anwesenheit an verschiedenen Orten *(multilocatio)*, wundersame Speisungen, Regenmachen, Erweckung von Toten, Hellsehen usw.[50] Der

Bektashi-Derwisch mit geschultertem Löwen, volkstümliches Aquarell, Anfang des 19. Jh. (Türkei) ▷

Volksglaube unterscheidet zwischen wundersamen Fähigkeiten und Eigenschaften, die von vielen Derwischen beherrscht werden, und einzelnen übermenschlichen Kräften, die man nur bestimmten Heiligen zuschreibt: Von Najm ud-Din Kubra (1145–1200), dem Gründer der insbesondere in Turkestan verbreiteten Kubrawiyya, heißt es, daß er einmal bei einem Angriff eine ganze Stadt vor den Feinden unsichtbar machte.[51] Von einem weiteren mittelasiatischen Heiligen, dem aus Balkh in Nordafghanistan stammenden Asketen Ahmad Khizruye (†854), wird in der hagiographischen Literatur berichtet, 1000 Schüler seien ihm gefolgt, »die alle 1000 auf dem Wasser gingen und in der Luft flogen« (Klappstein 1919: 34). Ein häufiges Motiv ist die Reise unter der Erde; so soll der in der Nähe von Madras verehrte Sheikh Farid auf diesem Wege eine Wallfahrt nach Mekka unternommen haben.[52] Heilige, Sufis und Derwische sind auch dafür bekannt, in der Wüste Wasser entdecken und Quellen ›riechen‹ zu können.[53] Und Baba Farid aus Pakpattan soll die ›verborgene Hand‹ *(dast-i ghaib)* besessen haben, eine Art magisches Füllhorn, das ihm alles gab, wonach ihm verlangte.[54] Über Pir Lakha aus Baluchistan, einen von Lal Shahbaz Qalandar zum Islam bekehrten Hindu, berichtet eine fromme Legende, daß seine Hände die Blätter der Bäume in Brotfladen zu verwandeln vermochten.[55] Wundertaten, wie etwa das Niederschlagen einer Wand mit einem einzigen Faustschlag oder das Schmelzen von Steinen durch Gebete, werden gerade auch den wandernden Qalandar nachgesagt.[56] Durch den Ruf, magische und übermenschliche Kräfte zu besitzen, traten solche Derwische bei den Nomadenvölkern Mittelasiens die Nachfolge der Schamanen an.

Ein häufig wiederkehrendes Motiv ist ferner die Vertrautheit der Heiligen mit wilden Tieren. Dies gilt beispielsweise für den Berber Bu ʻAzza, einen wandernden Asketen und Heiligen, der im 11./12. Jh. für längere Zeit in den Wäldern Marokkos unter Berglöwen lebte.[57] Von den ägyptischen Rifaʻi- und den türkischen Bektashi-Derwischen erzählt man sich, daß sie auf Löwen reiten können.[58] Die Beziehungen bestimmter Derwischbruderschaften zu Gauklern und Tierschaustellern werden später noch näher besprochen (s. S. 126ff.).

Die Zahl der Anhänger eines Heiligen hängt oft nicht allein von seiner Segenskraft und seinen sufischen Tugenden ab, sondern –

ähnlich wie bei Schamanen – auch vom Nachweis seiner Wundertaten und der Überlegenheit gegenüber anderen *pir* oder *sheikh*. So kreisen zahlreiche Legenden um die Rivalitäten und das Kräftemessen der Heiligen, die regelrechte Wettstreite austrugen.[59] Von einem *pir* der Baluch (Südwestpakistan), der um die Jahrhundertwende lebte, erzählt man sich, daß er durch seine magischen Kräfte eine Eisenbahn zum Stehen brachte, in der ihm zuvor ein Sitzplatz verweigert worden war. Erst nach diesem Wunder erwarb er viele Anhänger und wurde als bedeutender *pir* anerkannt.

Nicht alle Bruderschaften akzeptieren Heiligenwunder als Mittel, um die Gläubigen zu Gott zu führen. Die strengen und nüchtern denkenden Naqshbandi-Derwische vergleichen Wunder geringschätzig mit der Menstruation von Frauen.[60] Auch solle man sich Wundertaten nicht rühmen, da selbst der Satan solche Talente besitze.

Der *pir* und die Institution des Heiligenschreins

Die kultische Verehrung der Heiligen, also eine ausgesprochen institutionalisierte Form des Sufismus, entwickelte sich etwa zwischen dem 13. und 15. Jh.[61] Sie ersetzte den unmittelbaren Kontakt zu Gott, wie er noch in der reinen Mystik des frühen Islam existierte, durch die Verehrung des *pir* als Mittler zum Absoluten. So entstand eine Massenbewegung der frommen Gläubigen, die mit ihren Sorgen und Leiden zum Schrein kommen, um Trost und Heilung zu finden. Das Grabmal bildet gleichsam eine Konzentration der Heil- und Segenskraft *(baraka)* des Heiligen, ein zentrales Areal, von dem positive Energien ausstrahlen.[62] Diese charismatische Kraft wird auf leibliche Nachkommen oder geeignete Nachfolger *(sajjada nishin, gaddi nishin)* des Heiligen übertragen. Der amtierende *pir* erbt die Würde des Verstorbenen und erwirbt selbst den Status eines Heiligen. Die von Gott empfangene und von seinen Vorgängern in einer Kette *(silsila)* weitergegebene Segenskraft läßt der *pir* zu den Gläubigen fließen, die ihn verehren. Er ist Fürsprecher der Menschen bei Gott, und daher wird man nach

Ansicht der Sufis keine Freundschaft zu Gott eingehen können, so lange man dem *pir* nicht die Hand gereicht hat.

Segen empfangen die Gläubigen durch den direkten Kontakt mit der Kraftquelle des Heiligengrabes und durch ihre enge Bindung zu einem lebenden *pir*. Letzterer leitet seine Anhänger und Schüler *(murid)* auf dem spirituellen Weg, ist Seelsorger, Traumdeuter und erteilt ihnen lebenspraktische Ratschläge (*piri muridi*-Beziehung).[63] Durch seinen krafthaltigen Blick[64], seinen Atem sowie durch Berührungen spendet der *pir* Segen und Schutz.

Den größten Anteil der Laienanhänger bilden Frauen, die sich mit alltäglichen Sorgen an ihren *pir* wenden; oft bitten sie ihn um Kindersegen – insbesondere um die Geburt eines Sohnes. Frauen tragen ihren Kinderwunsch allerdings neben berühmten Heiligen und Sufis manchmal auch wandernden Derwischen vor.[65] Die Kinder, die dann geboren werden, heißen häufig Fakir/Fakira oder Qalandarbakhsh (›Geschenk des Qalandar‹).

Doch nicht nur unter der einfachen Bevölkerung ist das Vertrauen auf die Wirkkräfte eines Heiligen verbreitet: Beseelt von dem Wunsch nach einem Sohn suchte der Moghul-Kaiser Akbar (1542–1605) den Sheikh Salim († 1572) auf, einen Sufi der Chishti-Bruderschaft, der auf einem Hügel bei Sikri lebte, einem der zu Agra gehörigen Dörfer.[66] Der *sheikh* versprach dem Herrscher, daß er drei Söhne bekommen werde, von denen der Erstgeborene seinen Namen, Salim, erhalten solle. Die Mutter gebar den Jungen schließlich im Hause des Sufi und nannte ihn Mohammad Salim. Im Jahre 1605 wurde er als Kaiser Jahangir inthronisiert.

Der an einem Heiligenschrein residierende *pir* besitzt zumeist besondere Heilkräfte und ein spezielles Wissen über Magie und Zukunftsdeutung. In Indo-Pakistan fungiert er sogar als Exorzist.[67] Neben der Heilung von Besessenheit und anderen psychischen Krankheiten – einer Rolle, die er mit dem Schamanen gemeinsam hat – teilt der *pir* auf Wunsch Amulette aus und gibt Anweisungen zur Einnahme bestimmter Heilmittel. Häufig schreibt er heilige Worte des Koran nieder, die dann als Amulett *(ta'wiz)* dienen, im Austausch erhält er von den Gläubigen Geschenke *(futuh)* – an Heiligenschreinen eine weit verbreitete Sitte, die zugleich dem Lebensunterhalt der Derwische dient.[68] – Was man durch den Verkauf von Amuletten unter Umständen erreichen konnte, zeigt

Das Grab Hujwiris (Data Ganj Bakhsh) in Lahore (Pakistan)

das historische Beispiel eines gewissen Shah 'Abdul Ghafur.[69] Dieser Derwisch und Magier stieg in der ersten Hälfte des 18. Jh. unter der Herrschaft der Moghul-Kaiser Bahadur Shah und Mohammad Shah zu einem einflußreichen Höfling und Noblen auf, der zwölf Jahre lang die Politik des Reiches nachhaltig mitbe-

Pir Mehr ʻAli Shah und sein Grabmal in Golra Sharif bei Islamabad, pakistanischer Farbdruck

stimmte. Seine Macht erlangte er vor allem, weil er wirkkräftige Amulette für die Frauen des kaiserlichen Harems anfertigte, aber auch durch Traumdeutung und Zukunftsvoraussagen. Schließlich wurde selbst Nawab Qudsiya, die Mutter Mohammad Shahs, zu seiner Klientin. Shah ʻAbdul Ghafur gelangte so zu großem Reichtum, und schon zu seinen Lebzeiten galt er als Heiliger.

Die materielle Bereicherung der *pir* und *sheikh* auf Kosten der ihnen ergebenen Gläubigen ist seit jeher verurteilt worden. So gehen Sprichwörter und Redensarten um, welche die an Habsucht grenzende Erwartung von Geschenken verspotten. Bei den Turkmenen etwa sagt man: »Ein *ishan* hat fünf Mägen, einer ist immer leer«, und ein Sprichwort aus Ostturkestan lautet: »Geh nicht zu heiligen Personen, wenn du nicht Geschenke mitbringst. Damit sie für dich beten, mußt du (wenigstens) eine Zwiebel mitbringen.«[70]

Die Abhängigkeit der einfachen Gläubigen im ›Pirismus‹ (Indo-Pakistan), ›Ishanismus‹ (Mittelasien) oder ›Marabutismus‹ (Nordafrika) ist oft als Degeneration des Sufismus scharf kritisiert worden.[71] Nicht selten hat man dabei übersehen, daß der *pir* erhaltene Gaben großzügig an seine Anhänger weiterverteilt und sie in Notlagen unterstützt. Große Heiligenschreine und bedeutende Derwischkonvente finanzieren sich zum Teil durch umfangreiche religiöse Stiftungen *(waqf)* in Form von Ländereien und Bargeld sowie durch eigene Abgaben der Bruderschaftsmitglieder.

Anhänger eines *pir* zu sein, der gleichzeitig Großmeister einer Derwischbruderschaft ist, impliziert im Grunde stets eine politische Loyalität. Heiligenfamilien sind häufig selbst eng mit politischen Machthabern und Gruppen verbunden, von denen sie gefördert werden. Der Chishti-Sufi Siraj ud-Din Junaidi († 1380) etwa krönte 'Ala' ud-Din Hassan, den Gründer des Bahmani-Königreichs von Gulbarga im südindischen Dekkhan.[72] Im Osmanischen Reich gab es feierliche Schwertgürtungen der Sultane durch Sufi-Meister der Mevleviyye und Jelvetiyye.[73] Auf dem indischen Subkontinent wurden *sajjada nishin* sogar direkt in die Administration der Moghul eingebunden.[74] Bis heute unterstützen *pir* häufig die politischen Machthaber, beispielsweise im modernen Pakistan im Falle von Zulfiqar 'Ali Bhutto und Zia ul-Haq.[75] In islamischen Stammesgesellschaften Nordafrikas und des Mittleren Ostens kommt Heiligen die Rolle von Mittlern oder Schlichtern bei Konflikten aller Art zu; bei den

Berbern überwachen sie zudem die Wahl der Stammesoberhäupter.[76] Als charismatischer politischer Führer war der Gujar ʻUbaidullah (um 1850–1926; genannt Babaji Larvi) – ein der Naqshbandiyya nahestehender Sufi – eng mit der Entstehung der Bakkarwal-Gesellschaft verbunden.[77] Er zog mit seinen Anhängern aus dem Hazara-Distrikt nach Kashmir und erschloß dieser nomadischen Gruppe einen neuen Lebensraum.

Lebende Heilige oder Personen mit dem Status eines Heiligen, die den orthodoxen, gesetzestreuen Sufismus vertreten und in Bruderschaften organisiert sind, entstammen gewöhnlich der etablierten Oberschicht und vertreten eine eher konservative Politik. Als Beispiel sei hier nur auf Afghanistan verwiesen, wo die Heiligenfamilie Gilani (bzw. Jilani), zur gemäßigten orthodoxen Qadiriyya gehörend, vor allem im Osten und Süden des Landes eine äußerst einflußreiche Position innehat.[78] Der jetzige *pir*, Sayid Ahmad Gilani, ist durch Heirat mit der früheren Herrscherdynastie der Mohammadzai verbunden. Er gründete die *mahaz-i islami*-Partei (›Islamische Front‹), die – wie die *jabha-yi nejat-i milli* (›Nationale Befreiungsfront‹) des Naqshbandi-Führers Sibghatullah Mujaddidi – eine wichtige Rolle im afghanischen Widerstandskampf gespielt hat.

Anders als die Sufi-Familie der Gilani erscheinen die Mujaddidi, Mitglieder eines reformierten indischen Zweigs der Naqshbandiyya, sehr orthodox geprägt. Ihre Mitglieder sind rechtgläubige Geistliche, die das islamische *shariʻa* (religiöse Gesetz) vertreten. Sowohl in Afghanistan und Indo-Pakistan als auch in der Türkei zur Zeit der Osmanen-Herrschaft läßt sich teilweise keine klare Trennungslinie zwischen orthodoxen Sufi und *ʻulama* ziehen.[79]

Orthodoxe Reformen, die sich etwa gegen Einflüsse der Hindus und Schiiten richteten, wurden in Nordindien zur Zeit des Moghul-Kaisers Akbar von Sufis der Naqshbandiyya durchgeführt und im 17. Jh. am Hofe des südindischen Bijapur durch Sufis der Qadiriyya. Vom 18. bis zum Anfang des 20. Jh. formierte sich im pakistanischen und nordindischen Raum, insbesondere im ländlichen Panjab, eine revivalistische Sufi-Bewegung, die von der Chishtiyya ausging und die aktive Förderung und innere Mission des Islam *(tabligh)* zum Hauptziel hatte.[80]

Heiligenschreine und Derwische

Das Zentrum der Heiligenverehrung bildet der Schrein *(dargah, ziyarat)*, zu dem neben der eigentlichen Grabstätte auch Moschee, Derwischkonvent, Gästehaus, Freiküche und zum Teil ein Hospital gehören.[81] Die Schreine sind Orte der Begegnung des Menschen mit der Wirklichkeit seiner Heiligen. Als religiöse und soziale Institution spielen sie im Alltagsleben eine bedeutende Rolle. Dabei sind sie nicht nur für einen elitären Kreis von Sufis und Derwischen bestimmt, sondern stehen der Masse der Gläubigen, den Laienanhängern, offen. Diese bezeichnen sich selbst als *murid* (›Liebender‹) und besuchen den Schrein ihres Heiligen regelmäßig.

Innerhalb der nomadisch oder seßhaft lebenden Gesellschaften Nordafrikas sowie Mittel- und Südwestasiens bekennen sich oft Verwandtschafts- und Berufsgruppen, Stämme und Dorfbewohner kollektiv als *murid* eines Heiligen.[82] Sie gelten damit als Anhänger seiner Bruderschaft; so gehören beispielsweise ägyptische Fischer und nomadische Durrani-Pashtunen in Afghanistan zur Qadiriyya. Im Unterschied zu den Laien widmen sich Sufis und Derwische völlig einem religiös geprägten Leben und der Verehrung der Heiligen. Derwische sind entweder seßhaft und leben an einem bestimmten Schrein, Wallfahrtsort oder Konvent, oder sie ziehen wandernd umher.[83]

Durch die zahlreichen Pilgerfahrten der gläubigen Laien und Derwische wird der Volksislam auch räumlich wirksam; entsprechend der Verbreitungsdichte von Heiligengräbern kann man in Pakistan und Nordindien geradezu von einer ›Schreinlandschaft‹ sprechen.[84]

Derwische halten sich jedoch an den Grabmalen und Wallfahrtsorten nicht in gleicher Häufigkeit auf. Es hängt vor allem mit der Lebensgeschichte der Heiligen, ihrer Zugehörigkeit zu einer bestimmten Bruderschaft und allgemein dem ›Klima‹ an einem Schrein zusammen, ob dieser mehr oder weniger frequentiert wird. Golra Sharif etwa, ein Heiligenschrein am Rande der pakistanischen Hauptstadt Islamabad, wird fast nur von Laienanhängern besucht; in dem benachbarten Nurpur Shahan dagegen trifft man zahlreiche Derwische, die zum Teil ständig dort leben.[85] Der

Der Heilige Barri Imam und sein Grabmal in Nurpur bei Islamabad (Pakistan), pakistanischer Farbdruck

Grund liegt darin, daß es sich bei Pir Mehr ʻAli Shah (1859–1937; Abb. S. 36/37) von Golra um einen orthodoxen Mystiker der Qadiriyya-Chishtiyya handelt; Sayid ʻAbdul Latif (1617–1705/06), der Heilige von Nurpur, auch volkstümlich bekannt als Barri Imam, gehörte jedoch zur Qadiriyya-Qalandariyya und gilt als ekstatischer Majzub (s. S. 95 ff.).[86] In Pakistan, zusammen mit Nordindien bis heute das Kernland des Derwischwesens, findet man ekstatische Mystiker und Asketen überwiegend an den vielen Heiligenschreinen in Lahore, Multan und Karachi sowie in Sehwan, Bhit Shah (beide in der südlichen Provinz Sindh gelegen), Lahut Sharif (Las Bela-Distrikt/Baluchistan) und am Grabmal Sakhi Ghulam Qadirs bei Pakpattan (Panjab).

Alltag der Derwische und ihre Dienste am Schrein

Die Mehrheit der zu orthodoxen Bruderschaften gehörenden Derwische verdient sich ihren Lebensunterhalt als Bauer, Handwerker oder in einem anderen Beruf. Amadu Bamba, der in der zweiten Hälfte des 19. Jh. bei den Wolof im Senegal die Muridiyya gründete, hat in seiner Lehre die Feldarbeit als ethische Verpflichtung besonders empfohlen.[87] Auch im Iran, in der Türkei und in Nordafrika leben Derwische häufig unauffällig als Bauern, Handwerker oder Händler. Und selbst zu den klosterartigen Konventen der Bektashi-Derwische gehörten in osmanischer Zeit beispielsweise Felder, Obst- und Gemüsegärten, Wassermühlen und Viehweiden.[88] Ländereien wurden sowohl eigenhändig bewirtschaftet als auch verpachtet. Die Bektashi widmeten sich außerdem der Pferdezucht.

Ein anderes Bild vermittelt der Alltag der Derwische, die zu den heterodoxen, den sogenannten *bi-shar'*-Bruderschaften zählen: Neben Betteln (s. S. 160 ff.) und Amulettverkauf (s. S. 34 ff.) sichern u. a. Gaben, die sie für verschiedene religiöse Dienste *(khidma)* an Heiligengräbern erhalten, ihren Lebensunterhalt. Auf dem indopakistanischen Subkontinent, in Afghanistan und Mittelasien bewachen sie Grabstätten, fegen und säubern den Schrein und spenden Segenswünsche[89] – ein Dienst, den sie zum Teil auch an Orten versehen, an die sich der Heilige zu längeren Phasen der Kontemplation und Askese zurückzog (*chilla*-Plätze). So wird die Wallfahrtsstätte am *chilla*-Felsen des Heiligen Barri Imam in den Margalla-Bergen (bei der pakistanischen Hauptstadt Islamabad) von sechs bis acht Derwischen geführt und unterhalten, die allerdings etwa die Hälfte ihrer Zeit noch einer anderen Tätigkeit – wie der Arbeit als Lastenträger – nachgehen.[90] Gegen Entgelt weisen Derwische auch Bestattungsplätze an und führen manchmal einen Begräbniszug, wobei sie fromme Lieder singen und im Anschluß an ein Begräbnis Kleider, Decken, Korn, Brot, Salz, Geld usw. erhalten.[91] Ebenfalls auf Nordindien bezieht sich die Angabe, daß die Familie des Toten am neunten Tag nach der Bestattung eine Mahlzeit zubereitet, von der auch der Derwisch des Friedhofs seinen Teil erhält.[92]

Der längerdauernde oder sogar ständige Aufenthalt des Derwisch an einem Schrein dient sicherlich nicht allein der Sicherung des Lebensunterhalts, sondern erfüllt ihm zusätzlich den Wunsch, am Grab seines verehrten Heiligen verweilen, ja dort sterben zu können und schließlich beigesetzt zu werden.

Bei besonderen Festtagen, an denen die frommen Gläubigen oft in Massen zu Heiligenschreinen wallfahren, erhalten Derwische großzügigere Spenden und Almosen. Derartige Anlässe sind die jährlich stattfindenden Heiligenfeste *('urs)*, das Neujahrsfest *(nauroz)*, der Geburtstag des Propheten *(milad, maulud)*, das Fest des Fastenbrechens *('id ul-fitr)*, die schiitischen *muharram*-Feierlichkeiten usw.

Der Begriff *'urs* bedeutet – wie schon früher erwähnt – so viel wie ›heilige Hochzeit‹ und meint damit den Todestag des Heiligen, seine Vereinigung mit Gott.[93] Dieser Gedenktag, der dem *dies natalis* eines christlichen Heiligen und dem *jatra* eines Hindu-Heiligen ähnelt, bildet einen wesentlichen Bestandteil der islamischen Heiligenverehrung. Zu den *'urs* berühmter Heiliger kommen

langar (Freiküche) am Schrein von Pir Sayid Sakhi Shah Jahan in Rawalpindi (Pakistan)

– auf mehrere Tage verteilt – oft Hunderttausende Besucher. Derwische nutzen dieses Fest zum Verkauf von Amuletten und Heilmitteln und machen sich nützlich, indem sie den Pilgern am Schrein mit großen Wedeln *(pankha)* Luft zufächeln.[94] Der Moghul-Kaiser Jahangir (reg. 1605–27) beschenkte Derwische und andere Bedürftige am *'urs* von Mu'in ud-Din Chishti († 1236) in Ajmer mit Geld, Ehrenkleidern und kostbaren Gebetsketten.[95] Anläßlich des *'urs* von Sheikh Wajih ud-Din in Ahmadabad verteilte er allein 1 500 Rupien an die anwesenden Fakire.[96] In Indo-Pakistan ziehen Derwische in Prozessionen sogar aus weit entfernt liegenden Gegenden zum Heiligtum, um den *'urs* zu feiern. Dabei tragen sie oft modellartige Nachbildungen des Schreins und Grabtücher als Weihegaben mit sich; auf ihrem Weg machen sie an Orten Station, die mit der Lebensgeschichte des verehrten Heiligen in Verbindung stehen. Neben den Derwischen wandern häufig auch Bettler von einem *'urs* zum andern, nutzen die Freiküchen *(langar)* und die Großzügigkeit der Pilger.[97] In Kleidung und Verhalten sind sie manchmal kaum von Malang oder sonstigen Fakiren zu unterscheiden. Sowohl auf dem Subkontinent als auch in Nordafrika sind Heiligenfeste in vielen Fällen mit einem Jahrmarkt verbunden. In Pakistan finden dabei Ringerwettkämpfe, Schwertertanz, Lanzenstechen und dergleichen statt, und die anwesenden Derwische tanzen in Ekstase oft bis zum Zusammenbruch.[98] In Ägypten treten bei derartigen Festen mitunter die Mitglieder einer Bruderschaft geschlossen auf und führen ekstatische Übungen durch.[99] In Marokko fungieren Angehörige volkstümlicher Derwischbruderschaften als Gaukler und unterhalten die Besucher mit Musik, Tanz und Schlangenbeschwörungen. Beliebt sind auch Geisteraustreibungen und Wahrsagungen.[100]

Es ist wichtig, darauf hinzuweisen, daß Derwische zwar häufig untergeordnete Funktionen an großen Schreinen ausüben und bei den jährlichen Festen lediglich Dienstleistungen anbieten, doch organisieren sie vielfach selbst den *'urs*. Dies geschieht meist bei kleineren, nur lokal bedeutsamen Heiligtümern, manchmal aber auch bei weithin bekannten, wie im Falle von Shah Madar.[101] In Zentralnepal organisierten Fakire ursprünglich auch selbst das *muharram*-Fest.[102] In Bengalen fungieren sie als Kultoffizianten besonders an *pir*-Gräbern, die in der Wildnis liegen.[103]

Die periodischen Feste an den Heiligenschreinen bieten den Derwischen zwar neben dem Betteln am ehesten Gelegenheit, ihren täglichen Lebensunterhalt zu sichern, doch finden sich darüber hinaus noch weitere Anlässe, Almosen zu empfangen. Manche Herrscher – hier ist wiederum vor allem der Großmoghul Jahangir zu nennen – ließen größere Geldbeträge, Kleidung usw. an Arme und Derwische verteilen.[104] Im Panjab ist es bei Muslimen Brauch, im siebten Monat der Schwangerschaft einer Frau im Laufe der *satwahan*-Riten an Derwische Reis auszuteilen, der mit Zucker gekocht wurde.[105] Vor allem aus dem Iran wird berichtet, daß Derwische gegen Entgelt fromme Geschichten, Lieder und auch Gedichte vortragen sowie Andachtsbilder verkaufen.[106] Sie tun dies in Teehäusern, in privaten Räumlichkeiten, bei religiösen Versammlungen oder auch öffentlich bei den schiitischen Trauerfeiern im Monat *muharram*. Bei solchen wandernden Sängern und Rezitatoren denkt man unwillkürlich an die in »Tausend und eine Nacht« von Scheherezade als Märchenerzähler erwähnten Kalender (Qalandar)-Derwische.[107] Zum einen führen Derwische tatsächlich in vielen Fällen ein Leben als fahrende Sänger und Musikanten – dafür sprechen zahlreiche Hinweise etwa aus Marokko und Indo-Pakistan (s. S. 120ff.) –, andererseits verwechselte man wohl oft die Derwische mit professionellen Musikern, beispielsweise den *maddah*-Sängern Afghanistans, wie Pierre Centlivres mit Hinweis auf die Verhältnisse in der Stadt Tashqurghan zu bedenken gibt.[108] In anderen Teilen Afghanistans entsprechen den *mad-*

dah die *sadu*, eine Persisch sprechende, peripatetische Gruppe, deren Angehörige umherziehen und insbesondere historische Erzählungen und Märchen vortragen.[109]

Wie die *pir* und *sheikh* an den Schreinen, so wirken die einfachen Derwische bisweilen ebenfalls als Heiler. Sie werden zu Kranken gerufen, sprechen Gebete, spenden Segen, schreiben Amulette und sind als Wahrsager tätig.[110] Am Todestag Imam Husseins verteilen Derwische der Ahmadiyya an verschiedenen Heiligenschreinen Kairos haltbares Brot an die Gläubigen, dessen Mehl mit heiliger Erde vom Grab Sidi Ahmad al-Badawis vermischt wurde.[111] Dieses Brot dient als Schutzmittel und wird auch zur Heilung von Krankheiten gegessen. Derwischen und hinduistischen Samnyasin sagt man gemeinhin ein Spezialwissen auf den Gebieten der Magie und auch Medizin nach. Von ihnen verkaufte Drogen und Heilmittel, die sozusagen aus der Apotheke der Wildnis – außerhalb der menschlichen Kultur – stammen, haben daher einen eigenen Stellenwert und gelten als besonders wirksam. In der pakistanischen Hafenstadt Karachi geben sich einige Straßenverkäufer durch ihr Äußeres – etwa Flickenjacke, Derwischmütze und Halsketten – deutlich als Derwische zu erkennen.[112] Unter ihren auf einem Handkarren ausgelegten Heilmitteln findet sich beispielsweise auch ein ›Darweshi-Zahnpulver‹.

Gelegentlich haben Derwische noch auf andere Weise ihren Lebensunterhalt bestritten: So waren einige in Baghdad als Nachtwächter tätig[113], und in Nordafrika geleiteten Mitglieder der marokkanischen Ziyaniyya Karawanen sicher durch die Sahara und schützten sie vor Räubern. Die tunesischen Madani-Derwische schließlich vollzogen auf Einladung bei der Fertigstellung und Einweihung eines neuen Hauses, der Beschneidungsfeier oder der Rückkehr von der Pilgerfahrt nach Mekka[114] besondere glückverheißende Riten, etwa des Gottgedenkens.

Orthodoxe Derwischbruderschaften *(ba-shar')*

Entwicklung der Bruderschaften

Der arabische Begriff *tariqa* (›Weg‹) bezeichnet einerseits den mystischen Pfad der Gottsuche, andererseits Bruderschaften von Sufis und Derwischen, die es im Grunde in allen islamischen Ländern von Westafrika bis Indonesien gibt.[115] Bei den Bruderschaften handelt es sich um hierarchisch aufgebaute Männerbünde mit Zügen von Mysteriengemeinden, deren Mitgliederzahl jedoch der von Massenorganisationen entspricht. Sie sind keine ›Orden‹ im christlichen Sinne mit Mönchen[116], sondern religiöse Gemeinschaften, von denen eine enorme integrative Kraft ausgeht. In den orthodoxen Bruderschaften finden sich Angehörige aller Bevölkerungsschichten; neben Bauern, Handwerkern und Händlern oft auch Beamte und Offiziere, die einen höheren sozialen Status besitzen.

Die einzelnen Bruderschaften zeigen äußerst vielfältige Erscheinungsformen: Sie können eine fromme oder militante, eine theologische oder mehr ekstatische Ausrichtung haben; manche sind in der Unterschicht verwurzelt, andere eher mit der religiösen und sozialen Oberschicht verbunden; einige Bruderschaften pflegen insbesondere die Gelehrsamkeit und Poesie, andere wiederum sind sehr volkstümlich geprägt.[117] Von wesentlicher Bedeutung ist auch, daß es Bruderschaften gibt, deren Anhänger sich überwiegend aus der Stadtbevölkerung rekrutieren und Bruderschaften, die sich hauptsächlich aus der Landbevölkerung entwickelt haben.[118] So waren die Mitglieder der Qadiriyya, Shaziliyya, Tijaniyya oder

◁ Tanzende Mevlevi-Derwische, Lithographie von Amadeo Preziosi, 1857

Mevleviyye häufig Städter, wohingegen die Bektashi-Derwische vor allem aus dem Bauerntum stammen.

Derwischbruderschaften gab es zwar in Ansätzen bereits im 9. Jh., doch entwickelten sie sich erst zwischen dem 12. und 14. Jh. zu ausgeprägten Institutionen mit Vorschriften, denen sich ihre Anhänger zu unterwerfen hatten.[119] J. S. Trimingham nennt diese formative Phase, die an die ›goldene‹ Frühzeit der islamischen Mystik anschloß, die *tariqa*-Stufe.[120] In dieser Zeit wurden die Unterschiede zwischen den einzelnen Sufi-Richtungen und Bruderschaften zunehmend deutlicher; das gilt sowohl für die mystischen Lehren als auch für spezielle Riten und die Tracht. Ein Derwisch konnte von dieser Zeit an mehreren Korporationen gleichzeitig angehören; auch heute identifiziert er sich oft nicht nur mit den Regeln *einer* Bruderschaft. In der späten *tariqa*-Phase breiteten sich die Bruderschaften bis in die Grenzgebiete der islamischen Ökumene aus, so beispielsweise in das südindische Bijapur.

Als Merkmal der etwa ab dem 15. Jh. beginnenden und bis heute währenden *ta'ifa*-Stufe hebt Trimingham die Unterwerfung des Gläubigen unter einen Heiligen hervor. Seit dem 15. Jh. haben sich die einzelnen Bruderschaften weiter aufgespalten, so daß zahlreiche Untergruppen *(ta'ifa)* entstanden. Allein für Istanbul sind in einem kompilierten Verzeichnis 159 Derwischkonvente nachgewiesen, die dort im 18. und 19. Jh. bestanden; in Bukhara soll es zur gleichen Zeit etwa 60 Bruderschaften bzw. Zweige von ihnen gegeben haben.[121]

Wichtige *ba-shar'*-Bruderschaften

Die im folgenden kurz vorgestellten Bruderschaften gehören zur Gruppe der *ba-shar'*, die ›mit dem religiösen Gesetz‹ konform gehen und zum Teil sogar den Geistlichen des formellen Islam der Moschee nahestehen. Sie alle vertreten den gemäßigten Sufismus.

Die beiden wohl größten Derwischbruderschaften, die **Qadiriyya** und **Suhrawardiyya,** sind orthodox ausgerichtet. Die Qadiriyya, von 'Abdul Qadir Jilani (Abb. S. 18) gegründet, verbreitete sich seit dem 12. Jh. vom Irak aus nach Westen bis Marokko und Schwarzafrika und nach Osten bis Indonesien.[122] Es handelt sich um eine sehr populäre, insbesondere mit der städtischen Kultur verbundene Bruderschaft, die ihre arabisch-mittelöstliche Prägung zu bewahren wußte. Als ähnlich einflußreich erweist sich die von 'Abdul Qahir Abu Najib as-Suhrawardi († 1168) gegründete Suhrawardiyya, deren Anhänger vor allem im Mittleren Osten und in Südasien zu finden sind.[123] Der Stifter dieser Bruderschaft wird auch als Pol der Dahabi verehrt, einer der wichtigsten Bruderschaften im heutigen Iran.[124] Aus der Suhrawardiyya ging im iranischen Ardabil schließlich die Safawiyya hervor, von der sich die Dynastie der Safawiden (1501–1737) ableitet. Von grundlegender Bedeutung für die Geschichte und Entwicklung der weitverzweigten Bruderschaft aber war ihre Ausbreitung auf dem indo-pakistanischen Subkontinent, gefördert von dem Neffen des Gründers, 'Umar as-Suhrawardi (1145–1234). Die eher nüchterne Suhrawardiyya, deren Mitglieder Dichtung, Musik und Tanz als Quelle religiöser Erfahrung ablehnen, ist für ihre engen und loyalen Beziehungen zu den jeweiligen Herrschern bekannt.

Die Schriftzüge Ya Hazret-i Mevlana (›Oh erhabener Mevlana‹) formen die hohe Mütze eines Mevlevi-Meisters, Kalligraphie des Künstlers Izzet, 1835 (Türkei)

Ebenfalls seit dem 12. Jh. existiert die **Kubrawiyya.** Von ihrem Ursprungszentrum in Khorezm (Mittelasien) gelang es ihr, ihren Wirkungskreis bis in die Türkei und nach Indien auszudehnen.[125] Ihr Stifter Najm ud-Din Kubra (1145–1220), der übrigens verheiratet und Vater war, ist als einer der wichtigsten Sufis der vormongolischen Zeit bekannt und verfaßte eine Reihe bedeutender mystischer Werke (etwa über Farbsymbolik). Charakteristisch für die

Kubrawiyya sind ihre engen Verflechtungen mit traditionellen Handwerkergilden.

Iranischer Derwisch, historische Aufnahme

Im Westen der islamischen Welt spielt bis heute die von Abu'l-Hassan ash-Shazili (1196–1258) begründete Bruderschaft, die **Shaziliyya**, eine wichtige Rolle.[126] Sie verbreitete sich von Tunis aus über Nordafrika bis in den Sudan und auf die Arabische Halbinsel. Es handelt sich um eine von ihrem Wesen her eher nüchterne Bruderschaft, deren Mitglieder das Betteln ablehnen und besonderen Wert auf Verinnerlichung und rechte Lebensführung legen. Ein Grundgedanke in ihrer mystischen Lehre ist die Dankbarkeit gegenüber Gott. Die **Hamidiyya**, ein neuer, erst in den 30er Jahren dieses Jahrhunderts in Ägypten gegründeter Zweig dieser Bruderschaft, bemüht sich – nicht zuletzt durch eine Art Bürokratisierung ihrer Organisation – um Respekt und Akzeptanz in der modernen, zunehmend von der islamischen Orthodoxie bestimmten Welt.[127] Sie hat in neuerer Zeit viele Gebildete, darunter auch Europäer und Amerikaner, angezogen.

Eine größere, rein türkische Bruderschaft ist die von dem bedeutenden Sufi und Dichter Jalal ud-Din Rumi († 1273) gegründete **Mevleviyye** (Maulaviyye).[128] Ihre Anhänger sind wegen ihrer reigenartigen Drehbewegungen beim *zikr* in Europa als ›tanzende Derwische‹ bekanntgeworden. Die von ihrem Zentrum im anatolischen Konya aus wirkenden Mevlevi gelten als tolerant und Christen gegenüber freundlich gesinnt. Im Vergleich zu Mitgliedern volkstümlicher Bruderschaften treten sie eher vornehm auf und pflegen die Kontemplation. Die Künste – insbesondere die von der klassischen persischen Literatur beeinflußte Poesie – spielen bei ihnen eine wichtige Rolle.

In Mittelasien entstand im 12. Jh. die **Yasawiyya,** der zahlreiche wandernde Derwische angehörten.[129] Diese heute nicht mehr bestehende Korporation beeinflußte später gegründete, ebenfalls vornehmlich unter Turkvölkern beheimatete Bruderschaften, die **Naqshbandiyya** und Bektashiyye (s. u.). So verbreitete sich die auf Baha ud-Din Naqshband (1318–89) zurückgehende Naqshbandi-Bruderschaft über ihre Zentren in Bukhara und Ostturkestan hinaus bis nach Nordafrika, Anatolien, in den Kaukasus, nach Afghanistan, Indo-Pakistan und Indonesien.[130] Sie ist bis heute eine der größten und wichtigsten Bruderschaften überhaupt. Die Naqshbandi-Derwische vertreten eine nüchterne mystische Richtung, sie legen Wert auf Meditation und stilles Gottgedenken. In der Moghul-Zeit etwa wandten sie sich streng gegen die gefühlsbetonte, vom Hinduismus beeinflußte indo-islamische Mystik und den von Kaiser Akbar vertretenen Synkretismus. Heiligenfeste erscheinen ihnen bis heute als ein Greuel.

Asketische Züge – in der Tradition der Malamati (s. S. 70 f.) – finden sich auch bei der Entstehung der **Khalwatiyya** (türk. Helvetiyye), deren Anhänger sich zur *khalwa,* d. h. zur Kontemplation an einem ruhigen, abgeschiedenen Ort, zurückzogen.[131] Seit dem 14. Jh. hat sich diese, vorwiegend im städtischen Milieu wurzelnde bedeutende Bruderschaft von ihren ursprünglichen Zentren in Anatolien, dem Kaukasus und in Aserbeidschan aus weit verbreitet und vielfach verzweigt. Als Abspaltung der Khalwatiyya gilt etwa die in der Neuzeit politisch besonders aktive **Tijaniyya**, die der Marokkaner Sayid Ahmad at-Tijani (1737–1815) im Maghreb gründete und die sich von dort bis nach Westafrika und in den Sudan ausdehnte.[132]

Die bis heute größte und bedeutendste Derwischbruderschaft des Iran ist die rein schiitische **Ni'matullahiyya,** die auf den im Jahre 1431 verstorbenen Shah Ni'matullah-i Wali zurückgeht.[133] Seit dem 15. Jh. in Indien beheimatet, brachte sie der in Hyderabad lebende 31. Pol Ma'sum 'Alishah-i Dakani gegen Ende des 18. Jh. in den Iran. Ihre Anhängerschaft nahm im Vergleich zu anderen iranischen Bruderschaften wie den Dahabi und Khaksar (s. S. 82 ff.) im 19. Jh. stark zu. Berühmt ist Nur 'Alishah-i Isfahani (um 1760–97/98), der 32. Pol der Ni'matullahi. Er trat durch zahlreiche mystische Schriften hervor und führte bedeutende Schüler auf dem mystischen Weg. Als schöner Jüngling dargestellt – mit mädchenhaften Zügen idealisiert –, findet sich sein Bildnis oft auf Teppichen (Farbabb. 5).[134]

Deutliche Einflüsse der Schia finden sich im Glaubensgut und Brauchtum der **Bektashiyye,** einer seit dem 14./15. Jh. in der Türkei bestehenden volkstümlichen Bruderschaft. Als Stifter wird der legendäre, aus Bukhara oder Khorassan stammende Haji Bektash Veli verehrt, der in der zweiten Hälfte des 13. Jh. in Kleinasien lebte.[135] Wie in vielen anderen Fällen handelt es sich bei ihm wohl nicht um den eigentlichen Gründer, sondern einen später erwählten Schutzpatron.[136] Neben engen Bezügen zu den Zwölfer-Schiiten haben die Bektashi mit ihrer esoterischen Buchstabensymbolik Elemente der schiitischen Hurufi-Sekte aufgenommen, die auf Fazlullah Hurufi (1339–1401), einen Sektierer aus dem nördlichen Iran, zurückgeht. Darüber hinaus bewahrten sie vor- und nichtislamisches Gedankengut – etwa aus dem Christentum und antiken Religionen.[137] Die Bektashiyye hat ihre Anhänger überwiegend im westlichen Anatolien, in Albanien, auf dem Balkan und in Mazedonien; sie finden sich jedoch auch in Ägypten, im Iran und selbst im fernen Ostturkestan.[138] In der osmanischen Derwischpoesie *(tekye edebiyati)* sind die Bektashi mit sehr volkstümlichen, in einfachem Versmaß geschriebenen Gedichten vertreten, die sich im Stil an den Werken des von ihnen hochverehrten Yunus Emre († 1320/21) orientieren.[139] Als einer ihrer berühmtesten Dichter gilt der im 16. Jh. lebende Pir Sultan ʿAbdal.

Wie die türkische Bektashiyye, so ist auch die **Chishtiyya** – »wohl die typischste ›indische‹ *ṭarīqa*« (Schimmel 1990 b: 227) – im Laufe ihrer Entwicklung zumeist *ba-sharʿ* gewesen, doch entsprangen aus ihren Reihen immer Persönlichkeiten, die eigene Wege gingen und von den religiösen Gesetzen abwichen.[140] Charakteristische Ideale der Chishtiyya sind die Armut der Derwische und ihr absolutes Gottvertrauen. Die eher ländliche und apolitisch orientierte Chishtiyya – von Kaiser Akbar (reg. 1556–1605) sehr gefördert – hatte auf dem indo-pakistanischen Subkontinent besonderen Erfolg, da sie hinduistische Vorstellungen und Gebräuche aufnahm: Musik und ekstatischer Tanz spielen bei ihren Riten eine wichtige Rolle. Hinduistische Yoga-Lehren haben speziell den Zweig der **Sabiriyya** beeinflußt. Die von Muʿin ud-Din Chishti (1142–1236; Abb. S. 140/141) in Indien eingeführte mystische Richtung bildete sein Nachfolger Baba Farid († 1265) schließlich als organisierte Bruderschaft aus.

Schrein des Heiligen Mu'in ud-Din Chishti in Ajmer (Indien), pakistanischer Farbdruck

Eine weitere kleine indo-pakistanische Bruderschaft, die viele nicht-islamische Traditionen aufnahm, ist die **Shattariyya.**[141] Sheikh ʻAbdullah Shattari († 1485) brachte sie aus dem Iran auf den Subkontinent, wo sie im 15. und 16. Jh. in Malwa und Gujarat ihre Blütezeit erlebte. Die von Yoga-Lehren beeinflußten Shattari-Derwische sind für ihre ekstatischen Riten bekannt.

Derwischkonvente – Das Leben in der Gemeinschaft

Klosterartige Konvente für Derwische, die zumeist mit dem persischen Begriff *khanqah* bezeichnet werden, entwickelten sich seit dem 9.–12. Jh. in der gesamten islamischen Welt, insbesondere bei orthodoxen Bruderschaften. Sie werden von einem Sufi-Meister *(sheikh, pir)* geleitet, der selbst in die Hierarchie der Bruderschaft eingebunden ist (s. S. 19f.). Das Gemeinschaftsleben im *khanqah* ist gemäß den Regeln der jeweiligen Bruderschaft oft streng reglementiert und mit vorgeschriebenen Gebeten, Koranrezitationen, Andachtsübungen und täglichen Pflichten ausgefüllt.[142] Es konzentriert sich um den *sheikh* oder *pir*, der Novizen aufnimmt und prüft, Sitzungen und Gastmähler veranstaltet, die Finanzen verwaltet, eine Bibliothek unterhält usw.[143] Richard Gramlich bemerkt zur heutigen Situation in den Konventen der schiitischen Bruderschaften im Iran: »Mit der geistlichen Führung der Novizen, die nach traditioneller Auffassung die wichtigste Aufgabe des Meisters ist, beschäftigen sich die Scheiche heute kaum mehr. Die Sufik ist nach den Stadien des Lehrens und Erziehens längst in eine dritte Phase eingetreten, die man als ritualistisches Sufitum bezeichnen könnte. Leitung und Überwachung der Riten sind jetzt die Hauptaufgabe der Scheiche« (1976: 188).

Der Konvent dient jedoch nach wie vor wandernden Derwischen als Herberge, in der sie verköstigt werden und Meinungen und Erfahrungen austauschen. Die Freiküchen der *khanqah* stehen in Indo-Pakistan seit jeher auch Hindus offen, die dort gemeinsam mit Muslimen essen können und so ein völlig neues – nicht durch Kastenschranken und Speisetabus verhindertes – Gemeinschaftsleben erfahren.[144] Kranke und Bedürftige finden Hilfe im Konvent.

Für die Aufnahme von Wanderderwischen im *khanqah* gibt es oft eigene Vorschriften. So verlangt die indische Suhrawardiyya von einem Qalandar, der ihre Gastfreundschaft sucht, daß er zwei Gebetsübungen verrichtet und dann die Anwesenden grüßt; bleibt er länger als drei Tage, so muß er tägliche Aufgaben und Arbeiten übernehmen.[145] Wanderderwische sollen einen Konvent möglichst vor dem Nachmittagsgebet erreichen, anderenfalls müssen sie in einer Moschee übernachten.[146] Ständig leben im *khanqah* nur die ›Vollderwische‹, die den ›inneren Kreis‹ der Bruderschaft bilden; im Istanbul osmanischer Zeit lag ihre Zahl im Durchschnitt zwischen fünf und zehn, bei größeren Konventen etwa zwischen 20 und 30.[147] Zum ›äußeren Kreis‹ gehören die zahlreichen Laienanhänger, die in der Regel nur zu bestimmten Anlässen den Konvent aufsuchen.

Der im östlichen Islam mit dem Begriff *khanqah* (oder *khanaqah* bzw. *khanagah*) bezeichnete Derwischkonvent hat sich möglicherweise in Khorassan und Mittelasien aus dem buddhistischen und manichäischen Klostergebäude entwickelt.[148] Vom Grundriß her folgen die Derwischkonvente mit ihren um einen Innenhof gruppierten zellenartigen Räumen dem Aufbau eines buddhistischen Klosters. Vorbild waren wohl ferner die im 10. Jh. in derselben Region von der asketischen Karrami-Sekte gegründeten Einsiedeleien und Konvente.[149] Deren aus Sistan stammender Gründer Abu 'Abdullah Mohammad ibn Karram (806–869) war im übrigen kein Mystiker, sondern ein Theologe. Häufig stifteten Gläubige die *khanqah*-Gebäude und versahen sie nicht selten zusätzlich mit Ländereien und weiteren Gütern.

Konvente konnten so klein sein wie eine einfache Klause, aber ebenso aus großen Baukomplexen bestehen, die sich dann auf dem Subkontinent zur *dargah*-Institution (Heiligenschrein mit Moschee, Konvent, Armenküche, Hospital usw.) weiterentwickelten.[150] Das *khanqah* kann – wie im Iran – durchaus ein normales Wohnhaus sein, in dem der *sheikh* auch selbst lebt.[151] In vielen Fällen liegt es in unmittelbarer Nähe eines Heiligengrabes oder ist direkt über einem solchen errichtet. Den indo-pakistanischen Chishti-Derwischen genügt in der Regel ein schlichter großer Raum, in dem sie beten, mystische Übungen durchführen und schlafen.[152] In Ostturkestan dient diesem Zweck eine fensterlose Lehmhütte mit Flachdach.[153]

Im Vorderen Orient, besonders in der Türkei, ist der Begriff *tekke* für einen Konvent – gleich welcher Größe – gebräuchlich. So gehören zum *tekke* der Bektashi neben dem eigentlichen Hauptgebäude mit Räumen für Kulthandlungen auch Küche, Bäckerei, Gästehaus und Wohnungen für Frauen. Allein in Istanbul gab es im 19. Jh. durchschnittlich 260 Konvente unterschiedlicher Größe.[154] Viele türkische Konvente bildeten bis zu jener Zeit wirtschaftliche Einheiten, die durch die Erträge der selbst bebauten oder verpachteten Ländereien ihren Unterhalt sichern konnten.[155]

Im Ägypten der Mamluken (1250–1517) entwickelten sich die *khanqah* zu wohlorganisierten Einrichtungen mit Bad, Küche und Wohnhaus für einen *sheikh* sowie gegebenenfalls einer Zisterne und einem Friedhof.[156] Hier konnten die Derwische ihre Riten und Versammlungen gemeinschaftlich unter Ausschluß der Öffentlichkeit durchführen. In der Regel handelt es sich bei diesen *khanqah*

Der *ribat* von Monastir – im Vordergrund der Sidi al-Mezri-Friedhof (Tunesien)

um architektonisch aufwendigere Gebäude, gestiftet von den Mamluken-Herrschern. Oft ist ihnen eine Koranschule angegliedert.

In Nordafrika benutzt man für Derwischkonvente hauptsächlich die Begriffe *zawiya* und *ribat*. Mit *zawiya* (›Winkel‹) bezeichnet man ursprünglich einen kleineren zellenartigen Aufenthaltsort, in den sich Derwische und andere Fromme zur Meditation und Versenkung zurückziehen können. Größere *zawiya* sind über einem Heiligengrab errichtet und ähnlich organisiert wie die *khanqah* der östlichen islamischen Welt. *Ribat* nennt man burgartige Festungen, die bis zum 12. Jh. in erster Linie militärisch genutzt wurden.[157] Sie finden sich vor allem in den Grenzgebieten des westlichen Islam, an den Küsten Nordafrikas und Südspaniens. Sie dienten als Stützpunkte für die freiwilligen Glaubenskämpfer, die von hier aus in den ›äußeren heiligen Krieg‹ gegen die Ungläubigen zogen; zugleich waren sie Aufenthaltsorte für Sufis und Derwische, die den ›inneren heiligen Krieg‹ gegen die eigene Triebseele führten. Nach dem 12. Jh. wurden die *ribat* verstärkt religiös genutzt: Man betete, übte das Gottgedenken und führte gelehrte Studien durch. Diese ehemaligen Festungen, mit Gästeräumen und gelegentlich auch einer Bibliothek ausgestattet, liegen häufig in der Nähe einer Moschee oder eines Wallfahrtsortes.

Frauen in Sufismus und Derwischwesen

Sicherlich sind Konvente zunächst Versammlungsorte von Männerbünden. Doch nehmen viele Derwischbruderschaften auch Frauen auf, die zu rituellen Anlässen in der Regel in separaten Gebäuden und Räumlichkeiten zusammenkommen. Möglicherweise aufgrund christlicher Einflüsse gab es etwa im 12. und 13. Jh. in Kairo, Aleppo, Baghdad und Mekka eigene klosterartige Konvente für weibliche Derwische unter der Leitung einer *sheikha*. Manche der Frauen trugen dann auch das charakteristische Flickenkleid der Derwische.[158] Der schwedische Missionar J. E. Lundahl berichtet aus den ostturkestanischen Städten Kashgar und Yengi Hissar von eigenen Frauenkonventen, die von einer *ayem* oder *bua* geleitet werden. (Solche Konvente bestanden bis Anfang des 20. Jh.) Er beobachtete, wie die Frauen dort den *zikr* (›rituelles Gottgedenken‹) durchführten[159], indem sie das islamische Glaubensbekenntnis immer wieder laut wiederholten. Dabei beugten sie Kopf und Oberkörper rhythmisch nach vorne; die Bewegungen wurden heftiger, und einige Frauen tanzten schließlich in Ekstase, bis sie kataleptisch zu Boden fielen. Der *zikr* endete mit einem gemeinsamen Mahl. Ergänzend berichtet Lundahl, daß eine Frau per Handschlag zur Schülerin *(murid)* einer *ayem* wurde und dadurch mit ihr bis zum Tode verbunden blieb. Beim Begräbnis wusch die *ayem* selbst den Leichnam ihrer Anhängerin und hüllte sie in das Leichentuch.

Heute treffen sich Frauen – etwa in Nordindien – zum *zikr* in den ihnen vorbehaltenen Gemächern eines Privathauses.[160]

In manchen Teilen des islamischen Orient – so in Nordafrika und Sindh – verehrt das Volk auch weibliche Heilige. Natürlich erscheinen sie gerade den Frauen als geeignete Mittler zu Gott und als Vorbilder für Frömmigkeit und Tugendhaftigkeit. Hervorzuheben ist die große Mystikerin Rabi'a al-Adawiya († 801) aus dem irakischen Basra. Sie verwirklichte in ihrem Leben die sufischen Ideale der reinen Gottesliebe und der persönlichen Zwiesprache mit Gott. Ihre Liebe zu Gott war absolut und vollkommen.[161]

Bei manchen Bruderschaften bilden Frauen eigene Fraktionen, so beispielsweise nach dem Zweiten Weltkrieg in Daghestan (Kaukasus) bei der Qadiriyya und Naqshbandiyya; ebenso bei den Hairy Ishan, einem radikalen Zweig der mittelasiatischen

Yasawiyya.[162] Weiterhin ist bekannt, daß die nordafrikanischen ʿIsawi und Haddawa sowie die iranische Niʿmatullahiyya Frauen initiieren; bei den türkischen Bektashi nehmen sie an bestimmten Riten teil.[163]

malangni am Grab ʿAbdullah Shah Ghazis in Karachi (Pakistan)

Auch die heterodoxen Bruderschaften scheinen Frauen in ihre Reihen aufzunehmen. Richard F. Burton berichtete im 19. Jh. aus Sindh, daß dort weibliche Derwische – *faqirani* genannt – zum Kreis eines weiblichen *murshid* oder eines männlichen *pir* gehörten.[164] Zu diesen *faqirani* zählten sowohl verheiratete Frauen als auch Unverheiratete und Witwen; äußerlich waren sie durch ein grünes Gewand und das Tragen einer Gebetskette als Derwische erkennbar. Im Panjab traf ich selbst mehrmals *malangni,* d. h. weibliche Malang, die neben dem grünen Derwischkleid auch Qalandar-Kappe, Bettelschale und Halsketten trugen.

Die politische Rolle der Bruderschaften

Im Gegensatz zu den aus Frauen bestehenden Korporationen waren die orthodoxen Bruderschaften der männlichen Derwische oft politisch sehr einflußreich. Eine Ausnahme bildete – und auch nur zeitweilig – die indische Chishtiyya, die sich im 13. Jh. bis zu Beginn des 14. Jh. von der offiziellen Politik und allen weltlichen Dingen zurückzog. Von ihrem großen Heiligen Nizam ud-Din Auliya (1239–1325) ist der berühmte Ausspruch überliefert, mit dem er dem mächtigen Herrscher 'Ala' ud-Din Khilji (reg. 1296–1316) antwortete: »Mein Zimmer hat zwei Türen; wenn der Sultan durch die eine Tür kommt, gehe ich zur anderen hinaus.«[165]

Ganz anders verhielten sich die meisten der übrigen Bruderschaften: Ihre Beteiligung an Glaubenskriegen – etwa gegen Christen und Hindus – wurde bereits erwähnt. Bekannt ist im besonderen die Verbindung zwischen den Bektashi-Derwischen und dem Janitscharen-Korps, der Kerntruppe des orthodox-sunnitischen Osmanen-Staates.[166] Die Bektashi nahmen als Feldprediger an türkischen Eroberungszügen teil und erfüllten seelsorgerische Aufgaben. Ihr höchster *sheikh* hatte seit dem 16. Jh. den Ehrenrang eines Janitscharen-Oberst inne. Auf dem Subkontinent standen die *sajjada nishin* der großen Heiligenschreine in enger Beziehung zu den Moghul sowie später zur britischen Kolonialmacht.[167] Zwar unterstützten die jeweiligen Herrscher viele Bruderschaften zwischen Marokko und Bengalen regelmäßig durch Stiftungen und sonstige finanzielle Zuwendungen, andere aber wurden zu bestimmten Zeiten verfolgt oder lehnten sich selbst gegen tyrannische Regime auf. So kam es im Jahre 1240 zu dem großen Aufstand von Baba Ishaq (Vefaiyye) und seinen Derwischen. Sie mobilisierten die nomadischen Turkmenen Anatoliens gegen die Herrschaft der Seldschuken.[168] Sie forderten die Erneuerung des Islam und der türkischen Sitten und Gebräuche. Eine weitere, von Sheikh Badr ud-Din im Jahre 1416 angeführte Derwischrevolte richtete sich gegen die Osmanen aufgrund der Not, die das Volk nach dem Einfall der Mongolen leiden mußte.[169] In den Jahren 1526/27 erhoben sich – türkischen Historikern zufolge – 20 000 bis 30 000 Bektashi, 'Abdal, Qalandar und andere Derwische gegen die Herren *(bey)* der Provinz Karamania; die Gründe dieser Revolte blieben unbekannt.[170] Gegen Ende des 16. Jh. rief Yahya ibn Yahya as-Suwaydi in Tripolis zum Kampf gegen die kolonialistische Herrschaft der Osmanen auf.[171] Er sah sich als Mahdi, als der im Verborgenen lebende Heilsbringer und zwölfte Imam der Schiiten.

Besonders in der modernen Zeit wendeten sich zahlreiche von Sufis und Derwischen angeführte Bewegungen gegen die Kolonialmächte der Briten, Franzosen und Italiener. Sie richteten sich gegen die wachsende Überfremdung durch die westliche Zivilisation und suchten den ›wahren‹, ›reinen‹ Islam zu bewahren; hinzu trat ein messianistisches Element: Ihre charismatischen Führer erwarteten einen Heilsbringer, der die soziale Gerechtigkeit und die als ideal empfundene islamische Ordnung wiederherstellen würde. Als kriegerische Heilige predigten sie den ›äußeren‹ *jihad* gegen die feindlichen Kolonialmächte. Die von Gott ergriffenen Kämpfer wähnten sich unverletzbar und bewiesen oft besonderen Mut und enorme Durchschlagskraft.

Die wohl bedeutendste dieser Bewegungen war die des Mahdi im Sudan.[172] Mohammad Ahmad (um 1843/44–85), ursprünglich ein Mitglied der Sammaniyya, der dann die militärisch orientierte Mahdiyya gründete, trat als *mahdi al-muntazar* (›erwarteter Mahdi‹) auf. In den 80er Jahren des 19. Jh. erhob er sich gegen die ›ungläubigen‹ Osmanen. Nach Kordofan eroberte er 1885 sogar Khartum, bei dessen Verteidigung General Gordon ums Leben kam; 1898 schließlich unterlag er General Kitchener. Die Mahdi-Bewegung richtete sich sowohl gegen die Last der Steuern unter der von den Briten gestützten Osmanen-Herrschaft und das Verbot des Sklavenhandels als auch gegen einen allzu ›lauen‹ Islam, der den Genuß von Tabak und Wein tolerierte.

Militante und zumeist erst spät, im 19. Jh., entstandene Bruderschaften, wie die Mahdiyya, zeigen in ihrer puritanischen Ablehnung von Musik, Tanz, Genußmitteln und Heiligenverehrung deutliche Züge des heute so virulenten Islamismus. Dies gilt auch für die in Libyen, dem westlichen Ägypten, im Sudan und im Sahara-Raum verbreitete Sanusiyya, die 1838 von dem Algerier Mohammad ibn ʻAli as-Sanusi (1791–1859) gegründet wurde.[173] Sie vereinigte die arabischen Beduinen der Cyrenaica gegen die italienische Kolonialmacht. Politisch aktiv und militant wurde die Bruder-

Die kaukasische Streitmacht des Sheikh Shamil, Kupferstich

schaft, als die Italiener mit der Zerstörung ihrer Konvente begannen. Aus ähnlichem Grund kämpfte im Senegal die Muridiyya – von Amadu Bamba (um 1850–1927) in den 80er Jahren des 19. Jh. gegründet – gegen die französische Kolonialherrschaft, nachdem die traditionellen Wolof-Staaten zusammengebrochen waren.[174]

Die durch die Kolonialmächte hervorgerufenen krisenhaften Zustände führten auch in anderen Teilen des islamischen Orient zur Entstehung revolutionärer Bewegungen, welche die als gottlos empfundene neue Ordnung umzustürzen versuchten. Gerade in Mittelasien kam es im 19. und Anfang des 20. Jh. zu zahlreichen Aufständen gegen die Herrschaft des russischen Zaren und die der Sowjets, die überwiegend von Derwischen der Naqshbandiyya und Qadiriyya angeführt wurden.[175] Berühmt ist der kaukasische Volksheld Sheikh Shamil (1796–1871), der vor allem in den 30er Jahren des vergangenen Jahrhunderts mit den Lesghiern in zahlreichen Schlachten gegen die Russen kämpfte.[176] Erst 1859 gelang es diesen, Shamil zu besiegen und gefangenzunehmen. Die Bruderschaften im nördlichen Kaukasus waren seit jeher anti-russisch und anti-kommunistisch eingestellt, aber auch weiter im Osten, in Andijan, kam es im Jahre 1897 zu einer größeren Revolte unter dem *ishan* Madali. Viele Mitglieder der von Enwer Pasha († 1922) angeführten Basmachi-Bewegung (1918–29) gegen die Sowjets gehörten entweder zur Naqshbandiyya oder hatten zumindest enge Beziehungen zu einzelnen *ishan*.[177] Nach der Zerschlagung des Aufstands verfolgte und tötete man viele Derwische und löste die Bruderschaften offiziell auf.

Vor allem in Pakistan gab es im 19. Jh. eine Reihe revivalistischer Bewegungen, deren Führer – Sufis, Derwische und *mullah* – den *jihad* gegen die Briten ausriefen.[178] Eine wichtige Rolle spielte etwa der Akhond von Swat († 1877), mit eigentlichem Namen ‘Abdul Ghafur, ein Naqshbandi-Sufi, der als Gujar-Hirte seinen Lebensunterhalt verdient hatte. Er vereinte die Pashtunen des Swat-Tales und führte sie in den Krieg gegen Sikh und Briten. Ebenfalls zunächst gegen die Sikh (1829–31) kämpften die Hurr, treu ergebene Anhänger des Pir Pagaro (Pir-jo-Goth/Sindh). Am Ende des 19. Jh. und in den 40er Jahren des 20. Jh. richtete sich ihr Kampf gegen die britische Kolonialmacht.[179] Die Hurr, an ihrem grünen Gewand und einem speziellen Turban zu erkennen, bilden eine eigene Bruderschaft. Sie nahmen Hindus in ihre Reihen auf, aber ebenso Banditen, die für Diebstähle und Morde bekannt waren. Die als *murid* (Schüler) des Pir Pagaro eng zusammengeschlossenen Hurr sind in zwölf *sangat* (›Zweige‹) eingeteilt, die ihrerseits jeweils aus zehn *salimi*- und zwei *farqi*-Gruppen bestehen. Die *farqi*-Gruppen bilden dabei den ›inneren Kreis‹ der Bruderschaft. Jeder *sangat* hat nach einem Rotationsprinzip für einen Monat eine bestimmte Anzahl von Männern für Dienstleistungen zu stellen. Die absolute Loyalität der Farqi-Hurr zu ihrem *pir* sowie ihre Sonderstellung wird auch in folgenden Worten deutlich: »Sie essen nur mit ihren Farqi-Brüdern zusammen, grüßen niemand anderen als ihren Pir und grüßen sich untereinander, indem sie ihre Arme über der Brust kreuzen« (Mayne 1956: 107). Noch in der gegenwärtigen pakistanischen Politik übt der amtierende *pir* der Heiligenfamilie Pagaro, Shah Mardan Shah, großen Einfluß aus; so zählt der frühere Premierminister Mohammad Junejo zu seinen Anhängern. – Abschließend sei eine weitere bemerkenswerte Figur des Abwehrkampfes gegen die britische Kolonialmacht hier erwähnt: der berühmte ›Fakir von Ipi‹ (†1960), ein Turi-Pashtune namens Mirza ʻAli Khan, der als Eremit in den Bergen an der Grenze zu Afghanistan lebte und von 1936 an mehrere Jahre lang in Waziristan erfolgreich gegen die Briten kämpfte.[180] Die britische Armee war schließlich gezwungen, drei Divisionen mit über 50 000 Soldaten gegen den Derwisch und seine Krieger einzusetzen. Nach der Staatsgründung Pakistans im Jahre 1947 verließen ihn einige seiner treuesten Anhänger; kurz vor seinem Tode ernannte er seinen Neffen Niaz ʻAli aus Gurwekht zu seinem Nachfolger.

›Freie‹ Bruderschaften *(bi-shar')* und Ekstatiker

Die Mehrheit der Sufis und Derwische gehört zu den großen, wohlorganisierten und orthodox geprägten Bruderschaften. Demgegenüber bilden die ›freien‹ Bruderschaften, deren Mitglieder sich von den Zwängen und der Strenggläubigkeit des normativen Gesetzesislam gelöst haben, eine Minderheit. Diese heterodoxen Derwische (auch Fakire genannt) führen ein freies, ungebundenes Leben mit Drogengenuß, Musik, Tanz und außergewöhnlichen Formen der Ekstase. Die meisten von ihnen ziehen als Wanderderwische durch die Straßen und verdienen sich ihren Lebensunterhalt durch Betteln. Wegen ihrer Offenheit gegenüber der Magie, die im Volksglauben eine wichtige Rolle spielt, hat sie – zumindest in der Vergangenheit – gerade die ländliche Bevölkerung und die städtische Unterschicht akzeptiert.

Der Herkunft vieler Gruppen von ›freien‹ Derwischen, auch als *bi-shar'* (›ohne das Gesetz‹) bezeichnet, läßt sich historisch kaum mehr klären. Bei einigen Gruppen handelt es sich wohl um Abspaltungen oder Sonderentwicklungen überwiegend orthodoxer Bruderschaften; es gibt also Korporationen, die sowohl aus *ba-shar'* als auch aus *bi-shar'*-Gruppen bestehen[181], wobei die *bi-shar'*-Zuordnung im Grunde den Vorwurf der Häresie und des Unglaubens von seiten der orthodoxen Mitglieder einer Bruderschaft darstellt.[182] Zudem unterstellt man den *bi-shar'*-Derwischen ›sittliche Anarchie‹ und bezeichnet ihr Verhalten und ihr Äußeres als abstoßend und schockierend. Aber sind die sonderbaren Umgangsformen der Derwische nicht vielmehr Ausdruck einer Distanzierung und Trotzhaltung gegenüber den Orthodoxen, und kann die Vernachlässigung ihrer äußeren Erscheinung nicht als Zeichen der Weltabkehr gedeutet werden? *Bi-shar'*-Derwische (Fakire) lehnen

◁ Wanderderwische, Lithographie von Amadeo Preziosi, 1857

ja im Gegensatz zu den *ba-shar'*-Derwischen, die oft ein quasi bürgerliches Leben mit Familie und festem Wohnsitz führen, die äußere Welt ab und suchen sich dieser materiell geprägten, durch das religiöse Gesetz geordneten Welt zu entziehen.[183] Sie müssen sich von ihr auch nicht – durch die strikte Befolgung der *shari'a*-Gebote – reinigen, weil sie sich ihrer Vorstellung nach gar nicht verunreinigen. Zudem fühlen sie sich von diesen Gesetzen entbunden und nehmen nur Befehle *(hukm)* von Gott selbst oder von einem Heiligen an. Anordnungen kann ein Derwisch auch im Traum von einem toten *pir* empfangen.

Dieser radikale innere Weg einer extrem subjektiven Mystik, den insbesondere der ›freie‹ Wanderderwisch eingeschlagen hat, findet seine Entsprechung in der äußeren Seinsweise. Anders als der orthodoxe Gläubige oder klassische Sufi ist er ein ausgesprochener Außenseiter, der vielfach ohne familiäre Bindungen lebt und nicht in festen Häusern wohnt. Er kommt gewöhnlich aus den unteren Schichten der Gesellschaft – im Gegensatz zu den *pir,* die beispielsweise auf dem indo-pakistanischen Subkontinent aus den noblen Familien der Oberschicht *(ashraf)* stammen; meist handelt es sich um Sayid- oder Qureshi-Familien.[184]

Muslimische Fakire bilden in Indien und Nepal zum Teil eine regelrechte Kaste, in der das Derwisch- bzw. Fakirtum vom Vater auf den Sohn vererbt wird. Sie steht am Ende der als rein geltenden Kasten, an der Schwelle zu den Unreinen und Unberührbaren und etwa ranggleich mit den Barbieren.

Mitglieder ›freier‹ Bruderschaften haben die Ordnung des orthodoxen Sufismus häufig umgekehrt: Sie legen kaum Wert auf mystische Lehren, die von einem Meister vermittelt werden, vernachlässigen das rituelle Gottgedenken und ignorieren die Pilgerfahrt nach Mekka.[185] Trotzdem sollte man sie nicht als pseudo-religiös bezeichnen[186]; vielmehr stellen die *bi-shar'*-Derwische durch ihre besonderen mystischen und asketischen Praktiken einen ganz eigenen Frömmigkeitstypus dar.[187] Vom äußeren Erscheinungsbild her mag es manchmal nicht leicht sein zu entscheiden, ob es sich um ›wahre‹ Mystiker und Ekstatiker handelt oder um Scharlatane, Gaukler oder einfache Straßenbettler.[188] Auch mental Gestörte, von denen man annimmt, daß sie in besonderer Nähe zu Gott stehen, werden zum Kreis der *homines religiosi* gerechnet. H. J.

Kissling hat im Hinblick auf gewisse Khalwatiyya-Derwische von einer »fließenden Grenze zwischen Ungewöhnlichkeit und Geistesgestörtheit« gesprochen (1953: 236). – In den zahlreichen Begegnungen mit pakistanischen Derwischen haben mich ihre einfache und genügsame Lebensweise, ihre Menschlichkeit und die Echtheit ihrer religiösen Gefühle immer wieder stark beeindruckt. Dabei beziehe ich mich vor allem auf die wandernden und die seßhaften Malang, die ein Leben der tiefen Hingabe zu Gott und den Heiligen führen.

Manche ›freien‹ Derwische halten sich für längere Zeit an einem Ort – häufig in der Nähe eines Heiligenschreins – auf. Dort leben sie in Hütten, Höhlen oder einfachsten, mit Stöcken und Tuchfetzen errichteten Unterkünften.[189] Innerhalb des Schreinbezirks halten sie sich in der Regel außerhalb des inneren Sanktuariums (eigentlicher Grabraum) und der Vorhalle *(diwan khana)* auf, sitzen unter einem Sonnendach oder um ein Feuer herum.[190] In diesem offenen Bereich des Schreinkomplexes wird auch mystische *qawwali*-Musik (s. S. 184) gespielt und ekstatisch getanzt.

Die meisten der heterodoxen Derwische führen jedoch – zumindest für einen gewissen Zeitraum – ein völlig freies Wanderleben. Zwar geleitet sie ihre Reise manchmal zu einem bestimmten Ziel, etwa zu einem Heiligenfest, oft aber sind sie gänzlich ungebunden, schlagen keinen bestimmten Weg ein und lassen sich nur von ihrem Schutzpatron, dem heiligen Khizr, leiten. In Entsprechung zur inneren Reise der Seele zu Gott stellt für sie die Wanderschaft den äußeren Weg dar, der ihre Lebensführung prägt und quasi eine methodische Sufi-Übung bildet. Von vielen berühmten Heiligen und Sufis ist bekannt, daß auch sie ein Wanderleben führten. Um verschiedene Lehrmeister zu hören und unterschiedliche mystische Richtungen kennenzulernen, reisten sie zum Teil in der gesamten islamischen Welt zwischen Indien und Nordafrika. Dies gilt vor allem für die Frühzeit des Sufismus, später – etwa unter der Osmanen-Herrschaft im 16. Jh. – wurden die Wanderderwische wegen ihrer Lebensweise immer mehr zu Außenseitern.[191] Viele der Derwische, die man noch im 19. Jh. im Vorderen Orient antraf, kamen aus Mittelasien oder Indien.[192] Auf dem Vertrauen in Gott *(tawakkul)* gründend, führten sie ein asketisches Leben und folgten dem überlieferten Wort des Propheten »Meine Armut ist meine

Zierde« *(al-faqir fakhri)*. Anders als die seßhaften Derwische praktizierten die Wanderderwische ihre asketischen Übungen zumeist in der Wildnis, einige von ihnen lebten auch als Eremiten. Dadurch entsprachen sie dem Ideal, sich direkt aus der unberührten Natur zu ernähren, von Dingen, die nicht mit der verunreinigenden Hand eines Menschen in Berührung gekommen waren.[193] Heute trifft man allerdings auch auf dem Subkontinent nur noch sehr selten Derwische, die als Einsiedler leben.

Malang Jalal ud-Din vor seiner Behausung in Nurpur bei Islamabad (Pakistan)

Wichtig für das Verständnis der islamischen Ekstatiker auf dem indo-pakistanischen Subkontinent erscheint ihre zum Teil starke Affinität zum Hinduismus. Vom Panjab bis nach Bengalen haben Derwische aus den tantrischen Lehren Indiens geschöpft, und ihre Aktivitäten gleichen denen der wandernden Hindu-Samnyasin und Yogi. Von ihnen übernahmen sie spezielle Atemtechniken und andere Yoga-Praktiken sowie volkstümliche Formen der Verehrung und magisches Wissen. Sogar Allah wurde gelegentlich mit indischen Namen wie Gosain, Ishvara oder Kartar bezeichnet.[194] Besonders bei den umherziehenden Qalandar-Derwischen zeigt sich ein starker Einfluß des populären, seit dem 13. Jh. von Nordbengalen aus verbreiteten shivaitischen Nath-Kult.[195] Der legendäre Heilige Gorakh-Nath, der als Erscheinungsform Shivas und als Schüler des berühmten Matsyendra-Nath angesehen wird, gilt als Gründer der Bewegung der Natha- oder Kanphata-Yogi, bei denen Hathayoga, Alchemie und verschiedene tantrische Praktiken eine wichtige Rolle spielen. Im Panjab wird Gorakh-Nath von den Muslimen der Unterschicht weithin als Gugga Pir verehrt.[196] Ebenso identifiziert man Baba Ratan, dessen Heiligenschrein in Bhatinda (Patiala) liegt, mit Gorakh-Nath.[197]

Mittelasiatische Derwische, historische Aufnahme, vor 1890

Malamati

Viele ›freie‹ Derwischbruderschaften wurden außer vom indischen Hinduismus in wesentlichen Zügen auch vom Malamatitum beeinflußt, einer mystischen Geisteshaltung, die während des 9.–11. Jh. im nordostiranischen Nishapur entstand. Beim Malamatitum handelt es sich um eine asketische Richtung der islamischen Mystik und nicht um eine organisierte Bruderschaft. Sie wurde insbesondere in Khorassan und Turkestan gelehrt und von dort bis nach Indien, in die Türkei und den Balkan verbreitet. Ihre Vertreter, die Malamati (›Leute des Tadels‹), übertreten ganz bewußt religiöse Gesetze – sind also als *bi-shar'* einzuordnen – und erregen öffentliches Ärgernis.[198] Malamati-Derwische gab es vor allem in der Frühzeit des Islam; später wurde ihre spezifische Geisteshaltung von einigen anderen Derwischgruppen – etwa den Qalandar – übernommen.

Das Heil der Malamati liegt in der Geringschätzung und Demütigung durch die Mitmenschen. Sie verachten und erniedrigen sich selbst und suchen den Tadel *(malama)*, indem sie – um andere herauszufordern – eine brüske und rüde Sprache verwenden. In ihrem Verhalten zeigen sie offen ihre schlechtesten Eigenschaften bis hin zu perversen Handlungen. Den Hintergrund des Malamatitums bildet der innere Kampf gegen Eitelkeit, Eigenliebe und Selbstgefälligkeit, der bis zur Selbstbestrafung und -verstümmelung führen kann (s. S. 192 ff.; Abb. S. 193). Unbedingte Aufrichtigkeit, die auch ein Ideal der sufischen *futuwwa* darstellt, Selbsttadel und das Verbergen der eigenen Frömmigkeit und guten Eigenschaften verstehen die Malamati als Zeichen der wahren Liebe zu Gott. Je mehr sich der Malamati von den Menschen und der diesseitigen Welt entfernt, desto mehr nähert er sich Gott. In dem von Sulami (941–1021) aus Nishapur verfaßten Traktat »Risalat al-malamatiyya« wird der frühe Sufi Abu Hafs al-Haddad († 880/881 oder 883/884) zitiert, der die Malamati-Derwische wie folgt charakterisiert: »... sie halten also die Erweisungen Gottes an ihnen geheim, indem sie ihre prinzipielle Selbstverweisung und Selbstbekämpfung zur Schau tragen und die Menschen sehen lassen, was sie abstößt, auf daß diese sie ablehnen und ihnen ihr Zustand gegenüber Gott bewahrt bleibt. Das ist der Pfad *(Ṭarīk)* der ʻAhl al-Malāma« (Hartmann 1918: 160f.).

Die Malamati besitzen keine spezielle Tracht, gehen aber barfuß und tragen ihr Haar lang, unordentlich und ohne Bedeckung. Der Religionswissenschaftler Geo Widengren hat auf eine Parallele bei syrischen Wandermönchen und Asketen hingewiesen, die ebenfalls das Prinzip der Selbstverachtung *(shituta)* kannten.[199] Er schreibt dazu: »... man soll einen *šāṭiā*, einen blödsinnigen oder verrückten Menschen darstellen, einen halb Mitleid, halb Verachtung erwekkenden Dummkopf« (1953: 50). Hervorzuheben ist, daß die Malamati in der Regel nicht betteln, sondern körperlich für ihren Lebensunterhalt arbeiten. Ihre Ideale selbstloser Freigebigkeit und redlichen Teilens, ohne Dank zu erwarten, sind der ritterlichen Gesinnung der *futuwwa* verwandt.[200] Im Hinblick auf das Gedankengut der Malamati gibt Annemarie Schimmel jedoch mit Recht kritisch zu bedenken: »Doch konnte diese an sich löbliche Haltung, die als Mittel gegen die schlimmste Herzenskrankheit, die Heuchelei, gedacht war, auf längere Sicht auch zu äußerlicher Zurschaustellung führen: dann war das exzentrische Benehmen nicht mehr eine Schutzhaltung, um Seelenreinheit zu bewahren, sondern eine eigene Lebensform« (1990b: 177).[201]

Besonders die Qalandar- und Naqshbandi-Derwische fühlen sich der Malamati-Tradition verbunden. Einzelne Untergruppen von Malamati-Derwischen finden sich innerhalb der indischen Suhrawardiyya und Qadiriyya.[202]

Qalandar

Das *malamat*-Prinzip wurde insbesondere von den Qalandar-Derwischen übernommen und wird noch heute von ihnen gelebt.[203] Ihre Bruderschaft, die Qalandariyya (Kalenderiyya), stellt – wie die übrigen ›freien‹ Derwischgruppen – eine Bewegung gegen die etablierten Sufi-Bruderschaften, die großen Schreine orthodoxer Heiliger und allgemein gegen die traditionellen Normen und Werte der Gesellschaft dar.[204] Ihre provozierende Haltung, gegen alle herrschenden Konventionen gerichtet, wird auch in einem Vers Sana'is († 1131) deutlich: »Auf dem Weg der Qalandar ist der Schaden ein Nutzen; Askese, Vorsicht und Gebet Schall und Rauch« (Haas 1988: 33).[205] Die meisten Qalandar ziehen als Wanderderwische durch die Lande, leben zölibatär und asketisch, berauscht von der Liebe Gottes.

Die Qalandar-Bewegung entstand vermutlich im ostiranisch-mittelasiatischen Raum. Zum ersten Mal trat sie im frühen 13. Jh. in Damaskus in Erscheinung – während der Mongoleneinfälle in West- und Mittelasien, also einer Zeit der Zerrüttung und Kriegswirren. Verschiedene zeitgenössische Quellen nennen als Gründer die beiden *sheikh* Jamal ud-Din († 1218) und Mohammad ibn Yunus († 1232), die aus dem iranischen Sawa vor den Mongolen geflohen waren. Sie verbreiteten die Qalandar-Ideen in der zweiten Dekade des 13. Jh.[206] Daneben wird auch der spanische Araber Yusuf al-Andalusi († 1323/24) erwähnt, der ursprünglich zur Bektashiyye gehörte, jedoch, von dieser ausgestoßen, in der Türkei eine eigene Qalandar-Bruderschaft aufbaute.[207] Im Laufe des 13. Jh. tauchten die ersten Qalandar-Derwische in Anatolien, Iran und Mittelasien auf.[208] Zur gleichen Zeit gründete der Iraner Hassan al-Jawaliqi einen Qalandar-Konvent in Kairo.[209] Bereits unter der Regierung Iltutmishs, des Sultan von Delhi (reg. 1211–36), soll Khizr Rumi, ein Schüler des Mohammad ibn Yunus, die Qalandariyya aus Anatolien nach Nordwestindien gebracht haben.[210] Andere Quellen nennen im Hinblick auf die Verbreitung der Bewegung in Indien noch 'Abdul 'Aziz Makki und Rumis Schüler Sayid Najm ud-Din Ghaus Qalandar, der zugleich ein Anhänger des Chishti-Heiligen Nizam ud-Din Auliya (1239–1325) war und vor allem in der Umgebung von Jaunpur wirkte.[211] Khizr Rumi entwickelte enge Beziehungen zu dem Chishti-*sheikh* Qutb ud-Din Bakhtiyar Kaki († 1235; Abb. S. 140/141), und in der Folge wurden viele Qalandar-Derwische in die einheimische Chishti-Bruderschaft aufgenommen. Als wohl berühmtester Vertreter dieser Richtung schließlich gilt Sheikh Bu 'Ali Qalandar († 1324; Abb. S. 140/141) aus Panipat, der seit seinem 60. Lebensjahr innerhalb der Chishtiyya ein Qalandar-Leben führte; er soll von Khizr Rumi und Najm ud-Din Ghaus Qalandar selbst in das Qalandartum eingeführt worden sein.[212] Auf dem Subkontinent etablierte sich

Qalandar-Derwisch, Miniatur, um 1570–75 (Moghul-Reich/Indien)

die Qalandariyya als Bruderschaft mit deutlich schiitischen oder besser alidischen Zügen; so verwendeten die Derwische seit Qutb ud-Din Sarandaz Jaunpuri († 1518), dem vierten Nachfolger Khizr Rumis, als *zikr*-Formel die Anrufung an die fünfköpfige heilige Familie. In der Türkei wurden besonders von der Mitte des 15. Jh. bis in die erste Hälfte des 16. Jh. zahlreiche *kalenderhane*, Qalandar-Konvente, gestiftet.[213] Damals unterstützten offenbar die Mevlevi-Derwische die Qalandar-Bewegung. Klaus Kreiser bemerkt dazu: »Jedenfalls scheinen die *kalender*-Derwische eine Zeitlang so etwas wie einen radikal-asketischen, das heißt natürlich auch zölibatären Zweig oder Flügel der *mevlewiyye* … gebildet zu haben«

Am Schrein von Lal Shahbaz Qalandar in Sehwan (Pakistan)

(1990: 209). In Mittelasien blühte die Qalandar-Bewegung insbesondere unter deren Führer Sheikh Safa aus Samarkand auf.[214]

Zu den berühmtesten Heiligen Pakistans gehört Lal Shahbaz Qalandar (s. S. 29), der die Geisteshaltung des Malamatitums vertrat und als Qalandar lebte.[215] Das Herz trunken und berauscht von der Liebe Gottes, vermochte er nicht zwischen gesetzlich Erlaubtem und Verbotenem zu unterscheiden. Die auf ihn zurückgehende Lal Shahbaziyya gilt mitunter als *bi-shar'*-Zweig der orthodoxen Suhrawardiyya, da man den Heiligen auch als Schüler des Suhrawardi-Meisters Baha ud-Din Zakariya (1171–1262) aus Multan ansieht.[216] Weil er überdies in einem freundschaftlichen Verhältnis zu Jalal ud-Din Surkhposh Bukhari (1192–1291) stand, zieht sein Heiligtum in Sehwan (Sindh) auch die Jalali-Derwische an.

Qalandar erreichen den spirituellen Zustand nicht durch die im institutionalisierten Sufismus üblichen mystischen Übungen, sondern durch unmittelbare göttliche Erleuchtung. Völlig hingegeben in die Betrachtung Gottes, seiner Schönheit und Herrlichkeit, ertrinken sie gleichsam in Gott und halten sich nicht für das verantwortlich, was sie tun. Tadel oder Lob kümmern sie nicht. Bei diesen Wanderderwischen par excellence hat man auch von einer ›Vergnügtheit des Herzens‹ *(tibat qulubihim)* gesprochen, die schon Omar Khayyam († 1132) und Farid ud-Din 'Attar († um 1220) in ihren Gedichten als Wesenszug umherziehender Mystiker nannten.[217] Es heißt, daß sie unbekümmert in den Tag hinein leben, ihr Dasein genießen, Wein trinken und sich nicht selten auch der körperlichen Liebe bedenkenlos hingeben. – In der persönlichen Begegnung mit Qalandar-Derwischen sind mir allerdings Zweifel an der Gültigkeit einer solch allgemeinen Charakterisierung gekommen, die ja primär auf ältere mystische Schriften und Gedichte zurückgeht. Die Gemeinsamkeiten beschränken sich – zumindest heute – auf die provozierende, anti-orthodoxe Qalandar-Haltung, das ungebundene Leben als Wanderderwisch und die äußerliche Tracht. Die Ausprägungen des ›ungebundenen‹ Verhaltens der Derwische können stark differieren. Jedenfalls traf ich häufig Qalandar, die asexuell leben, etwa die Mitglieder der Barri Imamiyya.

Ihre Tradition geht auf den in Nurpur bei Islamabad begrabenen Heiligen Barri Imam zurück (Abb. S. 40), der eigentlich Sayid 'Abdul Latif Shah (1617–1705/06) hieß.[218] Er gilt als Majzub und gehört von seiner mystischen Orientierung her zur Qadiriyya und Qalandariyya. Der Legende nach zog er im Alter von zwölf Jahren mit seinen Eltern von seinem Geburtsort Cholian Karsal (bei Chakwal/Potohar-Region) nach Bagh-i Kalan (innerhalb des heutigen Islamabad). Als Hirte hütete er das Vieh in den Wäldern der Umgebung. Sein Vater erkannte schließlich die spirituellen Neigungen des Sohnes und ließ ihn religiös weiterbilden. Nach ausgedehnten Reisen im Nahen und Mittleren Osten kehrte er in die Berge bei Nurpur zurück, wo er als Qalandar lebte und asketische Übungen durchführte. Zusätzlich zu den bekannten 40tägigen Fastenperioden verbrachte er zwölf Jahre stehend in einem Fluß oder Teich. Danach traf er seinen Lehrer Zinda Pir (ein im Panjab üblicher Begriff für den Heiligen Khizr), der ihn als *pir* anerkannte. Die Art dieser bemerkenswerten *chilla*-Übung und die Bestätigung durch einen übernatürlichen Heiligen wie Khizr, dem Züge einer

Wasser- und Vegetationsgottheit eignen, unterstreichen hier das Qalandartum Barri Imams.

Ein Grund für die fehlende Einheitlichkeit im Verhalten der Qalandar-Derwische mag auch in der erwähnten Verbindung zu anderen Bruderschaften wie der Chishtiyya, Suhrawardiyya oder der Qadiriyya liegen. Bei Derwischen, die einer dieser Richtungen angehören und gleichzeitig als Qalandar leben, habe ich oft warmherzige Menschlichkeit und ausgesprochenen Gemeinschaftssinn erfahren. Andererseits spürt man bei manchen der allein umherziehenden Qalandar-Derwische noch etwas von der Ablehnung und Verdrießlichkeit, ja Unnahbarkeit, die den frühen Asketen des Islam nachgesagt wird. Letztere lebten griesgrämig und einsam und sprachen mit Abscheu und Verachtung vom Diesseits, so ist von ihnen der Ausspruch überliefert: »Die Welt ist eine Latrine. Zu einem solchen Platz geht man nur, wenn man dazu gezwungen

Qalandar in Mangho Pir bei Karachi (Pakistan; S. 76 oben)

'Ali Mohammad, ein aus Amritsar (Nordwestindien) stammender Qalandar (S. 76 unten)

Misri, ein in Mirpurkhas (Sindh/Pakistan) geborener Qalandar und Anhänger des Heiligen Shah Bilal Nurani (S. 77 oben)

Qalandar Rashid Mahmud am Heiligenschrein des 'Abdullah Shah Ghazi in Karachi (Pakistan; S. 77 unten)

ist« (Andrae 1960: 84). Die heutigen Qalandar, etwa in Indo-Pakistan, führen ein Leben zwischen Genuß und asketischer Weltabkehr, manche in überzeugender Einfachheit und Selbstlosigkeit, durchdrungen von der Liebe zu Gott. Andererseits trifft man auch auf ›Scheinderwische‹, denen das Qalandar-Gewand als Deckmantel für kriminelle Handlungen dient und denen man mißtrauen sollte. Allerdings habe ich selbst nie erlebt,

daß Qalandar-Derwische »menschliche Lebensformen überhaupt völlig vernachlässigen«, wie F. Babinger im »Handwörterbuch des Islam« unter dem Stichwort Kalenderiya vermerkt.[219]

Das von der Norm abweichende Verhalten und die sonderbare Kleidung der Qalandar, Malang und anderer Ekstatiker haben jedoch noch eine andere Konsequenz: In den Augen der Be-

völkerung gelten sie oft als gefährlich oder gar kriminell.[220] Sie sind allgemein bekannt für ihren erheblichen Wortschatz an Flüchen und für ihre Verwünschungen. Man fürchtet, beleidigt man sie, daß sie Schadensmagie anwenden und Unheil heraufbeschwören.[221] Beschwörungsformeln sowie beschwörende Gebete sind gerade von den Gründern und Heiligen ›freier‹ Derwischbruderschaften überliefert. Zahlreiche Geschichten erzählen, wie Herrscher, die Derwische beleidigten, von Unglück,

Krankheit oder Tod heimgesucht wurden. So brach etwa unter Sultan Jalal ud-Din Feroz Khilji (reg. 1290–96) in Indien landesweit Dürre und Hungersnot aus, nachdem der berühmte Derwisch Sidi Maula aufgrund einer falschen Anschuldigung zum Tode verurteilt und auf königliche Anweisung von Elefanten niedergetrampelt worden war.[222] Bekannt ist ferner der Fall von Mohammad Amin Khan, dem Wesir des Moghul-Kaisers Mohammad Shah, der am 27. Januar 1721 eines plötzlichen und unerklärlichen Todes starb, nachdem er einige Tage zuvor einen muslimischen Fakir namens Naranjan hatte brutal mit Schlägen bestrafen lassen, obwohl dessen Vergehen – den Herrscher verhöhnt zu haben – keineswegs erwiesen war.[223]

Manche der wandernden Qalandar-Derwische wirken ungewöhnlich und befremdlich, erscheinen von ihrem Auftreten her düster und angsteinflößend. Gerade solche Menschen gelten jedoch als kraftbegabt und prädestiniert für magisches Handeln.[224] Sie verkörpern das Unheimliche, mitunter sogar Grauenvolle, das erschauern läßt, aber eben auch einen Aspekt des Göttlichen und Heiligen darstellt. Magische Kräfte können sowohl von göttlichen Gestalten ausgehen – wie häufig in mythischen Erzählungen berichtet wird – als auch von einfachen Derwischen, mental Gestörten oder Angehörigen zigeunerähnlicher peripatetischer Gruppen. Immer wieder sind es gerade die Wandernden und Fahrenden, denen das Befremdliche eignet und denen Schwarze Magie nachgesagt wird.

Was sind nun die äußeren Zeichen dieser bizarren Qalandar-Derwische, und was wissen wir über ihre alltägliche Lebensweise?

Allgemein bekannt ist, daß die meisten Qalandar als bettelnde Wanderderwische durch die Straßen ziehen und manche von ihnen auch Heiligenschreine hüten, um ihrem *pir* zu dienen. Völlig auf Gott vertrauend, leben sie sorglos in den Tag hinein, konsumieren Drogen und provozieren ihre gesetzestreuen Mitmenschen. Genauere Beschreibungen liegen von Reisenden aus Mittelasien vor. So heißt es in einer atmosphärischen Schilderung des Straßenlebens von Samarkand: »Überall ein Lärmen und Surren in der Luft, dazwischen der eigenartige, langgezogene Gesang der herumziehenden Derwische, die bettelnd durch die Straßen gehen. Sie tragen kunstvoll gestickte phrygische Mützen mit einem Rand aus zottigem Schafpelz...« (Willfort 1930: 37). Ergänzend dazu berichtet Heinrich Moser 1888 aus Bukhara: »Ein zerlumpter, mit Fetzen verschiedenfarbiger Stoffe ausgeflickter Chalat ist ihr Kleid; der Hals bleibt nackt, das Hemd fehlt gewöhnlich ganz; die nackten Beine stecken in unglaublichen Pantoffeln und eine spitze Mütze deckt den Kopf; an einem über die Brust geschlungenen Gurt tragen sie eine Kokosnuß oder einen Kürbis zur Aufnahme der Gaben der Gläubigen, bei welchen sie in hohem Ansehen stehen. Mit langen Stöcken bewaffnet durchwandern sie die Bazars, brandschatzen alles, was ihnen in den Weg kommt und unterbrechen nie ihre betäubenden Anrufungen« (1888: 164).[225]

Neben der typischen Derwischtracht – bestehend aus Flickenmantel, Mütze und Bettelschale – sind gerade die rasierten Körperhaare – sowohl Haupthaar als auch Bart, Augenbrauen usw. – charakteristische Merkmale der Qalandar.[226] Mit der Rasur des Haupt- und Barthaars entsprechen sie im übrigen ganz dem Glatzkopf, einem besonderen Typ des antiken Mimenschauspielers (lat. *mimus calous)*.[227] Das Abscheren des Kopfhaars als Zeichen absoluter Askese findet sich auch bei buddhistischen Heiligen und in der Tonsur christlicher Mönche. Es verweist deutlich auf das zölibatäre Leben des Asketen: »Er muß die Sterilität des alten Mannes nachahmen, dessen Haar ausgefallen ist und der nicht länger ein Verbindungsglied in der Kette der Generationen ist« (Zimmer 1972: 175). Karl Gottlob Schelle deutet schon 1797 in seiner »Geschichte des männlichen Bartes« darauf hin, daß seit der Antike sowohl im Orient als auch in Europa das Abrasieren des Bartes die größte Beleidigung darstellte und den Betreffenden dem

Wanderderwisch im Flickenkleid, der durch Glied und Ohren eiserne Ringe gezogen hat, Zeichnung nach einer Vorlage von 1568

Gruppe singender Qalandar-Derwische in Khotan (Ostturkestan), historische Aufnahme von 1933

öffentlichen Spott aussetzte.[228] Die Qalandar haben also auf diese Weise ein Malamati-Ideal verwirklicht. Angeblich gehen solche Bräuche, die gegen die orthodoxen religiösen Vorschriften verstoßen, auf Sheikh Jamal ud-Din von Sawa zurück und wurden offenbar auch von den Bektashi übernommen.[229] Der attraktive Jamal ud-Din, der zu Beginn des 13. Jh. in Damaskus studierte, soll sich damals durch eine derartige Rasur dem heftigen Liebeswerben einer Frau entzogen haben, die sich bei seinem Anblick entsetzt abwandte und ihn aus ihrem Haus werfen ließ.

Befremdlicher noch als die Rasur der Augenbrauen, die sich auch bei Malang und Angehörigen anderer ›freier‹ Bruderschaften findet, erscheint das Durchstechen der Hände, Ohren und selbst des männlichen Gliedes, um eiserne Ringe durchzuführen.[230] Diese Zeichen der Buße und Keuschheit, die wahrscheinlich nur einige extreme Qalandar-Gruppen oder einzelne Ekstatiker trugen, bezeugten vermutlich einen höheren Grad der Initiation. Wenn die durch den Penis gezogenen eisernen Ringe tatsächlich so dick waren, wie auf den spätmittelalterlichen Derwischbildern dargestellt (Abb. S. 79, 157), dann müssen sie auch durch Harnröhre und Schwellkörper gebohrt worden sein und damit Erektion und

Geschlechtsverkehr unmöglich gemacht haben. Bei den von europäischen Malern hergestellten Stichen ist jedoch wohl gerade bei diesem pikanten Detail mit erheblichen Übertreibungen zu rechnen. Ein geschickter Spezialist – üblicherweise der *hajjam* (Barbier und Chirurg) – konnte durchaus einen Eisenring von einer etwas geringeren Dicke so durch die Faszien zwischen Urethra und Corpus cavernosum bohren, daß die Erektionsfähigkeit nicht beeinträchtigt wurde.[231]

Richard Burton erwähnt jedoch bei seiner Beschreibung eines Initiationsritus, der Mitte des 19. Jh. am Schrein von Lal Shahbaz Qalandar in Sehwan stattfand, keine Anbringung solcher eisernen Ringe am Körper des Neophyten.[232] Er berichtet, daß die Schreinwärter *(mujawer)* nach der obligatorischen Rasur der Körperhaare das Gesicht des Initianten schwärzten und ihm eine Schnur um den Hals banden. Dann reichten sie ihm einen Spiegel und fragten ihn, wie ihm sein Aussehen gefalle. Er antwortete: »Sehr gut«. Als nächstes brannten sie mit einem glühenden Eisen ein Mal auf seine Schulter, zogen ihn nackt aus und rieben seinen Körper mit der Asche von Kuhdung ein. Darauf trugen sie ihm auf, in die Welt hinauszuziehen und sich sein Brot fortan zu erbetteln. – Es heißt, daß sich gelegentlich auch geachtete Bürger in dieser Weise initiieren ließen, um etwa zur Erfüllung eines Gelübdes für einen bestimmten Zeitraum als Qalandar zu wandern.

Wie O. Olufsen berichtet, führten die mittelasiatischen Qalandar-Derwische um die Jahrhundertwende ein für ›freie‹ Bruderschaften relativ geordnetes Leben und beachteten das Zölibat.[233] In Städten wie Khiva oder Bukhara besaßen sie am Ortsrand in Friedhofsnähe einen eigenen Konvent *(qalandar-khana).* Der Novize mußte eine fünf- bis sechsmonatige Probezeit einhalten, die er nachts betend und wachend an einem Heiligengrab verbrachte. Erwies er sich als zum Derwisch geeignet, so legte ihm der *qalandar-baba* die Derwischtracht an. Sie bestand aus einem Gewand aus Kamelhaar, einer spitzen Mütze, Bettelschale und breitem Gürtel sowie einer schwarzen Schnur, die um den Kopf gewunden wurde.[234] Der neue Derwisch schloß sich einer der singenden und bettelnden Qalandar-Gruppen an und zog mit dieser umher; abends mußten sie die erhaltenen Almosen dem Oberhaupt des Konvents abliefern.

Khaksar/Haidari und Jalali

Die Mitglieder der volkstümlichen iranischen Derwischbruderschaft der Khaksar bzw. Haidari bilden den iranischen Zweig der Qalandariyya und bezeichnen sich selbst auch als Qalandar.[235] Sie haben mit ihrer qalandarhaften Lebensführung das heutige Bild des Haschisch und Opium rauchenden, mit seiner Bettelschale umherwandernden Derwisch im Iran entscheidend geprägt. Nach Richard Gramlich sind es diejenigen, die in der Vergangenheit »mit ihren Streichen die Leute belustigten oder belästigten, die den Kranken für teures Geld ihre Wundermittel aufdrängten und selten weiterzogen, ohne aus dem Aberglauben und der Wundersucht des Volkes ihren Nutzen gezogen und ein paar Betrogene zurückgelassen zu haben, die man aber immer wieder gern kommen sah, weil sie in die Eintönigkeit des Alltags ihre heitere Abwechslung brachten« (1965: 70). Gramlich betont, dieses Bild der gauklerhaften Khaksar sei inzwischen veraltet; es träfe lediglich bis in die ersten Jahrzehnte des 20. Jh. zu, heute fänden sich höchstens noch Reste davon. In Verhalten und Aussehen haben sich die Khaksar in der Neuzeit an die übrigen schiitischen Derwischbruderschaften des Iran angeglichen.

Die Khaksar-Derwische führen nicht nur Haidari als Beiname, sondern nennen sich zum Teil auch Jalali.[236] Es ist anzunehmen, daß sie ursprünglich eine Verbindung zu dem in Uchch (Südpanjab) begrabenen Sheikh Jalal ud-Din Surkhposh Bukhari hatten, der den Jalali-Zweig der Suhrawardiyya begründete. Die Khaksar selbst führen diese Bezeichnung auf ihren Pol Sultan Jalal ud-Din Haidar zurück, über den jedoch keine genaueren historischen Daten vorliegen; wahrscheinlich lebte er im 18. Jh. Der Begriff Haidari ist anscheinend älter, denn unter diesem Namen ist seit dem 13. Jh. der stark schiitisch geprägte, in erster Linie iranische Zweig der Qalandariyya bekannt.

Als Gründer der Haidariyya wird ein turkstämmiger Heiliger namens Qutb ud-Din Haidar († 1221) erwähnt, der sich in Sawa, dem späteren Turbat-i Haidari, aufhielt und dort auch begraben wurde.[237] Eine Legende berichtet, daß er im Sommer durch ein Feuer wandelte und im Winter im Schnee zu stehen pflegte. In

Gruppe iranischer Khaksar-Derwische, historische Aufnahme

Ekstase soll er mit bloßen Händen rotglühende Eisenstäbe zu Halsreifen und Armbändern gebogen haben. Manche Haidari-Derwische tragen daher eiserne Ringe in den Ohren – ähnlich den shivaitischen Kanphata-Yogi – sowie in den Händen und dem Glied. Da beide Enden des durch den Penis gezogenen Ringes mit einem Siegel versehen wurden, nannte man diesen *sikh-i muhr* (›versiegelter Eisenspieß‹).

Als bedeutender Haidari-Heiliger in Indien gilt Sheikh Abu Bakr Tusi Haidari, der Mitte des 13. Jh. in Delhi lebte. Einzelne Wanderderwische, die sich als Haidari bezeichnen, findet man bis heute auf dem gesamten Subkontinent, überwiegend in Bengalen und der Gegend von Jaunpur. Nicht alle von ihnen zeigen ein solch exzentrisches Äußeres und Verhalten wie die eben erwähnten. Sabir ʿAli etwa, der auf Abb. S. 84 beim Nähen einer Derwischmütze und -weste zu sehen ist, weicht in seinem Äußeren und seinen Lebensgewohnheiten nicht allzusehr vom Normalen ab. Er lebt am Schrein von Bibi Pak Daman in Lahore und ernährt sich von Almosen. Um weitere Gaben zu erhalten und seiner Heiligen zu dienen, fegt er den Weg zum Schrein. Sabir ʿAli, der sich selbst als

Sher Mohammad (Sabir ʻAli), ein Haidari-Qalandar aus Lahore

Haidari-Qalandar bezeichnet, hieß früher Sher Mohammad; den Derwischnamen erhielt er von seinem *murshid* Lal Shahbaz Qalandar.

Ergänzend sei darauf hingewiesen, daß in Nordafghanistan in zwei Dörfern (bei dem Ort Qaisar/Fariab-Provinz) eine kleine peripatetische Gruppe namens Haidari lebt.[238] Ihre Mitglieder sind als Eisenschmiede tätig und führen Beschneidungen durch. Bisher liegen jedoch keinerlei Angaben über ein Bettlertum oder derwischähnliche Gauklerpraktiken vor.

Die Bruderschaft der Khaksar bzw. Haidari ist überall im Iran verbreitet, ihre Hauptkonvente befinden sich in Teheran und Mashhad. Die Zahl ihrer Mitglieder wird heute auf etwa 1000–3000 geschätzt.[239] Bekannt sind die Khaksar und ihre Anhänger für ritualisierte blutige Straßenkämpfe, die sie am *'ashura*-Tag im schiitischen Trauermonat *muharram* mit den verfeindeten Ni'matullahi-Derwischen vor allem in den Städten austrugen.[240]

Zur qalandargemäßen Lebensweise dieser sich explizit als *darwish* bezeichnenden Mystiker und Asketen gehörte gerade auch das Ideal der Armut (s. S. 158 ff.).[241] Bereits der persische Begriff *khak-sar* (*khak* = ›Staub‹, ›Erde‹) in der Bedeutung von ›arm‹, ›niedrig‹, ›demütig‹ weist darauf hin. Richard Gramlich erläutert weiter: »... sie wollen sich den Genuß am Heute nicht damit verderben, daß sie Güter, die sie erst morgen brauchen, schon jetzt mühsam erwerben. Wenn sie aus freien Stücken arm sind, dann nicht weil sie an Gott allein genug haben, sondern weil ihnen der Genuß, den der Augenblick bietet, genügt« (1976: 435).

Die Khaksar unterscheiden zwischen sieben Graden der Zugehörigkeit zur Bruderschaft, die den sieben Stufen des mystischen Weges entsprechen[242] und ihren Ausdruck in den Aufnahmeriten finden. Sie heißen: Die Zunge, Der Becher, Das Gewand, Die Übergabe der Blume, Die Übergabe des Hauptes, Die Übernahme eines Leuchtenträgers, Armut und Entwerden. Auf jeder dieser Stufen werden vom Novizen bestimmte religiöse Eigenschaften erwartet, angefangen vom Gehorsam gegenüber dem *sheikh* und guten Taten über fortschreitende mystische Erkenntnisse und Verinnerlichung bis zum Entwerden in Gott. Die Aufnahme in die Bruderschaft und der Eintritt in die hierarchisch gegliederten Stufen des mystischen Weges sind durch komplexe und elaborierte Riten markiert – mit Bewährungsproben, zeremoniellen Waschungen, Anlegen bestimmter Kleidungsstücke, Rezitationen, Namengebung usw.

Daß ein Khaksar-Derwisch auch von seinem durch die Bruderschaft empfohlenen traditionellen Wanderleben abweichen konnte, zeigt der historische Fall – sicherlich eine Ausnahme – des Tardi

Beg Khaksar, der unter dem Moghul-Kaiser Babur (reg. 1494 bis 1530) zum Armeeoffizier ernannt wurde.[243] Nachdem der aus Kabul stammende Khaksar-Derwisch dem Herrscher jahrelang treu gedient hatte – die Liebe zum Wein verband übrigens beide –, nahm er auf eigenen Wunsch im Jahre 1527 sein Qalandar-Leben wieder auf.

Die mit den Khaksar/Haidari verwandten Jalali – sie nennen sich selbst auch *khaki* (›mit Staub bedeckt‹) – leben in Indo-Pakistan. Ebenso wie bei den Khaksar/Haidari liegen ihre Wurzeln in der

orthodoxen Suhrawardiyya.[244] Als Gründer der Jalali-Bruderschaft gilt der bereits erwähnte Jalal ud-Din Surkhposh (›mit rotem Gewand‹). Er stammte aus Bukhara und ließ sich in Uchch, im südlichen Panjab, nieder. Sein Nachfolger wurde der berühmte Jalal ud-Din Makhdum-i Jahaniyan († 1385), der den Beinamen Jahangasht (›Weltdurchwanderer‹) trug und als sehr gesetzestreu bekannt war. Die Jalali-Derwische bzw. -Fakire besitzen enge Beziehungen zu den Gruppen der Malang und besuchen zudem regelmäßig das Grab von Lal Shahbaz Qalandar in Sehwan.

Mit dem Begriff *jalali* sind eigentlich die schrecklichen und angsteinflößenden Attribute des Derwischseins gemeint, wie sie etwa dem Chishti-Heiligen Makhdum ʿAlaʾ ud-Din ʿAli Ahmad Sabir (1198–1291) aus Kaliar zugeschrieben werden, vor dessen Ausstrahlung sich die Menschen fürchteten und der deshalb in großer Einsamkeit lebte.[245] Nach Annemarie Schimmel bedeutet *jalali* so viel wie »dem Aspekt der furchtbaren göttlichen Majestät zugehörig sein« (1983a: 15). Einerseits bezeichnet der Begriff *jalali* also – ebenso wie *malamati, qalandar, malang* usw. – eine *bi-sharʿ*-Bruderschaft, andererseits bestimmte charakteristische Eigenschaften und Lebensumstände. Es gibt Derwische, die in ihrem Verhalten und ihrer Lebensweise den Merkmalen verschiedener Gruppen gerecht werden, so etwa die Qalandar-Malang.

Zu Aussehen und Tracht der Jalali-Derwische heißt es, daß sie ihr Gesicht oft halb schwärzen und ihren Körper mit Asche einreiben. Um die Hüften tragen sie ein Tuch *(lungi)*, um den Kopf legen sie sich oft schwarze Schnüre oder binden sich große Turbane aus Stroh oder Leder. Neben Halsketten und Gebetsschnüren aus Fruchtschalen, Samen und Stoff tragen manche am Arm ein Amulett in Form des Prophetensiegels sowie gläserne Armreifen. Zur Ausrüstung der Jalali gehören ferner Bettelschale, Wanderstock und Blashorn (s. S. 150 f.).

Bei der Initiation müssen die Novizen ihre früheren Kleider verbrennen. Man rasiert ihnen Haupt- und Körperhaare, einschließlich der Augenbrauen und Wimpern, nur an der rechten Schläfe bleibt – wie bei manchen Chishti[246] – eine Locke *(chonti)*

◁ Iranischer Derwisch, historische Aufnahme, vor 1922

übrig. (Die Rasur der Kopf- und Gesichtshaare mit Ausnahme einiger langer Locken am Hinterkopf gehört zu einer bis heute an Schreinen praktizierten Zeremonie, durch die man zum Diener *[balaka]* eines Heiligen wird.[247]) Die Jalali erhalten auf dem rechten Oberarm zudem ein Brandmal.[248]

Es heißt, daß die bettelnden Jalali-Derwische neben Rauschmitteln auch Speisen zu sich nehmen, die als unrein und verboten gelten. Ferner sind sie – ähnlich wie die nahöstlichen Rifa'i-Derwische – für Gauklerpraktiken bekannt. Sie verschlucken Schlangen und Skorpione, die sie als Fische und Garnelen des Imam 'Ali bezeichnen.

Im Nordosten Afghanistans lebt übrigens eine kleine peripatetische Gruppe, deren Mitglieder sich als Jalali bezeichnen. Nach Aparna Rao sollen manche von ihnen als professionelle Bettler tätig sein, andere als Musiker und Bärenschausteller umherziehen.[249] Ursprünglich stammt diese Jalali-Gruppe aus der pakistanischen Region um die Städte Dera Ismail Khan und Dera Ghazi Khan.

Malang

In Südasien und Afghanistan bezeichnet der Begriff Malang oft allgemein einen Wanderderwisch, der keiner speziellen Bruderschaft angehört.[250] Überhaupt fällt eine genaue Abgrenzung zu den Qalandar, Khaksar, Jalali usw. schwer. So bezeichnen sich etwa Malang, die eine Zugehörigkeit zur Chishtiyya oder Qadiriyya angeben, zusätzlich als *qalandari*.[251] Die bettelnden Malang, die man vor allem im Panjab, in Sindh und Nordindien trifft, werden von den gesetzesgläubigen *pir* oft scharf verurteilt. Sie führen ein auf Gott gerichtetes Leben, und viele von ihnen entsagen der Welt. Diejenigen, die sich nicht entschieden vom Diesseits abwenden, folgen darin dem Vorbild des frühen Baghdader Sufi Ruwaim (†915).

Auch wenn die Malang eher einen losen Verband, eine freie Gruppe von Ekstatikern bilden und weniger eine eigene Bruderschaft, sind sie doch mit bestimmten Heiligen assoziiert, so verehren sie etwa Lal Shahbaz Qalandar in Sehwan, Sakhi Ghulam Qadir bei Pakpattan, Jhangi Shah bei Sialkot und Barri Imam in Nurpur.[252]

Die in Nordindien lebenden Malang sind Anhänger Zinda Shah Madars (Badi ud-Din Madar Shah) und seines Schülers Jamanjati[253] und heißen somit Madari. Ihr Heiliger, ein spiritueller Nachfolger Taifur Bistamis, starb im 14./15. Jh. (mögliches Datum: 1434) und wurde im nordindischen Makanpur (Kanpur-Distrikt) beigesetzt. Einer Legende nach soll er ein Alter von 124 Jahren – nach einer anderen gar von 400 Jahren – erreicht haben; im Volksglauben wird er deshalb als *zinda pir* (›lebender Heiliger‹) verehrt, der lebendig begraben wurde. Seine Langlebigkeit bzw. Unsterblichkeit soll er speziellen Yogi-Atemtechniken zu verdanken haben.[254] Shah Madar gilt ebenso als Schutzpatron der muslimischen und hinduistischen Gaukler, Tierschausteller und Akrobaten.[255]

Zum Aussehen der Madari-Derwische bzw. -Fakire heißt es, daß sie entweder schwarze Kleider tragen – wie die Malang am Schrein von Lal Shahbaz Qalandar – oder nackt mit Asche eingerieben gehen, ähnlich den hinduistischen Samnyasin.[256] Manchmal binden sie einen schwarzen Turban um und führen schwarze Fahnen mit. Ihr Haar lassen sie lang wachsen und binden es hinten zu einem Knoten zusammen. Als ›Gottesgefangene‹ tragen sie um Hals und Taille eiserne Ketten oder Seile, die sie u. a. beim Betteln gebrauchen: Sie befestigen eine Kette an einem ihrer Fußgelenke, werfen sie aus und ziehen sie wieder zurück, um auf sich aufmerksam zu machen. Mit Ketten behangene Malang trifft man auch am Grab Sakhi Ghulam Qadirs. Hier bezeugen die Ketten, daß sich die Malang als Gefangene und Sklaven Sakhis betrachten, darüber hinaus aber symbolisieren sie die Blumengirlanden, die der Heilige so sehr liebte.[257] – Einen solchen, an den Handgelenken und Beinen mit Eisenketten gefesselten Derwisch, der einen mächtigen Turban trägt, zeigt eine Moghul-zeitliche, um die Mitte des 17. Jh. entstandene Miniatur (Abb. S. 90).[258] – Ähnliche Eisenketten legten sich übrigens die den antiken Kynikern nahestehenden Wanderasketen des Vorderen Orient sowie die syrischen Säulenheiligen um den Körper.[259]

Malang, bekannt für ihren exzessiven Haschischgenuß, pflegen an ihrem Lagerplatz bei einem oder auch zwischen mehreren

Derwische, die unter Bäumen rasten, Miniatur, um 1650 (Moghul-Reich/Indien)

Feuern zu sitzen, die Tag und Nacht brennen – eine Sitte, die auf Gebräuche hinduistischer Asketen zurückgeht. Solche Feuer gelten als heilig, und ihre Asche wird häufig zu Heilzwecken verwendet.

Madari-Malang sind zudem berühmt für ihren ekstatischen Ruf *dam Madar* (›Bei dem Atem [Leben, Geist] Madars‹), den sie bei ihrem Lauf über glühende Holzkohlefeuer ausstoßen. Er soll vor Schlangenbissen und Skorpionstichen schützen.[260] Die Madari erzählen dazu folgende Geschichte: Der Prophet Mohammad wanderte auf seiner Himmelsreise zum Paradies. Das Tor war jedoch kaum zu passieren, denn es war schmaler als ein Nadelöhr. Der Erzengel Gabriel riet ihm daraufhin, *dam Madar* zu rufen, und das Tor zum Paradies öffnete sich weit.

Katherine Ewing berichtet von Malang im Panjab, die von einem Schrein zum anderen wandern[261], wobei sie unterschiedlich lang an einem Ort verweilen: manchmal nur wenige Tage, manchmal über einen längeren Zeitraum hinweg – dann, wenn sie sich in den Dienst des (meist verstorbenen) Heiligen des jeweiligen Schreins stellen. Häufig bewachen und unterhalten sie kleinere Schreine und einfache Heiligengräber, in Städten überwiegend in Wohnvierteln der Unterschicht gelegen. Der Malang reinigt die Grabstätte und zündet Öllampen an, verköstigt manchmal die Besucher – zumindest mit Tee – und nimmt Spenden entgegen. Vom Ansehen und der Autorität des verstorbenen Heiligen sowie vom Alter und der Größe des Heiligtums hängt es ab, ob der Derwisch Respekt genießt, ihm Würde und Bedeutung zuerkannt werden. ›Große‹ Malang haben bisweilen Schüler *(chela)* oder ›kleine‹ Malang, die ihnen dienen, indem sie Essen zubereiten oder erbetteln, die Pfeife stopfen und Haschischzigaretten drehen. Das Rauchen von *charas* und Trinken von *bhang* – beides Cannabis-Präparate (s. S. 200f.) – gelten als Mittel, den Geist nach innen und damit auf Gott hin zu lenken. Alkohol hingegen lehnen die Malang ab, da er nach außen gerichtet ist und gewalttätig macht.

Zu ihren Hauptaktivitäten gehört das Feiern des *'urs*. Handelt es sich um einen größeren Schrein, so lädt der Nachfolger *(gaddi nishin)* des Heiligen auch die Malang und Anhänger anderer *pir* zu diesem Festtag ein. Von ihrem jeweiligen Aufenthaltsort ziehen die Derwische in kleinen Prozessionen zum Schrein, wobei einer von ihnen eine Fahne trägt, und betteln, um für die Veranstaltung des *'urs* zu sammeln. Bei der Ankunft am Grab begrüßen sie ihren Heiligen in einer bestimmten ritualisierten Form. Während des *'urs* singen und tanzen sie.

Gruppe von Malang beim *'urs* von Madho Lal Hussein in Lahore (Pakistan)

Die folgende Bemerkung Harald Einzmanns über afghanische Malang trifft ebenso auf andere Ekstatiker dieser Art zu: »Die als außerordentlich, ja auch als absonderlich betrachtete Lebensweise der Malang bringt es mit sich, daß sich unter diesen Sonderlingen auch häufig Menschen befinden, die aufgrund körperlicher oder geistiger Defekte zu einem Leben am Rande der Gesellschaft gezwungen sind« (1977: 79). Solche mental gestörten Menschen gibt es tatsächlich innerhalb der Gruppe der Malang: Manche reden unverständlich, und es ist mitunter schwer oder unmöglich, mit ihnen zu kommunizieren. Doch trifft man andererseits nicht selten Malang, die freundlich Fragen nach ihrem Lebenswandel beantworten, den Fremden gastlich betreuen und ihn durch ihre einfache Frömmigkeit und Hingabe zu Gott beeindrucken. – Einige Malang und Majzub, denen ich in Pakistan begegnete, schienen mir von einem göttlichen Strahl getroffen, bisweilen wohl auch von einem Funken, in dem Licht und Finsternis zusammenfallen: So etwa Gul Waris Khan († 1991), genannt Mama Ji Sarkar, der in Nurpur begraben liegt (Abb. S. 110), sein Schüler 'Abdul Majid (Farbabb. 10) oder Dost Mohammad (Farbabb. 9). Wie viele andere Derwische tragen auch sie langes, ungeschnittenes Haar, das bei Mystikern und Asketen allgemein als Sitz der Lebensenergie und magischen Kräfte gilt.[262] Man denke an den Gott Shiva in seiner Erscheinung als *mahayogi*, der seine langen, geflochtenen Haarlocken zu einer Art Pyramide aufgetürmt hat. Der Malang 'Abdul Majid, der sich zur Qadiriyya-Chishtiyya bekennt, lebt seit etwa 35 Jahren auf einer Plattform unter Mangobäumen in Nurpur, wo er seinem *pir* Mama Ji Sarkar eine Andachtsstätte gebaut hat. In seiner bescheidenen, freundlichen Wesensart und seiner unmittelbaren Kommunikation mit Gott verkörpert er für mich den Typ des Mystikers, der die Ideale des einfachen Derwischtums praktiziert. Ähnlich wie er lebt Dost Mohammad, ursprünglich aus Pacha in Buner stammend, in Nurpur. Als seine *pir* nennt er ebenfalls 'Abdul Qadir Jilani und Mu'in ud-Din Chishti.

Abschließend sei noch auf einen wichtigen und bemerkenswerten Aspekt der Mystik hingewiesen, der für Malang und Derwische anderer ›freier‹ Bruderschaften charakteristisch erscheint: Sie treten häufig in phantastischen Kostümen auf, zum Teil auch in Frauenkleidern; die meisten von ihnen tragen Schmuck, etwa eine Vielzahl von Fingerringen, Arm- und Fußreifen, Halsketten, Ohrringen usw. (Farbabb. 11, 15).[263] Die weiblichen Attribute in Kleidung, Haartracht und Schmuck machen die feminine Rolle deutlich, die der Malang mit seinem Lebenswandel einnimmt. Katherine Ewing hat darauf hingewiesen, daß er außerhalb der ›normalen‹ sozialen Welt eine Position innehat, die jener der Frauen diametral entgegengesetzt ist: Diese verbleiben – entsprechend der üblichen Geschlechtertrennung – in einer privaten Sphäre, in die nur männliche Familienmitglieder regelmäßig hinüberwechseln.[264] Der Malang hingegen kleidet sich feminin, heiratet nicht und betrachtet sich, ähnlich einer christlichen Nonne – als mit Gott verlobt, als ›wahre Braut‹ *(sada suhagan)* Gottes, in manchen Fällen auch des Propheten oder des Imam 'Ali, aber er lebt in der ›öffentlichen‹ Sphäre. Übrigens sind Liebesbeziehungen zu übermenschlichen Wesen auch aus anderen Kulturen bekannt, so etwa von den Bergvölkern des Hindukush und des Karakorum. Dort sind es Schamanen, Seher und zumeist unverheiratete Außenseiter der

Gesellschaft, die sich mit einer Fee ›mischen‹ und sogar sexuellen Kontakt mit ihr haben. Der Tod des Derwisch schließlich gilt, wie bereits erwähnt, als Hochzeit der Seele mit Gott, wobei die Seele, die sich nach Vereinigung mit dem göttlichen Geliebten sehnt – beeinflußt durch die mystische Volkspoesie des Indus-Tales und das Hindu-Ideal der *virahini* (der sich nach ihrem Ehemann verzehrenden Frau) –, die Rolle der Braut einnimmt.[265]

Ganz deutlich wird diese Idee der ›Brautmystik‹ bei den Mitgliedern der Suhagiyya, einem *bi-shar'*-Zweig der Suhrawardiyya.[266] Als ihr Gründer gilt der aus Ahmadabad stammende Musa Shahi Suhag († 1449), ein Anhänger von Sheikh Jalal ud-Din Surkhposh. Er wollte nicht das übliche Leben eines *sheikh* führen, sondern verbarg seine spirituellen Fähigkeiten, indem er sich unter die allgemein verachteten, tanzenden und auf Saiteninstrumenten musizierenden *hinjra/hijra* (›Transvestiten‹) zurückzog. Sein Beiname *suhag* (›Braut‹) weist darauf hin, daß er sich wie eine verheiratete Frau kleidete. Seine Anhänger, die Sada Suhagin-Derwische, tragen nach dem Vorbild ihres Gründers rote Frauengewänder und reichen Schmuck. Nach hagiographischen Quellen soll Musa Suhag Gott als Ehemann angerufen haben. Im Gewand islamischer Häresie scheint bei den Suhagin der Überrest eines archaischen, in Indien beheimateten kultischen Transvestitentums greifbar.[267] Wie Gisela Bleibtreu-Ehrenberg treffend für Südasien bemerkt, dient es – »... wenn es sich bei der verehrten numinosen Gestalt um einen Gott handelt – der Anähnelung an die Frau, um so die individuelle Verbindung mit dem männlichen Gott in Form eines Liebesverhältnisses zu konstituieren« (1984: 114). Dieses Verhältnis kann – wie in hellenistischen Mysterienkulten – als geschlechtliche Vereinigung aufgefaßt werden, durch die sich der Mensch das innerste Wesen der Gottheit aneignet.[268] So identifizieren sich etwa bei den Sakhi-bhavaka, einer Untergruppe der bengalischen Sahajiyya-Baul, die rituellen Geschlechtsverkehr praktizieren und denen auch muslimische Sekten angehören, als Frauen verkleidete Männer mit Radha, der Geliebten Krishnas.[269]

Bei einzelnen Malang, denen ich begegnete, möchte ich – aufgrund ihrer hohen weiblichen Stimmlage – nicht ausschließen, daß sie sich selbst kastriert haben. Die Gründe dafür könnten entweder in einer ›Anähnelung‹ an das weibliche Geschlecht im Sinne einer

Rolle als ›Gottesbraut‹ liegen oder streng asketisch in einer willentlichen Verstümmelung im Kampf gegen die eigene Triebseele. Hier sei eine Legende angemerkt, die überliefert, daß auch Hakim Sultan – ein Hauptjünger des Haji Bektash – keine männlichen Geschlechtsteile besaß.[270] An Heiligenschreinen in Nurpur und Kandarkas (North-West Frontier Province/Pakistan) traf ich dem Anschein nach Intersexuelle mit sehr weiblichen Körperformen und – anders als bei Transvestiten – ohne ausgestopfte Büstenhalter, die sich als Malang bezeichneten. Androgynie spielt in der Mystik im Sinne der Vereinigung von männlichen und weiblichen Kräften eine wichtige Rolle. Diese Vorstellungen sind sicherlich auf shivaitischen Einfluß zurückzuführen.

Majzub

Entweder zu einer orthodoxen oder einer ›freien‹ Bruderschaft gehörend und zwischen den Extremen von Askese und Lebensgenuß pendelnd, verkörpert der Majzub einen weiteren, ganz speziellen Typ des Ekstatikers. Von dem bei Rufa'a im Sudan lebenden Majzub namens Salman at-Tiwali heißt es, daß er einen mit Glöckchen besetzten Frauengürtel trug und zur Trommel tanzte, die seine Sklavenmädchen schlugen.[271] So versetzte er sich in einen Zustand der göttlichen Anziehung und Verzückung *(jazba)*, in dem er ekstatische Rufe ausstieß. Nach hagiographischen Quellen umgab sich der Majzub Nur ud-Din Ishaq Qadiri aus dem südindischen Bijapur-Distrikt mit Tanzmädchen und pflegte den Tag mit ihnen zu verbringen.[272] Der türkische, zur Bektashi-Tradition gehörende Heilige Piri Baba, der wahrscheinlich in der zweiten Hälfte des 15. Jh. lebte und ebenfalls als Majzub galt, hielt sich der Legende nach tagsüber im Heißraum (türk. *külhan*) des Eski Hamam von Merzifon auf.[273] Dort soll er als Badediener die Frauen mit Seife und Frottiertuch abgerieben haben. Ähnlich wird schon im Kontext des byzantinischen Christentums von dem ›heiligen Narren‹ Symeon Salos (6. Jh.) berichtet, er sei nach seinem Aufenthalt in der Wüste in die syrische Stadt Emesa zurückgekehrt und habe dort nackt das Frauenbad aufgesucht – dank seiner abgeklärten asketischen Haltung vollkommen unbeeindruckt von weiblichen Reizen.[274]

Solch ungesetzliches Verhalten, das die gesellschaftliche Ordnung umkehrte, wurde in der Literatur immer wieder heftig kritisiert; so schreiben Burton und im gleichen Wortlaut auch Ja'far Sharif: »Der Majzub ist gewöhnlich ein ausgesprochener Wüstling und ein erfolgreicher Bettler« (Burton 1851: 218; Ja'far Sharif 1921: 294). Oft werden Majzub auch pejorativ als gewöhnliche ›Wahnsinnige‹, ›Verrückte‹ oder ›gefährliche Heilige‹ angesehen. Meine eigenen Erfahrungen mit dem Majzub Gul Waris Khan aus Rawalpindi (Abb. S. 110), den ich 1988 kennenlernte und der Anfang 1991 verstarb, können dieses Bild nicht bestätigen. Er war ein sanfter, Gott innig liebender Heiliger; manchmal erschien er geistesabwesend, zu anderen Zeiten gab er den ständig an seiner Bettstatt anwesenden Gläubigen Ratschläge, spendete ihnen Trost und predigte in einfachen, aber sehr eindringlichen Worten die Liebe zu Gott und die Liebe zwischen den Menschen. – Eine Einzelstudie über diesen Schüler Barri Imams ist in Vorbereitung.

Geistesgestörte und Narren werden im islamischen Orient gemeinhin als Günstlinge Gottes angesehen. Die Irrsinnigen und ›weisen Narren‹ *('uqala' al-majanin)* gelten durch Gott selbst vom religiösen Gesetz befreit; sie besitzen die ›Narrenfreiheit des religiös Verstörten‹.[275] Der bedeutendste dieser oft nur scheinbar verrückten Narren und Mahner ist der aus zahlreichen Legenden bekannte Buhlul al-Majnun, der Anfang des 9. Jh. verstarb.[276] Auch Shudhi al-Halwi, ein im 12. Jh. im algerischen Tlemcen lebender Richter, gehört zum Kreis der weisen Narren.[277] Er gab plötzlich sein Amt auf und zog fortan als tanzender Derwisch durch die Straßen und verteilte Süßigkeiten *(halwa)* an die Kinder. Halwi beeinflußte mehrere Sufis seiner Zeit nachhaltig. Ferner verkörperte Sidi 'Abdur Rahman al-Majzub († 1674/75) Weisheit und Narrentum in einer Person. Der Schutzpatron der marokkanischen Metzger und verehrte Heilige der Haddawa lebte wie ein antiker Kyniker, war unverheiratet, liebte die Frauen jedoch leidenschaftlich.[278]

Innerhalb der Religionsgeschichte ist »die charismatische Qualität der ›reinen Torheit‹ ... in vielen Sekten-Bewegungen bezeugt« (Mühlmann 1961: 259). Ernst Benz hat dem ungewöhnlichen

Wanderderwisch mit Wasserpfeife, iranisches Aquarell, Jahrhundertwende

در خاک بیلقان برسیدم بعابدی گفتم مرا به تربیت از جهل پاک کن

گفتا برو چو خاک تحمل کن ای فقیه یا هرچه خوانده‌ای همه در زیر خاک کن

3 Ein Derwisch gibt seinem Hund zu trinken, Miniatur aus dem illustrierten Kulliyat-Manuskript von Sa'di, 1600–10 (Moghul-Reich/Indien)

◁ 2 Ein Einsiedler und sein Zuhörer am Bach, iranische Miniatur, Mitte des 17. Jh.

4 Symbole und Embleme des Derwischtums auf einem iranischen Bildteppich, in Farahan (Ira
hergestellt, 19. Jh.

5 Bildnis des iranischen Derwisch Nur ʻAli Shah, in Hamadan (Iran) hergestellt, 20. Jh.

6 Shah ʿAbdul Latif aus Sindh (Pakistan), pakistanischer Farbdruck

7 Der ›Heilige der Krähen‹, Sain Kanwan Wali, aus Gujrat im West-Panjab (Pakistan), pakistanischer Farbdruck

8 Lal Shahbaz Qalandar aus Sehwan (Pakistan), pakistanischer Farbdruck

9 Malang Dost Mohammad in Nurpur (Pakistan)

10 Malang ‘Abdul Majid lebt in Nurpur (Pakistan)

11 Die Qalandar-Malang ‘Abdul Qayyum (rechts) und Farzind ‘Ali Shah (links) in Karachi (Pakistan)

12 Der pakistanische *chimta*-Spieler Sain Mushtaq (links)

13 Malang Sain Mastana, ein Kashmiri und Anhänger der Qadiriyya-Qalandariyya ▷

4 Chishti-Sufis am Schrein von Sayid Fazl Karim in Kandarkas (Pakistan)

5 Derwische beim *'urs* von Madho Lal Hussein in Lahore (Pakistan): rechts der rotgekleidet
Chishti-Malang 'Abdul Ghani, in der Mitte der Lali Shah Fakir Baba Kungri

16 Flickenmantel eines iranischen Derwisch, bunte Tuchflicken, Baumwollfutter

Frömmigkeitstyp des ›heiligen Narren‹ im orientalischen Christentum eine eingehendere Studie gewidmet (Benz 1938). Neben Symeon von Emesa (s. S. 95 f.) nennt er insbesondere den heiligen Andreas († um 947 in Konstantinopel) als heiligen Narren. Nach Benz war dessen Lebensweise, mit der er sein vorheriges frommes Leben, das er als Asket in der Wüste verbrachte, fortsetzte, »die höchste Form der Selbsterniedrigung und Selbstentäußerung« (1938: 7) vor Gott. Der heilige Narr kann sich unter dem Schutz der Narrenfreiheit aufdringlich an die Leute auf der Straße wenden und nicht zuletzt die Außenseiter der Gesellschaft aufsuchen – Tanzmädchen, Prostituierte usw. –, also jene seelsorgerisch betreuen, die von den Vertretern der offiziellen Religion nicht erreicht werden. Da er die diesseitige Ordnung selbst als verrückt und dämonisch erkennt, sucht er durch Provokationen »die Narrheit der Welt dadurch aufzudecken, daß man ihr überall gegen den Strich redet und handelt. Es ist also der Gedanke von der verkehrten Welt, der zum Aufgreifen der Narrenrolle führt« (Benz 1938: 10). Das Narrenspiel erscheint als Beruf und Kunstfertigkeit mit spezifischen Verhaltensweisen und deutlichen Bezügen zum Gauklertum; so heißt es u. a., daß heilige Narren Schlangen und Skorpione berühren können, ohne dabei vergiftet zu werden.[279]

Diagnosen der westlichen Medizin würden wohl ergeben, daß es sich bei manchen Majzub um Schizophrene, Hysteriker, Paralytiker oder um Menschen mit epileptoiden Zügen handelt. In einigen Fällen könnte man wohl auch Formen des Autismus feststellen. Aber wird man mit derartigen pathologischen Zuweisungen dem Erscheinungsbild und Wirken der Majzub und anderer Ekstatiker gerecht? Ich denke, man sollte gerade hier die emische Perspektive berücksichtigen, die Innenansicht der Kultur. Im Orient und in Südasien begegnen die Menschen auch wirklichen Geisteskranken mit einer bemerkenswerten Duldsamkeit und Nachsicht, da man ihr Krankheitsbild oft als Erscheinungen des Göttlichen begreift.[280]

Das außergewöhnliche Verhalten der Ekstatiker als simple Geistesgestörtheit zu interpretieren verhilft sicher nicht zu einem Verständnis. Können das Aufschreien der Majzub und ihre Eigenart, in Paradoxien zu sprechen, nicht spontaner Ausdruck der starken Ergriffenheit durch Gott sein? Ist das, was wir als mentale Verwirrung zu erkennen glauben, nicht vielmehr Zeichen mysti-

Der Majzub Hazrat Gul Waris Khan aus Rawalpindi (Pakistan), pakistanisches Heiligenbild/Aquarell, 1988

scher Erfahrung und Erkenntnis – eine besondere göttliche Geistesgabe? Immerhin bezeichnete sich auch der Prophet Mohammad nach seiner ersten Vision als ›ver-rückt‹. Meines Erachtens können wir bei den Majzub – ähnlich wie bei den Schamanen – eher von einer »Überwachheit des Bewußtseins« (J. Zutt) oder einer »Bewußtseins-Helligkeit« (K. Schneider) sprechen. So kann die Ekstase durchaus das Ergebnis einer spontanen Erleuchtung sein, welche von den Mitmenschen als segenbringend geachtet wird, und das exzentrische Verhalten der Majzub Ausdruck wirklicher Demut und Askese.[281]

In diesem Zusammenhang ist auch der ›religiöse Wahnsinn‹ *(divyonmada)* bengalischer Heiliger zu erwähnen, der in die *bhakti*-Tradition eingebettet ist.[282] Ausdruck ihres Wahnsinns ist ein ekstatischer Zustand *(bhava)*, in dem sich der Heilige *(bhakta siddha)* zu Gott sehnt, ihn in voller Hingabe liebt und zu einer seiner Erscheinungsformen wird. Die zur Vaishnava-Richtung gehörenden Ekstatiker erkennen *bhava* als Gnadengabe Krishnas und dessen Liebe als flüssig und daher trinkbar. Heilige der *shakta*-Tradition sehen sich demgegenüber als Kinder der Göttin Devi.

Sowohl für die bengalischen Mystiker als auch für andere Ekstatiker gilt jedoch, daß nicht jedes wahnsinnige oder exzentrische Verhalten den Betreffenden per se zu einem Heiligen erhebt. So wird Haji Gul, den ich mehrere Male bei verschiedenen Aufenthalten in Peshawar traf, als geistesgestörter und exzentrischer Malang eingestuft, nicht jedoch als Majzub. Der aus einer guten Familie stammende Afridi-Pashtune spricht wirr und wird daher von anderen auch als *mastana* (›berauscht‹, ›wahnsinnig‹) bezeichnet.

Aufgrund ihres permanenten Zustands der Ergriffenheit haben Majzub ihre mystischen Erfahrungen fast nie in Texten ausgedrückt, so daß sich Orientalisten kaum näher mit ihnen auseinandersetzten. Dem Verständnis dieser von Gott Verwirrten dient die Etymologie des Wortes, mit dem sie von den Muslimen bezeichnet werden. Der arabische Begriff *majzub* ist von dem Verb *yazaba* – umgangssprachlich *jazaba* – abgeleitet (die Wurzel lautet *jzb*), das so viel bedeutet wie ›hingezogen sein‹, ›herangezogen sein‹.[283] Ein Majzub wird also zu Gott ›gezogen‹, er folgt seinem Ruf, sein Herz ist ganz von Gott gefangengenommen. Man erkennt das ›Gezogenwerden‹ an ihm, das ›Sich-öffnen-Lassen‹ zu Gott hin, d. h. wesentliche Elemente der Ekstase. Er hat das Licht Gottes sozusagen im Übermaß empfangen.[284] Die mentalen Störungen zeigen, daß seine Seele davon überquillt und er von Gott absorbiert wurde.

Die Heiligenviten erwähnen zahlreiche Wundertaten der Majzub.[285] Weiterhin erfährt man, daß sie oft nackt durch die Straßen wanderten, sangen und tanzten und Almosen an Bedürftige verteilten. So ging beispielsweise Mohammad Ji Barahua, ein *sheikh* der Shattariyya, der in der zweiten Hälfte des 16. Jh. im indischen Ahmadabad lebte, nackt umher.[286] Auf die Nacktheit (Urdu/Hindi *nanga/nangi* = ›nackt‹), ein wohl von indischen Asketen übernommenes Charakteristikum, verweisen bisweilen sogar die Namen der Ekstatiker: so etwa bei Shah Nangi Majzub oder Nanga Baba. Ein weiterer berühmter Majzub, der das ›Kleid der Nacktheit‹ anlegte, war der begabte Dichter Mohammad Sa'id Sarmad († 1661), von Hause aus ein wohlhabender armenischer Jude und Geschäftsmann aus Kashan (Iran), der sich unter dem Einfluß der Sufis zum Islam bekehrte.[287] Auf einer Handelsreise 1632/33 verliebte er sich in einen Hindu-Jungen aus Thatta (Sindh), doch blieb seine Liebe zunächst unerfüllt. Fortan zog er nackt umher. Prinz Dara Shikoh (1615–59), der Bruder des späteren Moghul-Kaisers Aurangzeb, wurde zum Schüler dieses nackten Ekstatikers. Von ihm ist der Vers überliefert: »Die Mißgebildeten hat Er bekleidet, dem Unbefleckten gab Er das Gewand der Nacktheit« (Schimmel 1985 b: 512). Die Nacktheit mancher Mystiker und Asketen kann als Erniedrigung vor Gott und als »vertrauensvolle Hingabe« (Goldammer 1960: 373) an den Höchsten gedeutet werden. (Auch im christlichen Kontext können Erwählte und Erlöste ein ›Lichtkleid‹ tragen.[288]) Solche Ekstatiker fühlen sich in Gott geborgen, sie benötigen nichts anderes als die Nähe zu Ihm.

Ilah-Din († 1557), ein Majzub aus Narnaul, zog in alten und zerrissenen Kleidern umher, trug eiserne Ringe an den Füßen und sprach zu den Vorübergehenden immer wieder die Worte »Oh Gott komm! Oh Gott geh! Oh Gott setz dich!«[289] Stundenlang stand er bewegungslos in Abfallhaufen. Sah er Gefangene, die zur Strafe mit den Beinen in den Stock geschlossen waren, so befreite er sie und fesselte sich selbst. Von dem Jerusalemer Heiligen Sheikh Dahud erzählt man, daß er sich von Tierkadavern ernährte; das Fleisch, daß er abschnitt, wurde auf wunderbare Weise sauber, warm und appetitlich.[290] Sonderbar erscheint auch das Verhalten des Majzub Sayid 'Ali († 1499/1500), Schüler eines Chishti-Heiligen aus Jaunpur, der mit vier Frauen verheiratet war und manchmal das Flickengewand des Sufi trug und ein anderes Mal eine Soldatenuniform.[291]

Wie die Begegnung mit solchen Ekstatikern verlaufen konnte, beschreibt Sayid Athar Abbas Rizvi: »Im allgemeinen ignorierten die Majzub ihre Besucher oder schalten sie aus, beschimpften sie und bewarfen sie mit Steinen und Dreck; in ihrer Hingabe ertrugen die Anhänger diese exzentrischen Ausbrüche jedoch« (1983: 470). So war auch der Majzub und Malamati Sheikh Kamal († 1573), der sich zur Qadiriyya zählte und in der Nähe von Sirhind lebte, bekannt dafür, Schaulustige mit Steinen zu bewerfen.[292] Auf gleiche Weise wies ein im 16. Jh. in Lahore wohnender Majzub den Naqshbandi-Sufi Khwaja Mohammad Baqi zurück, der bei ihm spirituelle Unterweisung suchte.[293] Solch spontane, gewaltsame Reaktionen mögen wohl vorgekommen sein, doch werden sie in Gesprächen, die ich in Pakistan mit Sufis und Derwischen führte, nicht unbedingt mit Majzub in Verbindung gebracht, sondern eher mit Bettlern oder Geistesgestörten, die als *pagal* oder *mast* eingestuft werden.

Ein Majzub ist entweder bereits von Geburt an ›entrückt‹, oder er hat – wie Annemarie Schimmel schreibt – »unter dem Schock einer mystischen Vision oder irgendeines anderen seelischen Erlebnisses seinen Verstand verloren« (1985 b: 39). Ein Beispiel hierfür gibt die Lebensgeschichte von Shah Birdi Bayat, einem bekannten indischen Majzub.[294] Unter Prinz Kamran, Bruder des Moghul-Kaisers Humayun (reg. 1530–56), bekleidete er einen hohen militärischen Posten in Gardez (Ostafghanistan). Die Beschneidung des künftigen Thronfolgers Akbar im März 1546 veränderte seine Psyche schlagartig: Er gab sein Amt auf, wurde zu einem Ekstatiker und begann, in den Straßen Kabuls kostenlos Wasser an Durstige auszuschenken. Er nannte sich fortan Bahram Saqqa (*saqqa* = ›Wasserträger‹); im übrigen eine geradezu klassische Übung der Mildtätigkeit von Derwischen, die ebenso von maghrebinischen Mystikern, ägyptischen Derwischen und türkischen Mevlevi bekannt ist.[295] Nachdem er nach Delhi gezogen war, lebte Bahram dort nahe dem Grab des Chishti-Heiligen Nizam ud-Din Auliya. Er schenkte weiterhin Wasser an Vorübergehende aus und begann, Gedichte zu schreiben. Ein Jahr später begab er sich nach Agra und stiftete ein *saqqa-khana* (›Brunnenhaus mit frischem Wasser‹). Dort war auch Kaiser Akbar häufiger zu Gast und lauschte seinen Gedichten. Bahram starb 1562/63 in Bengalen. – Manch einer ist wohl auch durch eine unglückliche Liebe verwirrt worden, gab dann alles Irdische auf und wählte das Dasein eines Majzub. Als Beispiel dafür stehen etwa Ranjha und Mahinwal, die Heroen aus zwei der populärsten Epen des Panjab. Andere wieder mögen durch die Erfahrung von Intoleranz und Unduldsamkeit seitens der Orthodoxen zum Majzub geworden sein. Was immer im jeweiligen Fall der Wendepunkt im Leben gewesen sein mag, wesentlich ist die tiefe Erfülltheit durch Gott, die den Verwirrten in den Augen seiner Mitmenschen als Majzub erscheinen läßt.

Viele der Derwische, die sich im 17. und 18. Jh. im südindischen Bijapur aufhielten, werden in der hagiographischen Literatur als Majzub bezeichnet.[296] Die meisten sind namentlich bekannt, und einiges ist aus ihrer Lebensgeschichte und ihrem Wirken überliefert worden. Ein populärer, zur Chishtiyya gehöriger Majzub war Shah Amin ud-Din 'Ala (1597–1675), der als *sajjada-nishin* von Miranji Shams ul-'Ushshaq († 1499) den Derwischkonvent auf dem Shahpur-Hügel bei Bijapur leitete.[297] Als gebildeter, aus dem ländlichen Milieu stammender Sufi zog er neben Muslimen auch viele Hindus an, unter ihnen vor allem Lingayat-Asketen. Die Worte, die er in Ekstase ausrief, schrieben seine Schüler teilweise nieder. Ähnlich wie Hallaj (s. S. 25) verurteilte man ihn aufgrund seiner Äußerung, er habe an der Göttlichkeit Allahs Anteil, als Häretiker. In seinem – in Dakhni verfaßten – »Risala-yi wujudiya« kann man seine ›ketzerischen‹ Worte, die ihn mit Allah gleichstellen, nachlesen: »Du hast mein Licht (Seele) zu einem Spiegel deines Selbst gemacht. Und dieses Licht hast Du mit Deinen Eigenschaften gefüllt – als ein verborgener Schatz. Die Eigenschaften sind mir gegeben worden, das Lob gilt jedoch Dir. Wie kann ich dann zwischen Dir und mir unterscheiden?« (Eaton 1978: 247)

Majzub gab es selbstverständlich nicht nur in der östlichen islamischen Welt, obwohl sie dort häufiger anzutreffen waren, sondern auch im Westen. Berühmt ist der Marokkaner Sidi 'Abdur Rahman (1503–65), ein Majzub und wandernder Dichter, der durch zahlreiche bittere und sarkastische Verse auffiel.[298] Unter den Derwischbruderschaften des Sudan ist die Majzubiyya zu erwähnen, die im 18. Jh. von Mohammad al-Majzub gegründet wurde und einen Zweig der Shaziliyya darstellt.[299]

Im ägyptischen Assiut lebte im 19. Jh. Sheikh Saqqa, auch Saqqa al-Majzub genannt, der keiner Bruderschaft angehörte.[300] Es heißt, er sei ein ordentlicher und sauber gekleideter Mann gewesen, der wenig sprach und niemals sein *kanabah* (›Kanapee‹) in seinem Haus verließ.

Wie die einzelnen Fallbeispiele von Majzub gezeigt haben, gibt es im Erscheinungsbild und Verhalten dieser zu Gott hingezogenen Ekstatiker und Charismatiker beträchtliche Unterschiede. Gemeinsam ist ihnen jedoch, daß ihre Umgangsformen und Anschauungen fast immer dem religiösen Gesetz widersprechen und sie oft Rauschmittel wie Opium, Haschisch und Wein zu sich nehmen.

Kleinere *bi-shar'*-Bruderschaften

Auf dem indo-pakistanischen Subkontinent leben eine Reihe kleiner muslimischer Fakirgruppen und ›freier‹ Bruderschaften, über die bisher noch sehr wenig bekannt ist. Murray Titus nennt neben den bereits erwähnten Musa Suhagi und Dafali noch die Alif Shahi, Shamsi, Benawa und Imam Shahi.[301]

Von den **Imam Shahi** weiß man, daß sie – wie viele andere Gruppen auch – das Zölibat befolgen und ihr Gesichtshaar rasieren. Bei Ja'far Sharif lesen wir: »Ihr unterscheidendes Merkmal ist ein schmaler senkrechter Strich, der von der Nasenspitze bis zur Stirnhöhe gezogen ist« (1921: 296). Diese Imam Shahi, als Bruderschaft im 16. Jh. von Imam Shah in Pirana (Gujarat) gegründet und auch als Satpanthi (›die auf dem rechten Weg‹) bekannt, bilden eine Sondergruppe, die ismailitische Vorstellungen mit hinduistischen Ideen zu verbinden sucht.[302]

Die **Shamsi** führen sich auf den Wanderderwisch Shams ud-Din Tabrezi († 1248) zurück, einen engen Freund Rumis.[303]

Ekstatische Musik gehört zu den Vorlieben der **Benawa**, einer Abspaltung der Qadiriyya, die auch Nawshali genannt werden.[304]

Eine weitere *bi-shar'*-Gruppe bilden die im Panjab verbreiteten **Suthra** (Suthreshahi), die singend umherziehen und einen Stab tragen, mit dem sie auf ihre eisernen Armreifen schlagen.

Die nordindischen **Chhalapdar-Fakire**, die sich auf den durch seine Wundertaten berühmten Sayid Ahmad Kabir zurückführen, singen Hymnen und spielen dazu Zimbel und Schellentrommel; bekannt sind sie auch für außergewöhnliche Formen der Ekstase, wie den Lauf durch ein Feuer.[305]

Die **Husseini Brahmin** ziehen als wandernde Gruppe durch Nordindien und Kashmir und erzählen gegen Almosen die Geschichte Imam Husseins.[306] Sie leben ferner vom Betteln und Wahrsagen. Es heißt, daß sie besondere Verehrer Mu'in ud-Din Chishtis seien.

Die **›Fakire‹ des Shah Daula** (16. Jh.) sind kleinköpfige (mikrozephale) Menschen, die sich am Schrein dieses Heiligen in Gujrat (Panjab) ihren Lebensunterhalt erbetteln.[307] Diese Kranken haben sich in ihrer Lebensweise den Derwischen angeglichen, ohne über das entsprechende religiöse Bewußtsein zu verfügen oder gar eine Bruderschaft zu bilden. Man nennt sie auch die ›Ratten‹ *(chuha)* des Shah Daula.

Ebenfalls im Panjab trifft man die **Lali Shah-Fakire** (Farbabb. 15), Anhänger von Lal Shahbaz Qalandar, deren Gewand an der Taille mit Glocken besetzt ist und die um die Knöchel ein Schellenband tragen.[308] Bei ihrem Reigentanz spielen sie als zusätzliches Klanginstrument die *chimta*, ein feuerzangenförmiges Musikinstrument. Auch sie ziehen mit der Bettelschale umher, wobei sie sich besonders an Frauen wenden, indem sie Verse wie den folgenden singen: *»Mai, de Lali nun manni. Teri nuh ave lammi!«* (»Mutter, gib dem Lali ein Stück Brot. Du wirst eine schöne Schwiegertochter bekommen.«)

Am Ganges leben die sogenannten **Dandi-Fakire**, Bettler, die sowohl aus muslimischen als auch aus hinduistischen Familien kommen.[309] Einer Vorschrift nach dürfen sie pro Tag nur von höchstens drei Personen Almosen entgegennehmen; falls dies nicht zur Ernährung reicht, müssen sie fasten.

Hussein Shahi

Etwas mehr wissen wir über die Hussein Shahi, die einen *bi-shar'*-Zweig der Qadiriyya bilden.[310] Ihr Gründer, der Heilige Lal Hussein Lahori (1539–93), war der Sohn eines Webers; man nannte ihn Lal (›Roter‹), weil er seit seiner Kindheit Kleider aus rotem Stoff bevorzugte. Mit der Erkenntnis des Koranverses 6/32 – »Und das irdische Leben ist nur ein Spiel und ein Scherz ... « – hatte sein Leben einen Wendepunkt erreicht. Er verließ die Koranschule, an

Muslimischer Fakir aus Nordindien, historische Aufnahme

der er studierte, und streifte etwa 20 Jahre durch die Wälder um Lahore. Manche Nacht weilte er am Grab von Data Ganj Bakhsh, dem großen Qadiri-Heiligen von Lahore. Andere Nächte soll er stehend im Ravi-Fluß verbracht haben, den Koran auswendig rezitierend. Später zog er als Malamati singend und tanzend durch die Straßen der Stadt, trank exzessiv Wein und war für seine skandalösen Auftritte weithin bekannt. Er hatte das Glück, unter dem toleranten Moghul-Kaiser Akbar zu leben, der den exzentrischen Heiligen wohl auch selbst kennenlernte. Von der Liebe zu Gott berauscht, verfaßte Hussein mystische Gedichte *(kafi)* in Panjabi, in denen er vor allem seine Liebe zu dem jungen Hindu Madho (†1646/47) besang. Madho wurde ein Schüler des Heiligen und bekehrte sich schließlich zum Islam. Lal Hussein ist in Lahore gemeinhin als Madho Lal Hussein bekannt, ein Name, der die starke Bindung zwischen den beiden Liebenden ausdrückt.

Rasul Shahi

In der späten Moghul-Zeit, im 18. Jh., entstand die Bruderschaft der Rasul Shahi, eine *bi-shar'*-Gruppe der Suhrawardiyya[311], die sich in Gujarat, dem Panjab – mit dem Zentrum in Lahore – und in Delhi (dort Chhalapdar genannt) verbreitete. Die Gründung geht auf einen Derwisch namens Rasul Shah aus Alwar zurück. Seine Anhänger sind überzeugt, daß die Seele des *pir* bei seinem Tod in den Körper eines der Ihrigen eintritt und diesen so zum rechtmäßigen Nachfolger bestimmt. Derartige Vorstellungen einer Seelenwanderung sind der islamischen Häresie allgemein nicht fremd und finden sich im besonderen auch bei Shihab ud-Din as-Suhrawardi (1153–91).[312] Die für ihren exzessiven Genuß von Wein und Haschisch sowie für Schaustellungen berühmten Rasul Shahi leben zölibatär und ernähren sich von Almosen. Auf dem Kopf tragen sie ein weißes oder rotes Tuch, das in der charakteristischen Form einer spitzen Mütze gebunden ist. Gesicht und Körper reiben sie mit Asche ein. Wie die Qalandar und Jalali rasieren sie sich Haupthaar, Augenbrauen und Bart ab. An den Füßen tragen sie Holzstelzsandalen – ein Brauch, den sie wohl von den Hindu-Fakiren übernommen haben.

Diwana

Aus Mittelasien liegen Nachrichten über einen besonderen Typ des Wanderderwisch vor, über die Diwana (Diwaneh, Duana, Diwanä). Bis etwa in die 20er/30er Jahre dieses Jahrhunderts zogen die Diwana, in ihrem Äußeren und Auftreten den Qalandar und Majzub ähnlich, durch Mittelasien.[313] Man beschreibt sie als von Liebe wahnsinnig Gewordene *(majnun)*, als Besessene, fromme Narren und erpresserische Bettler. Olufsen begegnete einigen dieser Ekstatiker in Bukhara. Er notierte, daß sie absonderlich gekleidet waren, einen Speer in der Hand trugen, auf Kuhhörnern bliesen und manchmal auf Steckenpferden ritten.[314] Berichten aus Ostturkestan zufolge führten die Diwana neben einem großen Flaschenkürbis – als Almosenbehälter – einen mit klappernden Metallringen besetzten Rasselstab mit sich, um beim Betteln die Leute auf sich aufmerksam zu machen (s. S. 179).[315] Um einen Diwana handelte es sich auch bei dem von Evliya Çelebi erwähnten skurrilen Derwisch Ahmad Dede, angeblich der Khalwatiyya angehörend[316], der an einer Straßenecke Istanbuls saß und Tiergehörne sammelte. Sobald er ein solches Geschenk erhielt, begann er zu tanzen.

'Abdalan-i Rum

In frühosmanischer Zeit zogen die bettelnden 'Abdalan-i Rum (›die Verrückten Ostroms‹) durch Anatolien.[317] Lediglich in Tierfelle gehüllt, ansonsten nackt, gingen sie einher. Sie hatten ihren Kopf geschoren und trugen einen silbernen Ring im Ohr. Die 'Abdalan-i Rum gelten als geistige Vorläufer der Bektashi, von denen sie offenbar im 16. Jh. völlig absorbiert wurden.

In der Türkei gehörten die 'Abdal zur häretischen Glaubensgemeinschaft des Kizilbash-/Alevitums und waren hauptsächlich als Musiker, Spezialisten für Beschneidungen, Schmiede und Wahrsager tätig. In Mittelasien – vor allem in Ostturkestan – lebten 'Abdal-Gruppen als wandernde Bettler, Musiker und Hersteller von Sieben, Besen, Löffeln usw.; einige von ihnen sind seit der zweiten Hälfte des 19. Jh. seßhafte Bauern geworden.[318] Noch heute existieren gleichnamige peripatetische Gruppen, die typi-

schen zigeunerähnlichen Beschäftigungen nachgehen und vereinzelt in West-, Süd- und Zentralanatolien sowie in Nordsyrien umherschweifen[319]: »Sie pflegen in kleinen Trupps zu vier oder fünf Männern mit oder ohne Frauen und Kinder als ›Derwische‹ bettelnd umherzuziehen, häufig mit einer grünen oder roten Fahne« (von Luschan 1927: 163). Meines Erachtens darf man auch bei den wandernden ʻAbdal-Derwischen davon ausgehen, daß sie

Wanderderwische, vermutlich aus der North-West Frontier Province, historische Aufnahme

aus dem Gauklertum hervorgingen, denn manche Gruppen nordsyrischer ʿAbdal bestreiten ihren Lebensunterhalt noch immer als Gaukler und Schlangenbeschwörer: Gegen Entgelt ziehen sie sich eiserne Stacheln durch die Haut und nehmen glühende Kohlestücke in den Mund. Derartige Schaustellungen und Fakirkunststücke sind ja für viele *bishar*ʿ-Gemeinschaften der islamischen Welt bezeugt, nicht zuletzt für die Mitglieder der Rifaʿi-Bruderschaft.

Rifaʿi

Die Rifaʿi, bekannt aus zahlreichen Reisebeschreibungen als die ›heulenden Derwische‹, sind vor allem im Vorderen Orient, in Arabien, im Irak, in Syrien, Ägypten und der Türkei, aber auch in Südosteuropa und in Indien verbreitet. Nach ihrem – in der Gegend von Basra 1106 oder 1118 geborenen – angeblichen Gründer Ahmad Rifaʿi († 1182/83) nennt sich die Bruderschaft Rifaʿiyya.[320]

Einige, jedoch zweifelhafte Quellen geben an, Ahmad Rifaʿi sei ein Neffe und Schüler ʿAbdul Qadir Jilanis gewesen. Weiter steht geschrieben, daß er die Tötung jeglicher Lebewesen ablehnte, das Ideal der Armut vertrat und *malamat*-Ideen propagierte. Die schwarz gekleideten Rifa'i-Derwische scheinen in ihrer mystischen Ausrichtung mit den Qalandar und Haidari verwandt zu sein. Bekannt sind sie für ihre spektakulären Vorführungen – so sollen sie auf Löwen geritten sein und auf glühenden Öfen gesessen haben. Es liegen Berichte vor, nach denen sie in Zuständen der Trance Säbel, glühende Kohlen, Glas, lebende Schlangen und Skorpione schlucken, ihre Gliedmaßen verdrehen und durchbohren und sogar frei in der Luft schweben können.

In Syrien und Ägypten hat sich ein Zweig der Rifa'iyya herausgebildet (s. S. 192)[321], dessen Mitglieder einen besonders ekstatischen *zikr* durchführen, bei dem die Derwische Dolche verwenden. Zum Brauchtum dieser Gruppe, der Sa'diyya, gehört auch die *dosa*-Zeremonie, bei welcher der *sheikh* mit seinem Pferd über die am Boden liegenden Derwische reitet. Weiterhin sind sie – ebenso wie die Rifa'i – für das Bändigen von Schlangen berühmt.[322] Die Sa'diyya geht auf den syrischen Derwisch Sa'd ud-Din al-Jibawi zurück, der im 13./14. Jh. gelebt haben soll, und wird daher auch Jibawiyya genannt.

In der Literatur heißt es verschiedentlich, daß die Rifa'i in Indien auch unter dem Namen Gurzmar, Munhphora, Munhchira und Chhurimar bekannt sind.[323] Diese Begriffe beziehen sich auf äußerliche Aspekte des Fakirtums; sie bezeichnen Waffen und eiserne Spieße, die sich die Derwische durch die Mundhaut führen. Bislang ist aufgrund des Fehlens historischer Daten nicht eindeutig festzustellen, ob es sich tatsächlich um Abspaltungen der vorderorientalischen Rifa'i handelt oder um autochthone heterodoxe Gruppen mit sehr ähnlichem Erscheinungsbild. Von den Gurzmar-Fakiren wird berichtet, daß sie – um beim Betteln Mitleid zu erregen und damit das Almosengeben fast zu erzwingen – ihr Gesicht und ihren Körper mit verschiedenen Waffen selbst verletzen. Dazu verwenden sie eiserne, mit Spitzen besetzte Keulen *(gurz)*, Messer und Säbel. Derartige wirkungsvolle und Schaulust erregende Vorführungen finden vor allem bei Heiligenfesten und Jahrmärkten statt: Die Fakire schlagen sich in Trance mit der Keule gegen Gesicht und Brust, geben sich Säbelhiebe auf den Rücken, ziehen eiserne Spieße durch die Wangen, den Nacken und sollen damit sogar in ihre Augen stechen, ohne daß blutige Verletzungen zurückbleiben. Sie schneiden sich die Zunge aus dem Mund und setzen sie danach wieder an, ja sie sollen in Einzelfällen sich sogar den Kopf abtrennen und wieder aufsetzen können. Die Wunden werden danach lediglich mit Speichel bestrichen. Zu den Gauklervorstellungen gehört ferner, daß die Gurzmar ihre Zunge mit einem glühenden Eisen berühren, Skorpione in den Mund nehmen sowie Glas schlucken und verschiedene Giftstoffe essen. Auftritte dieser Art sind offenbar im Laufe des 20. Jh. zurückgegangen. Eine in Karwan bei Golconda (Dekkhan) ansässige Gruppe von Rifa'i-Derwischen war zu Beginn der 30er Jahre bereits in Auflösung begriffen. Jedoch soll es noch immer Rifa'i oder Gurzmar im Dekkhan, an der Malabar-Küste, auf Sri Lanka und den Lakkadiven geben.[324]

In Pakistan scheint es ebenfalls Derwische zu geben, die Schlangen und Skorpione bändigen. Man erzählte mir von den Malang des Pir Battikot Naqshband, die im Frühsommer die Häuser der Stadt Peshawar von diesen gefürchteten Tieren befreien. Durch magische Formeln und Anhauchen *(dam)* mit *baraka* (›Segenskraft‹) bändigen sie die giftigen Schlangen und Skorpione und hängen sie sich um den Hals. Neben diesen Diensten bestreiten sie ihren Lebensunterhalt durch den Verkauf von Heilmitteln.

'Isawiyya

Ganz ähnliche Gauklerpraktiken finden sich in Nordafrika etwa bei den Derwischen der volkstümlichen 'Isawiyya-Bruderschaft (lokale Aussprache: 'Aissauwa), die seit dem 16. Jh. hier verbreitet ist.[325] Die Anhänger des Abu 'Abdallah Sidi Mohammad ibn 'Isa (1465/66–1526/27) bändigen und beschwören – ähnlich wie die noch wenig bekannten Rahhali[326] – Schlangen, sind immun gegen Skorpiongift und können Schlangenbisse heilen. Die Vertrautheit mit Schlangen geht auf ibn 'Isa zurück, einen strengen Asketen, der die meiste Zeit seines Lebens im marokkanischen Meknès verbrachte. Seine Wunderkräfte, von denen zahlreiche Legenden berichten, waren so mächtig, daß sich sogar der berühmteste islamische Heilige, 'Abdul Qadir Jilani, vor ihm verbeugte und seine Größe anerkannte. Charakteristisch für die 'Isawiyya sind *hadra*-Versammlungen mit *zikr*-Gesängen und ekstatischem Tanz bis zur Erschöpfung.

Hamadsha

Das von den Rifa'i bekannte Verhalten, den eigenen Kopf mit eisernen Keulen, Hellebarden, Kugeln oder Messern zu traktieren, findet sich bei den marokkanischen Dghughiyyin wieder, einer von dem Schwarzen Sidi Ahmad Dghughi gegründeten Bruderschaft.[327] Sie führen diesen Brauch auf das Vorbild des Stifters zurück, der sich aus Verzweiflung über den Tod seines Herrn, des Sidi 'Ali ibn Hamdush († um 1718/19), in dieser Weise selbst peinigte. Praktiken der Selbstverletzung sind in Marokko auch von den Sidiqiyyin und Riyahiyyin bekannt. Die Dghughiyyin bilden zusammen mit den 'Allaliyyin die beiden Zweige der volkstümlichen Hamadsha-Bruderschaft, der Hamdushiyya. Gegen Anfang des 20. Jh. kamen ihre Mitglieder überwiegend aus den untersten sozialen Schichten der städtischen Bevölkerung Marokkos – sie waren Lastenträger, Gerber, Schuhmacher und Badediener; heute rekrutieren sie sich zunehmend aus der Gruppe der Handwerker und Gewerbetreibenden, die in den Slumvorstädten leben. Die Hamdushiyya ist aber auch auf dem Lande vertreten. Die wichtigsten Riten der Bruderschaft dienen zur Heilung von Besessenheit und Hysterie und scheinen mit dem ägyptischen *zar*-Kult verwandt zu sein.

Gnawa

Die marokkanischen Gnawa sind Nachfahren westsudanesischer Sklaven, die sich zu einer Bruderschaft formiert haben, in deren Mittelpunkt Geisterbeschwörungen, Trancetänze, Heilung von Besessenheit und Wahrsagen stehen.[328] Verwandt sind sie sowohl mit den Hamadsha als auch mit den Jilala, die ganz ähnliche Praktiken ausüben. Als mystischer Ahnherr der Gnawa und anderer ›schwarzer‹ Bruderschaften Nordafrikas gilt Bilal, der freigelassene abessinische Sklave und erste Gebetsrufer des Propheten Mohammad. Die Hauptakteure des Gnawa-Kultes sind neben männlichen Musikern und Tänzern in erster Linie Frauen. Als *bnat gnawiya* (›Gnawa-Töchter‹) nehmen sie oft mehrmals pro Woche an ekstatischen *hadra* teil und tanzen dabei fast die ganze Nacht hindurch. Tagsüber verdienen sie sich durch den illegalen Verkauf von Wein und Haschisch sowie durch Prostitution ihren Lebensunterhalt. Die Musiker gehören unabdingbar zu den nächtlichen Trance-Vorführungen und sind nebenbei als musizierende Akrobaten auf öffentlichen Plätzen sowie als Handwerker und Handlanger tätig.

Haddawa

Eine weitere, vor allem in Marokko verbreitete ›freie‹ Bruderschaft bilden die von der Qadiriyya abgespaltenen Haddawa.[329] Ihr Gründer Sidi Haddi (†1805), in dem marokkanischen Ort Aufus – angeblich als Majzub – geboren, führte etwa 50 Jahre lang ein asketisches Wanderleben und vernachlässigte sein Äußeres, wie es die Malamati tun. Seine Anhänger ziehen im Land umher, leben von Bettelei und Gauklertum und verwirklichen das Ideal der freiwilligen, religiös bestimmten Armut. Sie rekrutieren sich im Grunde aus sämtlichen Schichten der Bevölkerung, obgleich sie engere Beziehungen zu einigen niederen Berufsgruppen (beispielsweise den Wasserträgern) pflegen. Wie bei anderen nordafrikanischen Bruderschaften von Wanderderwischen gibt es einen beträchtlichen Anteil von Schwarzen und Mischlingen unter ihnen.

Das Ende des Noviziats wird bei den Haddawa durch eine Art ›umgekehrte‹ Tonsur markiert, bei der lediglich auf dem Hinterkopf Haare stehen bleiben. Während der *hadra*-Versammlungen singen sie unter Musikbegleitung den *zikr* und konsumieren exzessiv Haschisch und Marihuana *(kif)*. Die Haddawa lieben den Hanf und bereiten Marihuana auf verschiedene Weise zu. Der Genuß des *kif* ist von Sidi Haddi sogar zur Pflicht für die Mitglieder erhoben worden. Bekannt sind sie für ihre Zuneigung zu Katzen[330]: Im Konvent werden Hunderte aufgezogen, gefüttert, umsorgt und erhalten menschliche Namen. Beim Betteln nimmt der Derwisch eine ihm anvertraute Katze in einem Korb mit. Selbst die Novizen nennt man *quetat* (›Katerchen‹). Annemarie Schimmel bemerkt dazu: »Man behauptet, daß die Heddawa und die Katzen an derselben Brust getrunken haben, also Milchgeschwister sind. Außerdem hat Gott gesagt: ›Die Katzen gehören zu euch, tut ihnen nichts zuleide!‹« (1983 c: 100).[331]

Wanderderwische als ›heilige Gaukler‹ und Peripatetiker

Bemerkenswert und in der Wissenschaft bisher kaum beachtet ist die in den vorigen Kapiteln bereits angesprochene ›Verwandtschaft‹ zwischen Wanderderwischen und fahrenden Gauklern und Tierschaustellern. Letztere klassifiziert man seit den wegweisenden Arbeiten Joseph Berlands und Aparna Raos zusammen mit anderen zigeunerähnlichen nomadischen Gruppen, die selbst keine Nahrung produzieren, in der modernen Ethnologie als Peripatetiker.

Die Gauklerpraktiken vieler Derwische sind oft als Angeberei, Schaumschlägerei oder schlichte Täuschung abgetan worden.[332] Berücksichtigt man jedoch die enge Verflechtung wandernder Derwische mit peripatetischen Gruppen von fahrenden Gauklern und Schaustellern, so muß man diese negative Einschätzung revidieren. Als ›heilige Gaukler‹ nutzen die Wanderderwische im Prinzip eine ökonomische Nische. Zwar ist ihr Gauklertum durch den Weg der Mystik und Askese spirituell vertieft und geprägt, doch dient es auch dazu, Menschen, die zumeist aus unteren und armen Bevölkerungsschichten kommen, ein einfaches Auskommen zu gewähren.

Historische Quellen vermögen die Entwicklung von Derwischen zu ›heiligen Gauklern‹ wohl kaum zu belegen. Ich vermute, daß sie sich entweder von peripatetischen Gruppen abspalteten und eine Art spezialisiertes Gauklertum ausbildeten oder Derwischgruppen im Laufe ihrer Entwicklung mehr und mehr Gaukler und Bettler in ihre Reihen aufnahmen. Sicher scheint, daß die Anfänge des Gauklertums unter den Derwischen sehr weit zurückreichen. Zigeunerähnliche Gruppen, die nomadisierten und typischen peripatetischen Tätigkeiten nachgingen, lebten bereits in vorislamischer Zeit in Vorder- und Südasien. Vermutlich haben die Derwische auch antike Traditionen und Lebensweisen fortgeführt: Als Vorläufer der peripatetischen Wanderderwische können etwa die antiken Kyniker gelten, ebenso ein im alten vorzarathustrischen Iran lebender Männerbund, dessen Mitglieder Mithras verehrten, sehr kriegerisch waren und von Huren begleitet wurden.[333]

Wanderderwisch mit Bettelschale und Halsketten (in der Nähe von Ghazni/Afghanistan), historische Aufnahme von 1958

Es wird schwer sein, gesicherte Belege für die oben genannte These – das Gauklertum unter den Wanderderwischen sei eine spezifische Lebensweise und eine Form der Subsistenz, die diese von vorislamischen Ekstatikern und Gauklern übernommen haben – anzuführen. Doch gibt es eine Reihe von Phänomenen, die in diese Richtung weisen: Qalandar-Derwische tanzen nicht nur wie Gaukler, sie sind auch wie diese für Obszönitäten bekannt und gelten als wenig tugendhaft. Dies läßt sich wohl trotz der asexuell lebenden Anhänger feststellen (s. S. 80f.). Aus der christlichen Kunst kennt man im übrigen Darstellungen von Akrobaten und Gauklern als Sinnbilder der Lasterhaftigkeit.[334] Nach Widengren ist die sexuelle Ausgelassenheit der Qalandar, Haddawa und anderer heterodoxer Gruppen nicht ganz unähnlich dem Verhalten mancher Bettelmönche des christlichen Franziskanerordens.[335] An dieser Stelle sei nochmals an die eisernen Ringe erinnert, die Wanderderwische manchmal durch ihr Glied zogen. Damit wollten sie zwar offenkundig einen keuschen Lebenswandel beweisen, doch erlaubten diese Ringe mitunter wohl Erektionsfähigkeit und Geschlechtsverkehr, wenn sie nicht gar stimulierten. Auch Peripatetikern wird ja sexuelle Freizügigkeit nachgesagt.

Spektakuläre Gauklerpraktiken und bewußte Selbstverletzungen scheinen zum Teil vermehrt in Krisenzeiten aufgekommen zu sein. So sind sie etwa für die Rifa'i erst ab dem Einfall der Mongolen im Jahre 1258 belegt.[336]

Ethnographische Hinweise aus dem Iran und Afghanistan erwähnen zuweilen Derwische, die mit Schlangen umgehen.[337] Einen Schlangenbändiger *(margir)* nennt man auch *darwish-i mar*. Man nimmt an – zumindest in Nordafghanistan –, daß er seine Kraft zum Heilen von Schlangenbissen und Abszessen von einem *pir* erhalten habe. Auf das Gauklertum bei der Rifa'iyya, Sa'diyya und 'Isawiyya in Verbindung mit Schlangen und Skorpionen wurde bereits hingewiesen.

Die Angabe, daß sich unter den Qalandar-Derwischen Südasiens Bärenführer und Affentrainer befänden[338], kann sich nur auf die peripatetische Gruppe der Qalandar beziehen, die als Gaukler durch ganz Pakistan und Nordindien schweifen und ein *qaum* (eine Berufsgruppe) mit eigener Sprache – dem Qalandari – bilden.[339] Es handelt sich um eine vom Volk verachtete Vagantengruppe, deren

Angehörige in tonnendachförmigen Zelten leben und vor allem Bären und Affen, aber auch Hunde dressieren. Der Moghul-Kaiser Jahangir (reg. 1605–27) erwähnt in seinen Memoiren, daß ein nackter Qalandar-Yogi ihm einen Tiger vorführte.[340]

Neben Singen und Tanzen stellt gerade das Betteln eine wichtige ökonomische Strategie dieser peripatetischen Qalandar dar. Nach ihrer religiösen Zugehörigkeit befragt, geben sie häufig an, die Heiligen Bu 'Ali Qalandar und Lal Shahbaz Qalandar zu verehren.[341] Allerdings scheint diese Antwort eher zur Legitimation ihrer unsteten Lebensweise und gesellschaftlichen Außenseiterposition zu dienen.[342] Doch bereits Denzil Ibbetson hat darauf hingewiesen, daß einige dieser Qalandar besonderen Wert auf ihre religiöse Intention legen und teilweise ein Derwischleben führen.[343]

Das religiöse Bettlertum der Qalandar, Haddawa, 'Isawi und anderer kann meines Erachtens ebenso wie das Gauklertum als eine berufliche Spezialisierung von Peripatetikern aufgefaßt werden. Ein typisches Beispiel hierfür sind die bettelnden Madari-Fakire in Nepal, die dort eine endogame Kaste gebildet haben.[344] Zu beachten sind in diesem Zusammenhang auch Angaben Asta Olesens über die in Ostafghanistan lebenden peripatetischen Sheikh Mohammadi.[345] Sie gliedern sich in acht endogame Abstammungsgruppen mit jeweils unterschiedlicher beruflicher Spezialisierung, die neben Persisch ein eigenes Idiom – das Adurgari – sprechen. Eine dieser Gruppen wird *malangi* oder *faqiri* genannt; ihre Angehörigen gelten als tatsächliche Derwische, die ihre Herkunft auf Sheikh Mohammad (ehrenvoll Sheikh Rohani Baba genannt), den namengebenden mythischen Vorfahren der Sheikh Mohammadi, zurückführen. Sie erzählen, daß sich unter dem afghanischen Emir 'Abdur Rahman (reg. 1880–1901) zahlreiche Einzelpersonen aus verschiedenen Landesteilen zu diesem in Gardez begrabenen Heiligen bekannten, um dadurch von Steuern befreit zu werden. Das Dasein als bettelnde Wanderderwische *(malangi/faqiri)* bildet also für die Sheikh Mohammadi neben anderen peripatetischen Tätigkeiten und Diensten wie Tierschaustellerei, Gauklertum, Musikantentum, Herstellung von Sieben usw. eine besondere Überlebensstrategie.[346]

Daß die asketische Lebensweise wandernder Derwische in manchen Fällen weniger auf eine religiöse Intention zurückgeht, als

Qalandar-Tierschausteller, historische Aufnahme

vielmehr eine Form der Subsistenz ist, zeigt das Beispiel einer speziellen – Darwesh genannten – Berufsgruppe im Panjab. Ihre Angehörigen leben in der Gegend von Pathankot, Batala, Amritsar und Kapurthala. Sie kultivieren dort ein wenig Land, spielen Musik, stellen Seile her und ziehen als Bettler und fahrende Musiker umher. Im »Glossary of the Tribes and Castes of the Punjab and North-West Frontier Province« heißt es: »Sie können kaum als Asketen bezeichnet werden, bisher scheint die geringe Anzahl der Frauen zu zeigen, daß sie noch nicht eine separate Kaste gebildet haben und immer noch einzelne Mitglieder von außen rekrutieren« (Rose 1911, II.: 223).

Es gibt zudem Hinweise, daß in früheren Zeiten wandernde Qalandar- und Khaksar-Derwische zusammen mit Gauklern, Trommlern, Schelmen usw. auftraten.[347] Eindeutige Belege für das heutige Gauklertum von Derwischen liefern die marokkanischen Haddawa, die Kunststücke – etwa mit dressierten Ziegen und Tauben – vorführen, sowie einige ägyptische Rifa'i, die Kälber abrichten.[348] Neben den eingangs erwähnten volkstümlichen Bruderschaften, deren Mitglieder Schlangen und Skorpione bändigen, treten die marokkanischen Milyana auf Jahrmärkten als Feuerschlucker auf.[349] Die Gnawa sind als Wandermusiker, Akrobaten, Schauboxer und Wahrsager tätig. In Südasien besuchen Akrobaten, Jongleure, Magier und Tierschausteller regelmäßig die periodisch stattfindenden Feste und Jahrmärkte an den Heiligenschreinen; oft sind sie selbst Mitglieder von Derwischbruderschaften und gehören zur Fakirkaste (s. S. 66).[350]

Die Verwandtschaft zwischen Wanderderwischen und Peripatetikern drückt sich auch in der Sprache beider Gruppen aus. Die iranischen Khaksar-Derwische betreffend hat W. Ivanow Gemeinsamkeiten zwischen ihrem Argot und dem verschiedener zigeunerähnlicher Gruppen hervorgehoben.[351] Er erklärt sie damit, daß beide Gruppen Vokabular aus den Geheimsprachen der Diebe, Banditen und professionellen Bettler übernommen haben. Auf ähnliche Weise mag das Argot der Haddawa und anderer marokkanischer Korporationen entstanden sein.[352]

Bereits W. E. Mühlmann hat auf die fließenden Übergänge zwischen wandernden Derwischen und Ekstatikern auf der einen und wandernden ›Paria-Völkern‹, insbesondere peripatetischen Gruppen, auf der anderen Seite hingewiesen.[353] Das oft gegen das religiöse Gesetz verstoßende Verhalten von Wanderderwischen, ihr vernachlässigtes Äußeres und ihre unstete Lebensweise, verbunden mit Armut, Bettelei, Gauklertum und dem Genuß von Rauschmitteln, lassen sich durchaus mit dem Verhalten und den Tätigkeiten bestimmter Paria-Gruppen vergleichen. Im Hinblick auf den sozia-

Khaksar-Derwisch aus dem Iran, historische Aufnahme

len Status sei angemerkt, daß dieser beispielsweise bei indischen Fakiren innerhalb des Kastensystems etwa dem der Barbiere und Fleischer entspricht; sie stehen zwar über den Unberührbaren, aber unterhalb der Handwerker.[354] Wanderderwischen wie auch Paria-Gruppen sagt man im übrigen besondere Fähigkeiten in der Magie – vor allem zu Schadenszwecken – nach.

Im Hinblick auf die Nähe zwischen Peripatetikern und wandernden Derwischen sei schließlich daran erinnert, daß sozial gering geachtete Wanderhandwerker zu den ersten Anhängern Jesu zählten. Die bemerkenswerteste Koinzidenz besteht je-

Wanderderwische aus Khotan (Ostturkestan) mit Rasselstäben, historische Aufnahme von 1933

doch zwischen dem Gauklertum der peripatetischen Qalandar – zu dem auch die Verkleidung als Imitator *(behrupia)* gehört – und den ›Verrücktheiten‹, derben Späßen, Zurschaustellungen ekstatischer Praktiken, Musikdarbietungen etc. wandernder Qalandar. Der Religionswissenschaftler Geo Widengren hat darauf hingewiesen, daß Wanderderwische im Grunde das Flickenkleid und die Narrenmütze des Gauklers und antiken Mimenschauspielers tragen.[355] Tatsächlich schlüpfen sie mitunter in die Rolle des Clowns, wie etwa die marokkanischen Haddawa, wenn sie die karnevaleske Figur des halbnackten, maskierten Bu-Jlud imitieren, indem sie sich die Hörner eines Ziegenbocks auf den Kopf setzen.[356] Nicht zu vergessen ist in diesem Kontext das Narrenspiel des Majzub.

Die Gemeinsamkeiten zwischen Wanderderwischen und zigeunerähnlichen Peripatetikern erscheinen so offenkundig, daß man bei Wanderderwischen und Fakiren, die sozusagen die unterste Stufe des Sufismus bilden, durchaus von einer Sondergruppe schweifender Bettler und Gaukler sprechen kann, die zugleich als Sammelbecken für Menschen am Rande der Gesellschaft fungiert.

Vergleich mit den antiken Kynikern

In vorislamischer Zeit gab es vor allem im östlichen Mittelmeerraum und Vorderen Orient Gruppen von Mystikern, Asketen, Gauklern und mit dem Kult bestimmter Gottheiten verbundener Ekstatiker, die in ihrem Aussehen und Verhalten den späteren Wanderderwischen teils sehr ähnelten.[357]

Das für den Sufismus so charakteristische Ideal der Genügsamkeit und des einfachen, bedürfnislosen Lebens sowie das – von den *bi-shar'*-Derwischen vertraute – Streben nach Freiheit und Unabhängigkeit finden sich ebenso in den Auffassungen der antiken Kyniker. Die heterodoxe Philosophenschule des Kynismus entstand im 4. Jh. v. Chr. als Reaktion auf den Zerfallsprozeß der griechischen Polis und existierte etwa ein Jahrtausend lang bis in die Spätantike.[358] Sie geht auf den Athener Antisthenes (um 440 v. Chr.), einen Schüler Sokrates', zurück, und Diogenes von Sinope (um 400–323 v. Chr.), ein Zeitgenosse Alexanders des Großen, bildete sie weiter aus. Als erster vollzog Diogenes die von dieser Bewegung propagierten Lebensideale in der Praxis.

Anders als die ernsten idealistischen Philosophen der Antike waren die Kyniker vornehmlich an den konkreten Dingen des Lebens interessiert. Heiter und rauschhaft suchten sie das Leben zu genießen, verschmähten Reichtum und überkommene Etikette, lehnten die religiösen Gesetze ab und propagierten in der Art von Straßenpredigern Freiheit und Selbständigkeit. Ihre Weisheiten fanden humorvoll in Witzen, Parodien und Satiren ihren Ausdruck. Sie spielten – nicht zuletzt Diogenes – die Rolle des Narren und Possenreißers, die in der Antike üblicherweise von den Mimenschauspielern und im mittelalterlichen Europa von den Harlekinen übernommen wurde. Geo Widengren ist in seinem hervorragenden Aufsatz »Harlekintracht und Mönchskutte, Clownhut und Derwischmütze« (1953) auf die Zusammenhänge dieser Traditionen mit dem Derwischtum eingegangen.[359] Die Kyniker zogen durch beleidigende Reden und schockierende Auftritte in der Öffentlichkeit – ähnlich den Malamati und den heiligen, weisen Narren (*majzub*) – den Tadel der Leute auf sich. In exzentrischer Weise provozierten sie das griechische Bürgertum und deckten Dünkel, Protzerei und Heuchelei auf. Mit der gleichen Absicht trat im 12. Jh. der Heilige Sidi Abu'l-'Abbas (1130–1205) der städtischen marokkanischen Gesellschaft entgegen. Uwe Topper schreibt, daß er »mit einem Knüppel die Leute schlug, wenn sie die Gebetszeiten nicht einhielten. Dabei soll er derbe, ja obszöne Worte gefunden haben, um die in Routine versunkenen Bürger aus ihrem Dämmerschlaf zu reißen« (1991: 51). Wie später die Malamati, Qalandar und Malang übertraten die Kyniker bewußt die gesellschaftlichen Regeln und suchten die bestehenden Werte umzukehren. Ähnlich den islamischen Ekstatikern ernährten auch sie sich – zumindest in der römischen Kaiserzeit – durch Betteln und hielten sich häufig an Friedhöfen auf. Sie wanderten umher, zum Teil begleitet von Frauen.[360] Sexuell lebten sie freizügig, vergleichbar den später im byzantinischen Reich des 4. Jh. n. Chr. wieder auftretenden häretischen Bewegungen, die ostentativ mit den christlichen Regeln des ehelichen Zusammenlebens brachen und das Keuschheitsgebot verspotteten.[361] Ebenso mißachteten sie hinsichtlich Kleidung und Aussehen die Konventionen ihrer Zeit – gingen barfuß, ließen Haupt- und Barthaar lang wachsen, trugen einen Mantel aus grobem Tuch und hielten einen Wanderstab in der Hand. Manche von ihnen gingen nackt. Mit ihren Schülern verfuhren sie zumeist

Dichter und Derwisch, aus dem »Nafahat al-uns« von Jami, 1603 (Moghul-Reich/Indien)

hart und abweisend – ebenso wie manche Majzub. Als Antisthenes Diogenes einmal mit dem Stock drohte, entgegnete dieser beharrlich: »Schlage nur zu, denn du wirst kein Holz finden, das hart genug wäre, mich fortzutreiben, solange ich dich noch reden höre« (Diogenes Laertius 1967: 305).

Das Emblem dieser Philosophen, die sowohl äußerlich als auch in ihrer Lebenspraxis den heterodoxen Derwischen so verwandt erscheinen, war der Hund.[362] Die Kyniker (griech. *kynikos* = ›hündisch‹) aßen gemeinsam mit Hunden, ernährten sich wie diese von Speiseresten und schliefen an ähnlichen Plätzen. In den Texten heißt es, daß sie ihre Sexualität öffentlich und ohne Scham auslebten – wie Hunde; ob diese sexuelle Schrankenlosigkeit nur in der Literatur ihren Niederschlag gefunden hat oder tatsächlich auch praktisch vollzogen wurde, bleibt jedoch ungewiß.[363]

Der Heuchelei des Bürgertums setzten die Kyniker die Sitten und Eigenschaften eines bissigen Hundes entgegen. Sie knurrten und kläfften gegen die bürgerlichen Ideale und Konventionen an. Diogenes, der sich – wie Antisthenes selbst – *kyon* (›Hund‹) nannte, wurde – so berichtet eine Anekdote – einmal nach diesem Beinamen gefragt und antwortete: »Die mir eine Gabe reichen, umwedle ich, die mir nichts geben, belle ich an, und die Schurken beiße ich« (Diogenes Laertius 1967: 325). Auch die heiligen Narren des Christentums sind mit Hunden verglichen worden. So schrieb Ernst Benz: »Wie sie gehören sie niemand und sind niemand verpflichtet, sie tauchen überall auf und verschwinden irgendwohin. Sie wohnen nirgends und überall. Die Winkel, die Treppen, die schmalen Seitengäßchen, die Nischen der Hallen, die Ecken unter einem vorspringenden Dach sind ihre Ruheplätze. Wie die Hunde schweifen sie überall herum: der Stein, der dem Hund gilt, trifft oft sie, und wie die Hunde werden sie immer wieder von den Schwellen der Türen gejagt« (1938: 6).[364]

Außerhalb des Gesetzes lebende (*bi-shar'-*) Derwische, die – wie die Kyniker und christlichen heiligen Narren – oft als Hunde beschimpft werden, scheinen ein weniger ablehnendes Verhältnis zu diesem Tier zu haben, als es sonst in der islamischen Gesellschaft der Fall ist.[365] Hält sich der seßhafte Sufi nicht selten eine Katze[366], so hat der wandernde Derwisch eher einen Hund als Weggefährten. In Indien wird ein herumstreunender Hund selbst wiederum als ›Derwisch‹ bezeichnet, da er wie dieser von Tür zu Tür läuft und um Nahrung bettelt.[367] In islamischen Namensverbindungen mit dem Epitheton ›Hund‹ (arab. *kalb*) werden die Betreffenden dadurch allgemein als ergebene Sklaven und Diener eines Heiligen ausgewiesen. Iranische Khaksar-Derwische haben in ihrem Argot noch das Wort *kalba* (bei anderen zigeunerähnlichen Gruppen *kalpik*) bewahrt – ›Hund‹ heißt sonst im Persischen *sag*.[368] Wie sehr Derwische dieses Tier schätzen, zeigt sich beispielsweise darin, daß unweit des Grabes von Sipahsalar Ma'sud Ghazi (s. S. 27) im nordindischen Bahraich auch dessen Hund begraben liegt.[369] Der bengalische Vaishnava-Heilige Radharaman Charan Das veranstaltete beim Tode seines Hundes ein Fest, zu dem er andere Hunde einlud und bewirtete.[370] Im indischen Kontext ist zu bedenken, daß Shiva gerade in seinen furchtbaren Erscheinungen (Sanskrit *ugra*) von einem Rudel Hunde begleitet wird; in ikonographischen Darstellungen als bettelnder Asket (Sanskrit *batuka-bhairava, kankala-murti)* wird seine nach unten weisende rechte Hand von einem Hund geleckt. Als Begleiter von Heiligen ist der Hund auch im Christentum bekannt; man denke an den heiligen Petrus Canisius und die Bezeichnung der Dominikaner als *domini canes* – ›Hunde des Herrn‹.[371] Geschätzt wird der Hund sowohl im altägyptischen Volksglauben und im alten Iran[372] als auch in der Vorstellungswelt mittelasiatischer Nomadenvölker, wo er u. a. als Diener des Himmelsgottes auftritt.[373] Im Ferghana-Tal sollen Derwische ihren Hunden erlaubt haben, auf dem mit Speisen bedeckten Eßtuch frei herumzulaufen.[374] Die Bedeutung des Hundes zeigt sich auch in der Namengebung. So findet er sich in dem Namen des islamischen Heiligen Barak Baba (*barak* = ›Hund‹), der im 13. Jh. lebte. – Wohl nicht umsonst drückte der berühmte Asket Fudail ibn 'Iyad († 803) seine Daseinsverdrossenheit mit dem folgenden, geradezu kynischen Bild aus: »Wenn ich wählen könnte, als Hund zu leben und als Hund zu sterben und den Tag der Auferstehung nicht zu erleben, so wählte ich, als Hund zu leben und als Hund zu sterben und den Tag der Auferstehung nicht zu erleben« (Gramlich 1990: 46). In der persischen Poesie findet sich häufig das Motiv des Mystikers und Dichters, der sich vor Gott als verachtenswerter Hund darstellt.[375] Der Hund, der Kyniker wie Wanderderwisch begleitet, diente bereits im Altertum zur Kennzeichnung einer Außenseiterstellung und eines inferioren sozialen Status, ähnlich wie etwa der Esel.[376] Beide Tiere gehören im übrigen zu den kargen Besitztümern peripatetischer Gruppen im Orient.

Hino
لال شہباز قلندر

Der Weg der Mystik und Askese

Meister und Schüler

Auf seinem mystischen Pfad nach innen – hin zur Vollkommenheit des Menschen – bedarf der Adept *(murid)* eines Meisters und spirituellen Führers *(murshid* oder *sheikh)*, der ihn auf die Stationen dieses Weges vorbereitet und ihn begleitet. Ein Sprichwort aus Ostturkestan besagt, daß zum Seelenführer ein Schüler gehört, wie zu einem Bart der zugehörige Schnurrbart.[377] Aus dem frühen Christentum kennen wir ein entsprechendes Verhältnis von Meister und Jünger, und im Hinduismus stellt die intensive Beziehung zwischen *guru* und *chela* ein ähnliches Muster dar.[378]

Heterodoxe Derwische, die ›freien‹ Bruderschaften angehören, sehen sich oft von einem unsichtbaren spirituellen Meister geleitet, beispielsweise von dem heiligen Khizr. Orthodoxe Sufis, wie auch manche Wanderderwische, folgen hingegen einem lebenden Lehrer, der ihnen bei der methodischen Suche nach der Vereinigung mit Gott Schritt für Schritt und Stufe um Stufe voranschreitet. Der Meister führt also seinen Schüler, dennoch bedarf es – auch wenn Gott den Adepten gewissermaßen an sich zieht – der eigenen Bemühungen des Derwisch, um den Weg zu vollenden.[379] *Sheikh* oder *murshid* sind dabei gleichsam ›Ärzte des Herzens‹, die intuitiv Wesen, Charakter und Leben ihres Schülers erkennen können und seine Träume, Visionen, Ideen und göttlichen Eingebungen zu deuten vermögen.[380] Der Meister trainiert sozusagen die Seele seines Schülers; er kontrolliert die geistigen Zustände *(hal)* auf dem Weg zur *unio mystica*. Dabei kann er dem Herzen des Adepten mit

◁ Malang in den Straßen von Karachi (Pakistan), die für den *'urs* von Lal Shahbaz Qalandar sammeln

Hilfe von Zeichen oder Worten gleichsam einen Hieb versetzen, um ihn auf den rechten Pfad zu führen.[381] Als methodische Mittel zur Vergeistigung dienen verschiedene asketische und ekstatische Übungen wie Gebet, Gottgedenken, Fasten, Entbehren von Schlaf, Tanz usw. Die Abkehr der Sufis und Derwische von der Welt kann sich in Armut, Einsamkeit, im Schweigen, der Verständigung nur durch Gesten und zum Teil auch in geschlechtlicher Enthaltsamkeit äußern. Der Kampf gegen die eigene Triebseele konnte in der Vergangenheit sogar zu Selbstverstümmelung führen; so soll sich Abu Bakr az-Zaqqaq ein Auge ausgestochen haben, weil er einen Blick auf ein schönes Mädchen geworfen hatte.[382]

Um *murid* eines *sheikh* (oder *murshid*) zu werden und in einer Bruderschaft Aufnahme zu finden, bedarf es einer Initiation, bei der eine Folge von Riten den Übergang zum Derwischleben markiert. Meister und Schüler schließen zunächst durch ein Gehorsamkeitsgelübde einen symbolischen Bund (*'ahd;* auch *bai'a* genannt), der durch das Ineinanderlegen der Hände besiegelt wird.[383]

In den Aufnahmeriten spielen neben dem Versprechen des Gehorsams und der Loyalität gegenüber dem *sheikh* auch das Bekenntnis der Sünden und die Vergebung derselben sowie rituelle Waschungen eine wichtige Rolle.[384] Ja'far Sharif berichtet aus Indien, daß der Meister während dieser Zeremonien ständig die rechte Hand des Schülers hält. Anschließend nimmt der *sheikh* eine Schale mit *sherbat* (Fruchtsaft), spricht bestimmte Gebete und bläst dann über die Schale, um so dem Saft Segenskraft zu verleihen. Nachdem er selbst zwei oder drei Schlucke zu sich genommen hat,

Bedeutende islamische Heilige und ihre Nachfolger/Schüler, pakistanischer Farbdruck: Abdul Qadir Jilani (rechts oben), Bu 'Ali Qalandar (rechts Mitte), Nizam ud-Din Auliya (rechts unten), Mu 'in ud-Din Chishti (links oben), Qutb ud-Din Bakhtiyar Kaki (links Mitte), Baba Farid Ganj-i Shakar (links unten)

reicht er das Gefäß seinem *murid*, der sich respektvoll erhebt und den Rest trinkt.[385] Im Rahmen dieser Zeremonien erfährt der Schüler meist auch die *zikr*-Formel für das rituelle Gottgedenken und erhält einen Derwischnamen. Bei einigen Korporationen stellt der *sheikh* dem Novizen sogar eine Aufnahmeurkunde *(risale)* aus.

Tritt man in eine ›freie‹ Bruderschaft von Wanderderwischen ein, wird – wie bereits erwähnt – vor allem Wert gelegt auf eine äußerliche Kennzeichnung des Übergangs, der Abkehr von einer ›normalen‹ hin zur Existenz eines Fakirs. Qalandar und Jalali rasieren sich häufig die ›vier Schönheiten des Gesichts‹ – Haupthaar, Voll- und Schnurrbart, Augenbrauen. Bis heute lassen sich auch die *murid* des Heiligen Barri Imam als Zeichen ihrer Dienerschaft *(balaka)* diese Haare und zusätzlich die Wimpern entfernen. Außerdem tragen sie einen Ring im rechten Ohr.[386] In einigen Gegenden Indo-Pakistans ist es üblich, dem Schüler die Stirnlocke abzuschneiden[387]; bei den Khaksar und anderen Gruppen genügt es, einen Teil der Gesichtshaare abzurasieren[388]. Nach dieser Prozedur wird der Derwisch eingekleidet und mit Flickenrock, Gürtel, Kappe, Hemd, Gebetskette, Bettelschale, Wanderstab, Schmuck usw. ausgestattet. Nicht selten muß der Novize zu diesem Anlaß ein Fest ausrichten und die älteren Derwische mit Süßigkeiten, Haschisch sowie Rauch- und Mundtabak versorgen.

Insbesondere in der östlichen islamischen Welt ist die Verleihung des Flickenrocks *(khirqa)* wesentlicher Bestandteil der Initiation eines Derwisch.[389] Mit der Entgegennahme des Mantels unterwirft sich der Schüler seinem Meister. Der *khirqa-yi iradat* ist bei iranischen Bruderschaften zur Bezeichnung für das Noviziat geworden; erst das Anlegen des Rocks macht den Kandidaten zu einem vollgültigen Novizen.

In den Einkleidungsriten der vorderorientalischen Bektashiyye, Rifa'iyya und anderer Bruderschaften spielt das Umbinden eines Schals oder Gürtels eine entsprechende Rolle.[390] Bei der sogenann-

Indischer Fakir mit langen Haaren, historische Aufnahme

ten *shadd* (›Bindung‹, ›Band‹)-Zeremonie ›bindet‹ der Sufi-Meister den Novizen, indem er ihm ein Tuch um Hüfte, Schulter und Stirn schlingt. Dieses Tuch/Band – aus Wolle, Seide oder Leinen oder lediglich eine Schnur – wird in vorgeschriebener Weise geknotet oder gefaltet, begleitet von der Rezitation besonderer Gebete und der Namen bestimmter Heiliger. Danach erhält der Novize Derwischmantel und -mütze und nimmt mit dem *sheikh* auf dessen Gebetsteppich ein gemeinsames Mahl ein.

Derwischkleidung und -ausrüstung

Ursprünglich – heute wird sie nicht mehr konsequent getragen – besitzt jede Bruderschaft ihre spezifische Tracht, voneinander unterschieden in Form, Material und Farben der Kleidung und Ausrüstungsgegenstände. Besondere Attribute, die den *sheikh* von einem einfachen Derwisch unterscheiden, variieren ebenfalls je nach Bruderschaft. Bizarr und phantasievoll kleiden sich vor allem Anhänger heterodoxer Bruderschaften. Sie rasieren sich zudem Haupt- und Barthaar ab oder tragen es lang und ungekämmt (s. S. 79f., 89). Gerade dieses wirre Haupthaar mancher Mystiker, das niemals geschnitten wird, gilt als Zeichen der Weltentsagung und Heiligkeit (Abb. S. 142). Wie bereits erwähnt, werden dem Schüler die Insignien des Derwischtums oft während der Initiation verliehen – oder aber er erbt sie nach dem Tod seines Meisters.[391]

Der Mantel oder Flickenrock

Einen der wichtigsten Bestandteile der Derwischtracht bildet ein langes, oft aus Flicken zusammengenähtes oder mit Tuchflicken besetztes Gewand *(khirqa, muraqqa')*.[392] Besonders begehrt sind Fetzen von Derwischgewändern, die in Ekstase zerrissen wurden, oder Stücke vom Rock eines *sheikh*. Auch der Prophet pflegte einen groben (weißen) Wollmantel zu tragen, wahrscheinlich ebenfalls mit Flicken besetzt.[393] Im Vorderen Orient haben die Derwische dieses Kleidungsstück vermutlich von christlichen Wandermönchen übernommen, während weiter im Osten eher die Gewänder hinduistischer und buddhistischer Asketen Vorbild waren.[394] Meist wird blauer oder schwarzer Stoff – die Farben der Trauer und Askese – gewählt[395], manchmal auch weißer, die Rifa'i und Jalali tragen schwarze Mäntel. Die Nuancen des Blau können bis in die Farbe Grün übergehen – die Farbe des Paradieses und des Propheten. Sie symbolisiert die höchste geistige Stufe auf dem mystischen Pfad und die Kraft des Meisters. ›Grüngewandet‹ *(sabz-posh)* sind vor allem Anhänger der Qadiriyya, aber auch Wanderderwische, die es ihrem Schutzpatron, dem geheimnisvollen Khizr, gleichtun wollen. In Mittel- und Südasien tragen manche Derwische regelrechte *patchwork*-Kleidung (Farbabb. 16). Hujwiri berichtet von einem westturkestanischen Malamati, der ein Kleid aus Fetzen trug, die er auf der Straße aufgesammelt, dann gewaschen und schließlich zu einem Rock zusammengenäht hatte.[396] Der Flickenmantel des Derwisch soll – wie das *kantha*-Gewand des hinduistischen Wanderasketen – überlieferten Vorschriften zufolge aus 1 000 Fetzen oder Stichen bestehen.[397] Wie Widengren hervorhebt, entspricht diese Bestimmung dem verschiedenfarbigen Lappenrock, den der antike Mimenschauspieler (lat. *centunculus)* auf der Bühne trug. In seinem Lumpenkleid, das im Harlekinkostüm der italienischen Commedia dell'arte weiterlebt, spielte der Mime die Rolle des *stupidus,* des dummen Bauern. Derwische und andere Asketen mögen diese Kleidung übernommen haben, um – dem Malamati-Ideal gemäß – Spott und Verachtung auf sich zu ziehen. So ließe sich die oftmals bizarre und clownhafte Tracht und das exzentrische Verhalten mancher Wanderderwische durchaus verstehen.[398]

Die Derwischmütze

Bei der Initiation (s. S. 140 ff.) setzt man dem Derwisch häufig eine hohe, zuckerhutförmige Mütze aus Filz oder Stoff auf, die seine ›Krone‹ *(taj)* darstellen soll.[399] Die Zahl der Mützenzwickel bzw. -falten *(tark)* besitzt bei den einzelnen Bruderschaften eine spezifische Symbolik (zwölf *tark* für die zwölf Imame der Schia usw.).

Widengren nimmt an, daß die spitze Filzmütze ursprünglich von den Magiern des alten Iran und den wandernden Anhängern Zarathustras stammt.[400] Im Mittleren Osten ist sie seit jeher mit Priestertum und Derwischwesen verbunden (Umschlagrückseite); im übrigen verwenden auch christliche Mönche spitze Kopfbedeckungen mit Kapuze. Im Westen trugen Mimenschauspieler und Narren ähnliche Kappen – man vergesse nicht die heutigen Zirkusclowns –, aber auch die bäuerliche Bevölkerung in Griechenland und Italien.

Bei einigen Bruderschaften dient ein Turban als Kopfbedeckung, manchmal an Stelle einer Mütze verwendet oder um diese herum gelegt. Heterodoxe Derwische tragen entweder Spitzmützen, Flikkenkappen, Turbane, schlingen sich – wie manche Qalandar – lange Schnüre *(chehel tar)* um den Kopf[401] oder lassen ihre Haare unbedeckt. Von Qalandar und Malang aus Afghanistan ist bekannt, daß sie ihren Turban im Vergleich zu anderen geläufigen Bindungsweisen in der Art eines Narren genau umgekehrt falten und um den Kopf winden, wobei Anfangs- und Endstück des Tuches wie zwei Hörner nach oben ragen.[402]

Die Bettelschale

Einer der wichtigsten Ausrüstungsgegenstände für den Wanderderwisch ist die Bettelschale *(kashkul)*[403] – meist oval geformt, aus Metall, Holz, einer Nuß (nicht selten einer halbierten Seychellen-Nuß) oder einem Kürbis gearbeitet und manchmal reich

Der Qalandar Elaichi (›Kardamom‹) aus Sehwan (Pakistan)

verziert (Abb. S. 132, 159).[404] Das bauchige Gefäß dient ihm zur Aufnahme von Almosen (Nahrung und Geld) und zum Trinken. Manche mittelasiatischen Qalandar und Diwana führen neben der *kashkul* noch eine an einem Lederband hängende Kalebasse *(mudbakh-kadu)* mit sich, die ebenfalls für Nahrungsmittel bestimmt ist.[405] Tragen die dortigen Derwische und Bettler die *kashkul* auf dem Rükken, so bedeutet dies, daß der Betreffende satt oder das Gefäß gefüllt ist; trägt er sie vorne über dem Bauch, so zeigt er damit, daß er Hunger hat.[406] Die *kashkul* geht wahrscheinlich auf ähnlich geformte Almosenschalen bettelnder buddhistischer Wandermönche und Hindu-Asketen zurück. Sie symbolisiert in besonderem Maße die Armut und umherschweifende Lebensweise der Derwische.

Schmuck

Schmuck, dem zumeist eine spezifische Symbolik zugrunde liegt, prägt das äußere Er-

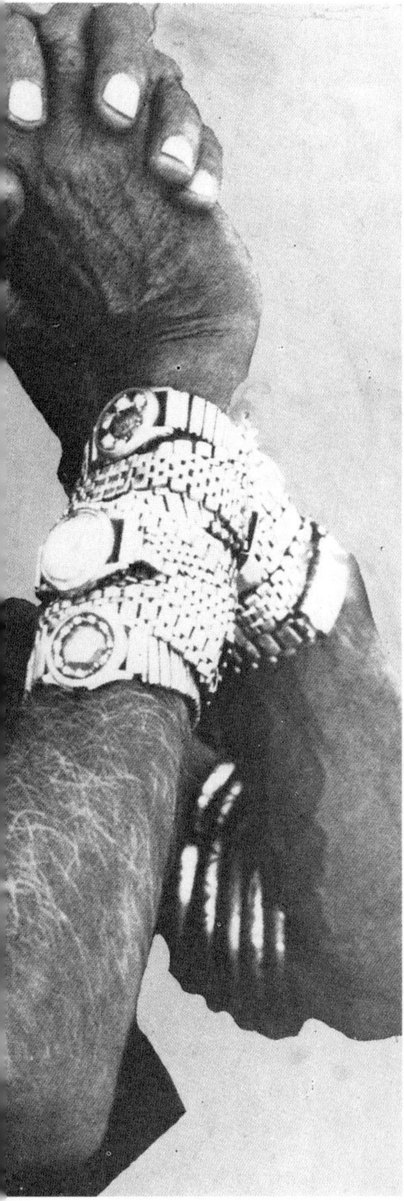

Pakistanischer Malang mit Schmuck

Der ›Stein der Unterwerfung‹, ein charakteristischer Schmuck der Bektashi-Derwische, gelbgrauer Onyx

scheinungsbild mancher Derwischbruderschaften, insbesondere der *bi-shar'*-Gruppen. Bemerkenswert sind Gürtelzierat, Halsschmuck und Ohrringe der Bektashi. Am Gürtel tragen sie den ›Stein der Genügsamkeit‹ *(qana'at-tashi)*, der helfen soll, die Hungergefühle zu lindern[407], um den Hals eine Kette mit dem ›Stein der Unterwerfung‹ *(taslim-tashi)*.[408] Bektashi, die zum dritten Grad der Bruderschaft (s. S. 85) gehören und sich für ein zölibatäres Leben entschieden haben, zeigen dies durch einen mondsichel- oder hufeisenförmigen Stein im rechten Ohr an.[409] Auffallend reich, phantasievoll und bunt schmücken sich Derwische und Fakire auf dem indo-pakistanischen Subkontinent. Hier unterstreicht der Schmuck ihre feminine Rolle als ›Gottesbraut‹ (s. S. 93 ff.).[410]

Bemerkenswert erscheint der Schmuck eines muslimischen Fakirs aus Madras, der auf einem historischen Photo aus den 20er Jahren dieses Jahrhunderts zu sehen ist (Frontispiz): Auf ein breites, am Kopfhaar befestigtes Band sind Kaurischneckengehäuse und Münzen appliziert; an den Unter- und Oberarmen trägt er zahlreiche schwere Reifen aus Metallguß, soweit erkennbar allein am linken Arm mindestens 13 Reifen. An den Eisenketten, die er als ›Gottesgefangener‹ (s. S. 89) über den Rücken gezogen hat, sind weitere schwere Metallobjekte befestigt. Die Autoren des Schmuckbuches, in dem diese Photographie erstmalig publiziert wurde, sprechen nur von der »mysteriösen Information, daß der

Stäbe und Stützen (von links nach rechts): Stirnstütze aus dem Vorderen Orient, gefertigt aus Holz und Metall; Metallwaffe eines indischen Fakir; Armstütze aus Indien; Metallstab mit schlangenförmigem Aufsatz aus Indien ▷

Fakir 225 lb. tragen würde«.[411] Zweifellos ist mit dieser Angabe das enorme Gewicht der Metallobjekte gemeint: 225 lb. (1 lb. = 0,453 kg) entsprechen 101,9 kg. – Eiserne Ringe an Armen und Beinen gehören zur Tracht der Haidari, Malang und anderer *bi-shar*'-Gruppen. Die dämonenabwehrende Funktion von Schmuckgegenständen aus Eisen mag hier eine Rolle spielen, wichtiger erscheint jedoch, daß solche Arm- und Fußreifen – häufig in Zusammenhang mit einem Gelübde – die Bindung (Verlobung) an Gott oder einen Heiligen symbolisieren. 'Abdul Qayyum, ein 22jähriger Malang aus Peshawar (Farbabb. 11), der seit seinem 13. Lebensjahr als Anhänger Lal Shahbaz Qalandars vor allem im südlichen Sindh umherzieht, nannte mir auf die Frage nach der Bedeutung seiner Halsketten und Armreifen jeweils einzelne Heilige, zu deren Grabmalen er gepilgert war.

Weitere Gerätschaften

Zu den weiteren Ausrüstungsgegenständen der Derwische gehören **Standarten** und **Fahnen,** die sie bei Prozessionen tragen; ebenso kleinere **Stäbe** aus Metall oder Holz, die häufig bei der Kontempla-

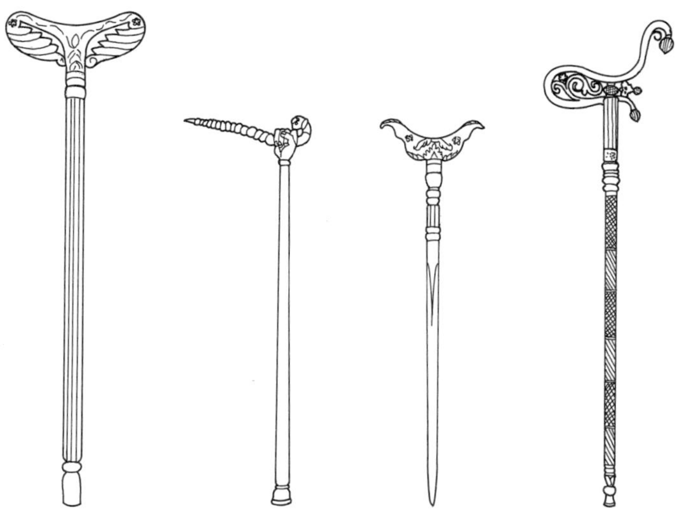

Iranische Doppelaxt, gefertigt aus Stahlblech, Gold und Silber, Mitte des 19. Jh.

Keule mit Dämonenkopf (Iran), gefertigt aus Stahl und Silber, 19. Jh.

tion als Stützen für Stirn, Kinn, Arm, Hand oder Gesäß benutzt werden. Qalandar, Khaksar, Haddawa und andere wandernde Derwische sind meist mit einem kräftigen knotigen **Wanderstock** ausgerüstet – Stöcke, die in erster Linie dazu dienen, in der Wildnis Tiere (z.B. bissige Hunde von Nomaden) abzuwehren. Die Stöcke und Stäbe der Heiligen tauchen im islamischen Orient immer wieder in Wundergeschichten auf, etwa, wenn ein Heiliger mit seinem Stab auf einen Felsen schlägt oder ihn in die Erde stößt und dann Quellwasser hervorsprudelt.

Mitglieder mancher Bruderschaften verwenden **Keulen, Äxte** und andere **Schlagwaffen** bei ekstatischen *zikr*-Ritualen und Trancetänzen. In der Frühzeit des Islam töteten kriegerische Derwische damit Feinde des neuen Glaubens.[412] Seither besitzen Waffen jedoch fast nur mehr zeremoniellen oder dekorativen Charakter.

Wie bereits erwähnt, benutzen die Khaksar ein **Horn** *(shahnafir)*, um die Bevölkerung eines Ortes zu verfluchen.[413] Dabei blasen vier Derwische gleichzeitig aus den vier Himmelsrichtungen. Solche Hörner, allgemein *nafir* geheißen und meist Besitz wandernder Derwische, dienen jedoch vorrangig dazu, die Ankunft oder Abreise mit einem Signal anzukündigen. Die Jalali blasen das *nafir* auch, wenn sie beim Betteln von Tür zu Tür gehen.[414] Gearbeitet ist es häufig aus dem Horn eines Ochsen, Steinbocks, einer Bergziege oder Antilope, seltener aus Metall.[415]

Zu den religiösen Gegenständen im Besitz des Derwisch zählt ferner die **Gebetskette** *(subha, tasbih)*, Zeichen des Frommen und Asketen. Offenbar wurde sie zuerst von islamischen Mystikern bei Gebet und Gottgedenken verwendet. Bis heute dient sie insbesondere bei den *zikr*-Übungen als Zählhilfe, um die Abfolge der wiederholten Formeln einzuhalten.[416] Da die *tasbih* eines Heiligen dessen Segenskraft aufnimmt, wird sie an seine Nachfolger weitervererbt und als Reliquie gehütet.[417]

Als **Gebetsteppich** und als Unterlage zum Sitzen und Schlafen dient Wanderderwischen gewöhnlich ihr Flickenmantel, eine einfache Stroh-

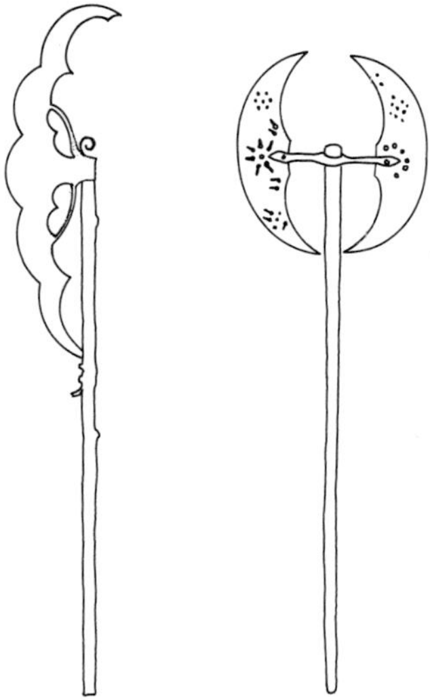

Hellebarden der Rifa'i (Südosteuropa), Doppeläxte der Hamadsha (Marokko)

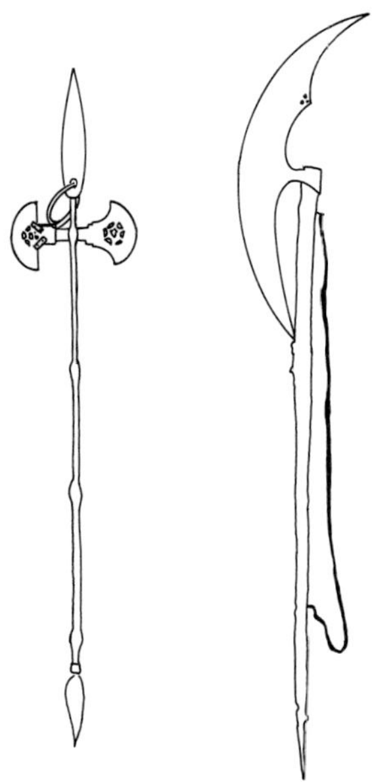

matte oder ein Fell, das sie als Umhang über die Schulter gelegt tragen. Die Felle stammen von Schaf, Ziege, Gazelle, Hirsch (speziell bei den Bektashi) oder von Tiger, Panther, Leopard usw.[418]

Lebensführung und Verhaltensregeln

Nach der Initiation wird der Derwisch von seinem Meister weiter erzogen und unterwiesen. Er lernt Gebete, zwischen Erlaubtem und Nicht-Erlaubtem zu unterscheiden, legt schlechte Angewohnheiten ab usw. Um seine Triebseele zu läutern, muß er auch betteln, die Räume des Konvents kehren oder Latrinen reinigen. Bei den Mevlevi hat er zunächst für 1001 Tage niedere Arbeiten in der Küche zu verrichten, wobei er von den anderen als *qarah qulaq* (›Schakal‹, eigentlich ›Schwarzohr‹) verspottet wird.[419] Zuweilen soll er das Wasser trinken, mit dem man vorher dem *sheikh* die Füße gewaschen hat. Es gibt einen ganzen – *adab* genannten – Kodex von genauen Vorschriften des geziemenden Verhaltens gegenüber dem Meister, der jeden Schritt des Sufi auf dem mystischen Weg begleitet.[420] Die Befolgung dieser Verhaltens- und Etiketteregeln fördert seine spirituelle Entwicklung.[421] In den Bereich des *adab* gehören auch demütigende, peinliche und unsinnig erscheinende Dienste, die der Neophyt zu verrichten hat. Dem liegt der Gedanke zugrunde, Eitelkeit und Ichbezogenheit zu bekämpfen, dem *sheikh* unbedingten Gehorsam zu leisten und ihn zu ehren. Beliebt ist der Vergleich, daß sich der Schüler dem Meister gegenüber so passiv verhalten soll wie ein Toter zum Leichenwäscher. Respekt und Achtung vor dem *sheikh* drücken sich auch darin aus, sich nicht auf dessen Gebetsteppich zu setzen und nicht in dessen Schatten zu treten. Die Hingabe zu dem großen Heiligen Lal Shahbaz Qalandar war bei einigen seiner Malang so ausgeprägt, daß sie – wie etwa Sikandar Shah Bodlo – den Sitzplatz des Meisters mit ihrem eigenen Bart zu reinigen pflegten.[422]

Zu den *adab*-Regeln für die Lebensführung und das alltägliche Verhalten gehören je nach Bruderschaft bestimmte Riten der Begrüßung und des Abschiednehmens: besondere Arten des Händereichens, von Gesten und Formen der Anrede.[423] In Indo-Pakistan etwa sind unter Derwischen die Grußformeln *yad Allah* (›Erinnere Dich an Gott‹), *ishq Allah wa murshid Allah* (›Der Liebe Gottes und dem spirituellen Führer zu Gott‹) und *ishq Allah, jam' fuqara Allah* (›Der Liebe Gottes, allen Fakiren Gottes‹) gebräuchlich. Madari-Fakire grüßen sich untereinander mit *sain ishq Allah* (›Dem Wanderderwisch die Liebe Gottes‹) und antworten darauf *madad Allah* (›Gottes Hilfe‹).[424] Wie Ja'far Sharif berichtet, grüßen Derwische andere Leute manchmal mit den Worten ›Gott ist groß, sei glücklich‹ oder ›Der Schatten 'Alis und des Propheten ruhe auf Dir‹. Neben diesen Begrüßungsformeln in Urdu ist selbstverständlich auch die klassische kurze Anrede in Arabisch, *as-salam 'alaikum*, verbreitet. Die Bevölkerung redet Sufis und Derwische häufig als Shah Sahib (›Herr König‹) an, da sie als Herren ihres eigenen Willens gelten – mit ein Grund für die zahlreichen Derwischnamen mit dem Epitheton ›Shah‹. Als spezielles Erkennungszeichen dient bei iranischen Khaksar und indo-pakistanischen Qalandar-Gruppen folgende körpersprachliche Begrüßung: »Wie bei einer gewöhnlichen Handreichung gibt man sich gegenseitig die Rechte, der Zeigefinger bleibt dabei jedoch ausgestreckt und berührt die Pulsader am Unterarm des Partners. Dann ziehen beide Derwische ihre Hände langsam zurück, so daß deren Innenseiten eine Gleitfläche bilden, bis sich schließlich nur noch die Fingerspitzen berühren. Nun hakt man die Nagelspitzen der rechten Zeigefinger gegenseitig ein und zieht die Hand mit einem kleinen Ruck an sich, so daß bei der Trennung der Fingernägel ein leises Klicken zu hören ist« (Gramlich 1981: 19). Von dem Malang 'Abdul Qayyum, den ich Anfang November 1989 in Karachi am Schrein des Heiligen 'Abdullah Shah Ghazi traf (Farbabb. 11), lernte ich die unter Malang und Qalandar-Derwischen gebräuchliche Geste der Ergebenheit gegenüber dem *sheikh*, die gleichzeitig der Kraftübertragung dient.[425] Man küßt zunächst ehrfurchtsvoll die rechte Hand des Meisters und legt diese dann mit leichtem Druck auf den eigenen Nacken, die nach vorn gebeugte Stirn führt man zum Herzen des *sheikh* und spricht dabei längere Segensformeln. Durch das Auflegen der Hand und die Berührung mit dem Herzen wird etwas von der Segens- und Heilkraft des Meisters auf den Schüler übertragen.

Zu den *adab*-Vorschriften über das ›Sprechen und Schweigen‹ bemerkt Hujwiri in seinem »Kashf al-mahjub«: »Reden ist wie Wein: es berauscht den Geist und diejenigen, die beginnen daran Gefallen zu finden, können nicht mehr davon ablassen« (1911: 355). Viele Sufis und Derwische sprechen daher nur, wenn es ihnen unbedingt notwendig erscheint. Andere dagegen widersetzen sich der Empfehlung zum Schweigen und weisen darauf hin, daß man zu Gott beten und ihn laut preisen sollte.

Über das ›rechte Gehen‹ der Derwische teilt Hujwiri folgende Regeln mit: »Der Derwisch sollte umsichtig gehen, den Kopf in Meditation gebeugt und in keine andere Richtung schauend als nach vorne. ... Er sollte ruhig gehen und ohne Hast, damit sein Gang nicht dem der Habgierigen gleiche; er soll auch nicht langsam gehen, denn dann gliche sein Gang dem eines Stolzen« (1911: 350). Befindet er sich zusammen mit anderen Menschen in einer Gruppe, so soll er weder an der Spitze noch am Ende gehen. Der Heilige aus Lahore empfiehlt dem Derwisch, den Koranvers zu beherzigen »Ich will (jetzt) zu meinem Herrn gehen. Er wird mich rechtleiten« (Sure 37, Vers 99).

Die ideale Sitzhaltung des Sufi und Derwisch ist das Ruhen auf den nach oben weisenden Fersen, wobei der rechte Fuß über den linken geschoben wird und die Schienbeine parallel zueinander liegen.[426] Die Arme hängen entspannt herunter, die Hände werden im Schoß zusammengelegt, der Kopf ist leicht gebeugt und ein wenig nach rechts geneigt. Diese Haltung, die möglichst wenig verändert werden sollte, nennt man *namaz ki tarha* (›wie beim Gebet‹) oder *do zanu* (›zwei Knie‹). Mystiker sitzen so stundenlang während ihrer Meditation, dem Hören spiritueller Musik oder dergleichen. Derwische und Hindu-Asketen sitzen ferner häufig mit kreuzweise untergeschlagenen Beinen (›Schneidersitz‹) oder in einer Position, bei der die Knie bis etwa in Brusthöhe hochgestellt werden.[427] In beiden Fällen kann der Rücken mit Hilfe eines um den Körper geschlungenen und verknoteten Tuches, der sogenannten Gambe, entlastet werden. Dabei wird dieser Sitzgurt entweder nur um ein Knie oder um beide Knie gelegt. Im hinduistischen Kontext bezeichnet man ihn als *yogapatta*, und Shiva selbst verwendet ihn mit Vorliebe in seinen Erscheinungsformen als Meister des Yoga.

Der *adab* regelt auch das Verhalten der Derwische untereinander[428]: Grundsätzlich gilt, daß der Wanderderwisch den Seßhaften als höherstehend respektieren soll, denn er selbst befindet sich noch auf der Suche nach Gott, wohingegen der andere die Vereinigung mit Gott schon erreicht hat. Umgekehrt gibt Hujwiri zu bedenken, daß sich der im Hause wohnende Derwisch mit weltlichen Dingen belastet, im Gegensatz zu dem frei und ungebunden lebenden Wanderer. Bei den Anweisungen zur Unterbringung eines reisenden Derwisch wird dem Gastgeber geraten, dem Ankömmling die Füße zu waschen, ihm ein Bad herzurichten, den Rücken zu kratzen, die Knie, Fußsohlen und Hände zu reiben und zu massieren sowie seine Kleidung zu säubern. Der seßhafte gastgebende Derwisch solle sich jedoch nur um denjenigen aufmerksam kümmern, der sich als wirklicher ›Gottsucher‹ erweise, und nicht um solche, die bloß weltliche Gelüste im Sinne hätten. Hujwiri zitiert dazu eine Begebenheit aus seinem eigenen Leben, als er von Damaskus kommend den Sufi Ibn al-ʻAla bei Ramla besuchte. Ein ihn begleitender Derwisch bat den Gastgeber um Süßigkeiten in verschiedenen Farben. Ibn al-ʻAla gab ihm darauf zur Antwort: »Gefärbte Süßspeisen werden von Soldaten gegessen; du bist wie ein Heiliger gekleidet, und das Gewand eines Sufi verträgt sich nicht mit dem Appetit eines Soldaten. Wähle das eine oder das andere« (1911: 344).

Auch in den *adab*-Vorschriften über das Essen wird immer wieder betont, daß Derwische maßvoll essen und trinken und ihre Mahlzeit mit anderen teilen sollen.[429] Manche der frühen Asketen lebten vegetarisch. Aus eigener Erfahrung mit pakistanischen Derwischen kann ich bestätigen, daß die meisten diesen Grundsätzen folgen. ʻAbdul Qayyum etwa teilte seine erbettelten Almosen – trockenes Brot und von einem Restaurantbesitzer in einen Plastikbeutel gefüllten heißen Tee – mit anderen Malang und Arbeitslosen, die am Schrein von ʻAbdullah Shah Ghazi Zuflucht suchten. Er breitete seinen Umhang auf dem Sandboden bei den Fakirhütten aus und lud alle zu dem bescheidenen Mahl ein. Den Sufi-Idealen folgend, aber häufig zudem von den Lebensumständen gezwungen, leben viele Derwische nach der Maxime Hujwiris: »Sie essen wie Kranke, schlafen wie Schiffbrüchige und reden wie solche, deren Kinder gestorben sind« (1911: 348).

Ehe, Zölibat und Sexualität

Die Ehe wird im Islam, dem Vorbild des Propheten folgend, für die Gläubigen nachdrücklich empfohlen; besonders die Vertreter der Orthodoxie verurteilen vehement ein zölibatäres Leben.[430] Im Bereich des Sufismus und der orthodoxen Bruderschaften sind daher lediglich die frühen Asketen und die Wanderderwische ehelos geblieben. Obwohl nach Auffassung der Sufis Frauen und Kinder von Gott ablenken, so waren und sind doch die meisten von ihnen verheiratet. Ein Blick in die Geschichte der Heiligenfamilien und die Regelungen der Nachfolge des *sheikh* bestätigt dies. Generell ist festzuhalten, daß die Ehelosigkeit in den Bruderschaften keine Verpflichtung darstellt, oft stehen dem Derwisch beide Möglichkeiten offen wie etwa den Bektashi.[431] Mevlevi, die im Konvent leben, heiraten gewöhnlich nicht, doch sind Ehe und Kinder für den Derwisch nach Verlassen des *khanqah* kein Hindernis.[432] Dagegen leben Qalandar und Angehörige anderer *bi-shar*ʿ-Gruppen – mit Ausnahme der indischen Benawa[433] – in der Regel zölibatär. Die Ehelosigkeit dient ihnen als bewußte Provokation der gesetzestreuen Bruderschaften.[434] Hujwiri resümiert über Ehe und Zölibat bei Derwischen: »Die Heirat ist für diejenigen geeignet, die mit der Menschheit verbunden sind, und das Zölibat ist eine Zierde für die, die sich vor der Menschheit zurückzuziehen suchen« (1911: 361 f.).

Geht man über die Texte und Überlieferungen hinaus, die recht klare Vorstellungen von Ehe und Ehelosigkeit vermitteln, so zeigt sich, daß im Alltag auch Sexualität außerhalb dieser Lebensformen eine nicht unwesentliche Rolle spielt. Die im Sufismus spirituell vertiefte Idee, daß sich die Seele des Heiligen beim Tod mit Gott vereinigt, wird in der praktischen Volksreligion von den Gläubigen als tatsächliche Hochzeit verstanden und ausgeformt. Dies kommt etwa in der Symbolik der Riten am *ʿurs* von Barri Imam – durch entsprechende Anspielungen auf Sexualität – sehr deutlich zum Ausdruck.[435] Gerade in der Vorstellungswelt des einfachen Derwischtums, das in der Unterschicht verwurzelt ist, findet sich eine Verbindung zwischen göttlicher Liebe und menschlicher Sexualität und Erotik. Mancher *pir* oder Derwisch hat seine Stellung als

Mittler zu Gott und Fruchtbarkeitsbringer wohl konkret ausgelebt; verkehrt er geschlechtlich mit einer Frau, so gibt er mit dem Samen zugleich etwas von seiner eigenen Segenskraft weiter. Anekdoten und Berichte – hinter vorgehaltener Hand erzählt – sprechen davon, daß gewisse Heilige unsittlich waren und die Freiheit an manchen Schreinen mißbraucht wurde.[436] Nicht alle entsprechenden Angaben werden von Vorurteilen verzerrt sein, sondern durchaus einen Ausschnitt der Wirklichkeit spiegeln; umgekehrt ist bei den sexuellen Anstößigkeiten der Majzub mit der bewußten Verheimlichung geschlechtlicher Enthaltsamkeit zu rechnen. Extreme Versuche, die eigene Sexualität zu kontrollieren und zu unterdrücken, hat es immer gegeben – in neuerer Zeit beispielsweise bei Gandhi, der mit seiner Großnichte in einem Bett schlief, ohne sie zu berühren oder gar erregt zu werden.

Für abweichende sexuelle Praktiken war der algerische Heilige Ahmad ibn Yusuf († 1524) bekannt, auf den die Bruderschaft der Milyana zurückgeht.[437] Über eine im 17. Jh. von einem gewissen Abu Jarid im Sudan und in Eritrea verbreitete Bruderschaft heißt es, daß Frauen während des rituellen *zikr* anwesend waren, mit der Zunge trillerten und danach den männlichen Teilnehmern zur Verfügung standen.[438] Eine an sakrale Prostitution erinnernde sexuelle Freizügigkeit wird den Anhängerinnen des marokkanischen Heiligen Sidi Rahhal nachgesagt.[439] Das Gebot der Ehelosigkeit hindert auch die Frauen und Männer der Haddawa nicht, oft promiskuitiv als Bruderschaftsmitglieder zusammenzuleben.[440] Die

Qalandar, der Metallringe durch seine Ohren und die Eichel seines Gliedes gezogen hat, Zeichnung nach einer Vorlage des 16. Jh.

Gnawa-Musiker und -Gaukler etwa haben zahlreiche Kontakte zu Prostituierten und anderen Frauen, die an ihren *hadra* teilnehmen.[441] Zu den Gnawa gehörende Wahrsager *(shuwaf)* sind in der Regel homo- und bisexuelle Transvestiten. Die fragliche sexuelle Enthaltsamkeit der Qalandar-Derwische und ihre Selbstkasteiung durch Penisringe wurde bereits angesprochen (s. S. 80f.). Ihre Sexualität scheint bisweilen wie bei den antiken Kynikern eher auf die triebhaften Grundbedürfnisse reduziert, auch wenn dies zur Zeit noch nicht genügend zu belegen ist. Bezeichnend scheint mir auch die persische Wortverbindung *qalandar-bacha* (›Qalandar-Junge‹) als Begriff für den Penis; ›Päderast‹ heißt übrigens *bacha-baz*.[442] Dies weist auf die homosexuellen Beziehungen hin, die dem wandernden Derwisch und seinem jungen Gehilfen im Volk gemeinhin nachgesagt werden – keineswegs zu Unrecht, wie am Beispiel der marokkanischen Haddawa gezeigt wurde.[443] Tatsächlich erfreuten sich auch die Qalandar während des mystischen *sama*ʻ-Konzertes am Anblick hübscher und gutgewachsener Knaben.[444] In der persischen Dichtung findet sich immer wieder als Thema die erotische Liebe zwischen manchen Sufis und den jungen, schönen ›Unbärtigen‹.[445]

Armut und Betteln

Armut ist das »Kleid der Frommen«, wie Ibrahim al-Khawwas (†904) sagte; als Sufi-Ideal ist die Armut mit überzeugtem inneren Verzicht und der Aufgabe jeglichen Wunsches nach Besitz und Reichtum verbunden.[446] Freiwillige Armut *(faqr)* betrachtet man auch als geistige Vollkommenheit, die ʻAli verwirklichte, indem er seine Habseligkeiten als Almosen an Bedürftige verschenkte. Der aus dem nordafghanischen Balkh stammende asketisch lebende Sufi Ibrahim ibn Azam schrieb einmal: »Dem Martyrium gleich ist die Armut im himmlischen Schatzhause Gottes verwahrt, und er gibt sie nur denen, die er liebt« (Gramlich 1976: 432). Derwische sehen die Armut somit als Geschenk Gottes an; alles Nichtgöttliche ist für sie bedeutungslos, sie brauchen nur Gott, dem sie innig ver-

Derwisch mit Bettelschale und Pflanzenbüschel, iranisches Aquarell, Jahrhundertwende

trauen. Dem Ideal der Armut und Genügsamkeit, das gerade die Masse der armen Bevölkerung so beeindruckt[447], soll ebenso der Herrscher verpflichtet sein, von dem man sich erhofft, daß er wie ein Derwisch regiere. Einer, der diese Verpflichtung erfüllte, war Murad, zwischen 1785 und 1800 Emir von Bukhara und dritter Herrscher der Mankit-Dynastie, der auch Mir Ma'sum genannt wurde.[448] Er lebte sehr bescheiden und verlangte für sich nur den Lohn des ärmsten Schülers einer Koranschule.

Wichtiges Sinnbild für die Bescheidenheit des Derwisch ist ein Blatt oder Pflanzenbüschel (Abb. S. 159).[449] So ist das ›grüne Blatt‹ *(barg-i sabz)* einer würzigen Pflanze – oft der wilden Minze – ein charakteristisches Symbol für den Wanderderwisch. Man findet es häufig auf iranischen Miniaturen abgebildet. In Afghanistan erzählt man, daß der Derwisch, wenn er im Winter um Obdach bittet, als Geschenk ein grünes Blatt und einen Apfel auf das Speisetuch legt. Dem entspricht die im Iran und in Afghanistan verbreitete persische Redensart *barg-i sabz ast tofa-yi darwesh chi konad benawa nadarad bish* (›Das Geschenk des Derwisch ist [nur] ein grünes Blatt, was soll der Arme tun, er hat nicht mehr‹). Das Überreichen des *barg-i sabz* geht vermutlich auf einen alten Begrüßungsritus zurück, den die Derwische möglicherweise aus dem Zunftbrauchtum übernommen haben: Beim Eintritt in eine Handwerkergilde wurde dem Novizen eine Blattpflanze, genannt *'irq al-'akhdar* (›grüne Ader‹), überreicht.[450] Das oben erwähnte Gastgeschenk eines Apfels hingegen weist auf die fruchtbarkeitsmagischen Fähigkeiten des Derwisch hin. Ein verbreitetes Motiv in persischen Volksmärchen ist ein Derwisch, der dem kinderlosen König einen Apfel überreicht, durch dessen Wirkkraft die Königin geschwängert wird und einen Sohn zur Welt bringt.[451]

Die meisten Derwische der orthodoxen Bruderschaften gehen einer geregelten Arbeit nach, viele sind in einfachen Handwerksberufen tätig (s. S. 24).[452] Sie handeln nach der Maxime *dast be-kar, dil be-yar* (›Die Hand an der Arbeit, das Herz beim [göttlichen] Freund‹). Vor allem die Anhänger der Naqshbandiyya und Ni'matullahiyya schätzen die Arbeit. Anders denken die außerhalb des religiösen Gesetzes stehenden wandernden Derwische, die Arbeit als Mittel zum Broterwerb oft ablehnen. Als Mitglieder regelrechter ›Bettelorden‹ wandern sie von Haus zu Haus, warten an Heiligenschreinen auf Almosen oder suchen in den Bazaren der Städte ihr Auskommen. In bestimmten Bruderschaften, etwa bei den Bektashi, war es nur im Notfall erlaubt zu betteln, dann, wenn der Derwisch bereits mindestens drei Tage lang gefastet hatte.[453] Ein Wanderderwisch, der das Ideal des vollkommenen Gottvertrauens *(tawakkul)* konsequent lebt, kümmert sich nicht um seine Nahrung für den nächsten Tag. Er folgt dem Sufi-Spruch »Gott legt dir nicht auf, die Arbeit von morgen schon heute auszuführen. Sei du dann nicht so unbillig, daß du heute von ihm den Unterhalt des morgigen Tages begehrst« (Andrae 1960: 133). Die typischsten Vertreter bettelnder Wanderderwische leben in Marokko und Indo-Pakistan. René Brunel hat den Alltag eines armen Haddawa-Derwisch eindrücklich beschrieben: »Von den frühen Morgenstunden an mahnt er unermüdlich die Bürger in den engen Gassen der Medina an ihre Almosenpflicht. Er klopft an alle Türen. Viele bleiben geschlossen, andere öffnen sich, und er muß meistens ein (Schimpf-)Wort hören, mit dem er weggejagt wird. Ohne zu antworten, doch mit dem gleichen ruhigen Schritt, zieht er sich zurück, wobei er jene philosophische Weisheit vor sich hin murmelt: ›Es ist sehr schwer, die Menschen anzurühren... Nur Gott ist großzügig.‹ Oft, vom Hunger, der ihn quält, getrieben, harrt er indessen aus und erhält schließlich Abfall, ungenießbare Speisereste, die er in seine *ḫällạb* (Bettelschale, Anm. d. Ü.) wirft, die dort zu einer entsetzlichen Mischung werden. Nach Beendigung seines Rundgangs, spät in der Nacht, kehrt er bedrückt zum Fondouk (Großhandelslager mit Herberge, Anm. d. Ü.) zurück, wo er sich unter andere schäbige und anonyme Bettler mischt; manchmal findet er ein wenig Platz auf einem Gehweg oder einer Bank in der Nähe eines Mildtätigen oder in einem Winkel in einem baufälligen Haus oder außerhalb der verfallenen Stadtmauer. Die Wahl seines Nachtlagers wird fast immer von einer religiösen Überlegung gelenkt, und es ist am häufigsten, daß man ihn an der Tür eines bekannten Heiligtums trifft, erschöpft, leidend, sein scheußliches Durcheinander essend und dabei Dankesworte zum Himmel schikkend. Unter seinen Lumpen, denen nichts Schrecklicheres gleichkommt, in dem abscheulichen Gewimmel (von Ungeziefer, Anm. d. Ü.), in dem er die Leiden ohne das mindeste Anzeichen von Besserung hinnimmt, erduldet er sein Los, ohne zu fluchen. Er weiß in Ruhe zu ertragen. Die Inbrunst seines Glaubens allein hält ihn aufrecht. Winter wie Sommer begnügt er sich mit den gleichen zerrissenen Kleidern. Er trägt der Kälte keinerlei Rechnung und wenn am Morgen der Wind schärfer bläst oder der Regen dichter fällt, findet man ihn, sanftmütig, sein Grünzeug (Marihuana, Anm. d. Ü.) rauchend, den Tag erwartend« (1955: 186).

Das mit dem Asketentum verbundene Betteln hat vor allem in Süd- und Mittelasien eine lange Tradition. Für die buddhistischen Mönche stellte es eine anerkannte Möglichkeit dar, ihren Lebensunterhalt zu sichern; die Gläubigen konnten sich andererseits durch Freigebigkeit Verdienste erwerben. Für die islamischen Derwische sieht Hujwiri folgenden Vorteil: »Die Sufis betteln, um die Demütigung beim Betteln ertragen zu dürfen, um zu erkennen, was die anderen wertschätzen, und um selbst nicht stolz zu werden« (1911: 359). Auf Ahmad Ghazzali (†1111) geht der Gedanke zurück, daß der Almosenspender durch seine Mildtätigkeit den eigenen Geiz bekämpfen und überwinden kann.[454] Ob er die Armen und Derwische beschenkt oder die Heiligen, immer sind es an Gott gerichtete Gaben.[455]

An das buddhistische Mönchsleben erinnert die in manchen indischen Bruderschaften übliche Praxis, daß eine Gruppe der Derwische ständig im Konvent anwesend ist und die andere als wandernde Derwische in der Umgebung, die in Kreise *(halqa)* gegliedert ist, bettelt und mit den Almosen am Abend zum *khanqah* zurückkehrt.[456]

Wenn einzelne Derwische auf ihrer Wanderschaft keinen Konvent oder keinen Heiligenschrein finden, in dem sie übernachten können, so schlafen sie – wie es im Iran beobachtet wurde – in einem Privathaus, an dem der Gastgeber für die Dauer ihres Aufenthalts eine Stange mit einer dreieckigen Fahne aus schwarzem Tuch anbringt.[457]

Die gebräuchlichste Form des Bettelns ist das Gehen von Tür zu Tür, wobei sich der Derwisch bei Gott für die erhaltenen Gaben bedankt und oft über den Spender einen Segen spricht. In Ostturkestan spielten die Qalandar dabei eine Langhalslaute *(dutar)* und sangen Lieder über den weisen Narren Shah Mashrab.[458] Die im Bazar von Bukhara singend von Geschäft zu Geschäft ziehenden Qalandar riefen zudem *Ya hu, Ya haq* (›Oh Er, Oh Wirklichkeit‹).[459] Neben der Bitte um Almosen an Heiligengräbern ist diese Methode bis heute bei vielen Qalandar, Malang und verwandten Derwischgruppen in Indo-Pakistan und Nordafrika verbreitet. Bei iranischen Bruderschaften ist das Betteln inzwischen nicht mehr üblich bzw. verboten und schlecht angesehen; wie Richard Gramlich berichtet, ist es selbst bei den dortigen Khaksar nur noch mit besonderer – aber selten erteilter – Erlaubnis des *sheikh* möglich.[460] Früher gab es bei den Khaksar als weitere Bettelmethode den ›Schritt des Salman‹ *(qadam-i salmani):* Lieder singend, ging der Derwisch jeweils sieben Schritte, hielt dann an, um gegebenenfalls Almosen entgegenzunehmen, ging wieder sieben Schritte voran usw.[461] Dabei durfte er weder nach rechts noch nach links schauen und niemanden ansprechen. Als dritte und in der Literatur häufiger erwähnte Art des Bettelns kannten die Khaksar den *talab* genannten ›Heischegang‹, den sie vorwiegend anläßlich des Neujahrsfestes *(nauroz)* durchführten.[462] In qajarischer Zeit stellte der *naqib,* ein Staatsbeamter, dafür eigens einen Erlaubnisschein aus. Bei dem *talab* handelte es sich um ein forderndes, ja fast erpresserisches Betteln, bei dem der *sheikh* zumeist ein von besonders Reichen bewohntes Stadtviertel oder gar einen ganzen Bazar für diese Aktion auswählte. Vor dem Haus eines Wohlhabenden wurde sodann das ›Qalandar-Zelt‹ *(chadur-i qalandari)* aufgestellt, wobei das Gebäude die Rückwand des Zeltes bildete. Der *sheikh* blieb darin sitzen, fastete und widmete sich dem Gottgedenken, während die übrigen Derwische lauthals die von ihrem Oberhaupt bestimmte Geldsumme einforderten. Gab der Hausbesitzer nichts, so wurde er öffentlich als Geizhals beschimpft. Hatte auch das keinen Erfolg und blieb der Angebettelte selbst bei wiederholten Aktionen unnachgiebig, dann verfluchten die Khaksar diesen Ort und bliesen dabei in ihr Horn. Göttliche Strafen, wie Unglücksfälle, Krankheiten usw., waren die Folge.[463] – Aus Teheran wird berichtet, daß Derwische – offenbar anstatt des erwähnten ›Qalandar-Zeltes‹ – ein Miniaturweizenfeld von etwa 90 cm^2 vor dem Haus des Reichen anlegten und einsäten.[464] Dies war ein deutliches Zeichen, daß sie so lange bleiben wollten, bis sie den Weizen dieses ›Adonisgärtleins‹[465] würden ernten können. Meist erhielten sie bald ihre Almosen und entfernten sich wieder. Mußten sie länger darauf warten, so riefen sie ununterbrochen *haq* (›das Recht‹) und bliesen

Afghanischer Derwisch in Panjaw/Hazarajat (Afghanistan), historische Aufnahme von 1958

in ihre Kuhhörner. Das *haq-i talab* gilt den Khaksar selbst nicht als ordinär und zudringlich, sondern als *halal* (›erlaubt‹).[466]

Ähnliche Formen des Bettelns sind aus anderen Gegenden bekannt; in Ostturkestan etwa stimmten Qalandar den gleichen Ruf *haq, haq* an, forderten lautstark Almosen und verspotteten die Ladenbesitzer in den Bazaren, wenn diese sich weigerten.[467] Daher war in Kashgar – ähnlich wie im Iran – noch im 19. Jh. ein chinesischer Beamter speziell für das ›Wohlverhalten‹ der bettelnden Derwische zuständig. Die Geschäftsleute zahlten ihnen monatlich eine festgesetzte Abgabe, um nicht von ihnen behelligt zu werden. Auf dem indo-pakistanischen Subkontinent sind es bis heute vor allem die Madari-Malang[468], aber – wie ich beobachten konnte – auch *hinjra* (Transvestiten), die die Bazarhändler so lange mit obszönen Ausdrücken und Liedern schmähen, bis sie genügend Almosen erhalten. Die seit dem 17. Jh. bekannten Suthreshahi-Fakire schlagen dabei zusätzlich zwei Stöcke gegeneinander. Manche Derwische erscheinen auch als ungebetene Gäste bei Hochzeiten und anderen Festen und beten dort für das Wohlergehen der Spender, die ihnen die Bettelschalen füllen.

Zuweilen wurde die Forderung nach Geld in provozierender Weise übertrieben; so traf Lady Sheil im Jahre 1851 in Teheran einen Derwisch, der rief: *Hazar toman, yek dinar kamtar namigiram* (›1 000 Toman, einen Dinar weniger nehme ich nicht!‹).[469] Ein anderer iranischer Derwisch – wahrscheinlich ein Khaksar – lehnte die ihm angebotene Münze ab, weil ihr Wert ihm zu gering erschien, und schlug sich dann so lange mit einem Stein auf die Brust, bis Blut floß.[470] Solche Selbstpeinigung soll Mitleid erzwingen, läßt sich jedoch ebenso als Drohgebärde verstehen: Die Verletzung soll sich auf den Angebettelten übertragen, wenn dieser nichts gibt. Indische Gurzmar- und Chhurimar-Fakire ritzten sich daher ihre Haut mit einer Keule oder einem Messer, jedoch möglichst so, daß kein Blut floß[471], Jalali brachten sich entsprechend leichte Brandverletzungen bei. Von Rifa'i-Derwischen an der pakistanischen Makran-Küste wird sogar berichtet, daß sie diejenigen ins Gesicht schlugen, die ihnen nicht schnell genug Geld gaben.[472]

Angesichts dieser, uns abstoßend erscheinenden, aggressiven und erpresserischen Bettelmethoden, die unter heterodoxen Derwischen und Ekstatikern noch bis vor kurzem verbreitet waren, ist zu bedenken, daß einige dieser Bruderschaften möglicherweise auf antike oder in Indien sogar auf vorarische Gruppen von Priestern oder Kultdienern lokaler Gottheiten, ›heiligen Gauklern‹ etc. zurückgehen, deren Vorstellungen und Verhaltensweisen später islamisch oder auch hinduistisch überformt wurden. Dies könnte die Art und Weise erklären, wie manche Derwische bis in die Neuzeit ihre Ansprüche auf Almosen durchsetzten, die ihnen früher einmal traditionell zugestanden haben mögen.[473]

Fasten und andere Askesepraktiken

Man würde ein falsches Bild des Wanderderwischtums gewinnen, nähme man an, ausschließlich erpresserisches Betteln der eben geschilderten Art präge es. Letzteres stellt lediglich einen bizarren Aspekt dar, der zumindest in Indo-Pakistan durch die Zugehörigkeit vieler Qalandar, Malang und Majzub zu orthodoxen Bruderschaften, wie der Qadiriyya und Chishtiyya, abgeschwächt wurde. Die Vielschichtigkeit des islamischen Derwischwesens zeigt sich darin, daß neben provozierendem Verhalten, Ekstase und Lebensgenuß auch asketische Züge eine wichtige Rolle spielen. So soll ein wirklicher Fakir – also ein ›Armer‹ – fasten und zugleich sicherstellen, daß andere nicht hungern müssen. Der Heilige von Ghamkol Sharif (Pakistan) erklärt dazu: »Ein Fakir ist der Freund Allahs. Selbst wenn ihm 100 000 Rupien angeboten würden oder um Allahs willen zu hungern, so würde er den Hunger vorziehen« (Werbner 1990: 271).

Asketische Praktiken, wie etwa das Fasten, gehören zur *via negativa*, dem mühseligen Weg der Reinigung und Loslösung von dem, was den Mystiker in seiner Zuwendung zu Gott behindert. Insbesondere in den ersten Jahrhunderten islamischer Zeitrechnung unterzogen sich die Asketen derartigen Übungen.[474] Sie verehrten Jesus als den idealen Asketen und Heiligen, der bedürfnislos der Welt entsagte, aber freundlich und barmherzig zu seinen Mitmenschen war. Somit waren auch die asketischen Züge des frühen Sufitums sicherlich durch christliches Gedankengut beeinflußt.

Islamische Derwische aßen – wie christliche Eremiten – Brot und Salz. Sie achteten gewöhnlich genau darauf, daß ihre Nahrung den religiösen Vorschriften entsprach; in der Regel begnügten sie sich mit einfachem Hirse- oder Gerstenbrot.[475] Der für sein strenges Fasten bekannte Sufi-Meister Sahl at-Tustari († 896) riet u.a.: »Überflüssig ist alles, was ein Drittel einer normalen Tagesration überschreitet. Wer mehr ißt, ißt seine guten Taten auf« (Andrae 1960: 67). In ihrem Kampf gegen die eigene Triebseele praktizierten die frühen Asketen eine besondere Form des Fastens, das *sawm da'udi*, d.h. sie fasteten einen Tag lang, aßen am darauffolgenden und wechselten auf diese Weise ab.[476] Dadurch sollte sich der Körper an keinen der beiden Zustände zu sehr gewöhnen. So durften die Derwische nach einer längeren Fastenperiode durchaus ein Festmahl einnehmen. Wanderderwische sind für noch extremere Verhaltensweisen bekannt: Auf der einen Seite ist ihr Leben durchaus auf Askese, Genügsamkeit und Zufriedenheit mit dem unbedingt Notwendigen ausgerichtet, auf der anderen sind sie jedoch keineswegs leibfeindlich. Wie René Brunel für die marokkanischen Haddawa angibt, schlemmen sie mitunter bis zum Erbrechen, berauschen sich mit Drogen und werden ausschweifend.[477]

Angaben über die Fastengewohnheiten der Chishti-Heiligen, die hier kurz als Beispiel angeführt werden sollen, finden sich vielfach in der hagiographischen Literatur. Von Mu'in ud-Din Chishti erzählt man, er habe Tag und Nacht den Koran rezitiert und nur am Abend das tagsüber eingehaltene Fasten gebrochen, indem er ein wenig trockenes Gerstenbrot zu sich nahm, das er lediglich in Wasser tunkte.[478] Zusätzlich führte er siebentägige Fastenperioden durch, die er auf die gleiche Weise beendete.[479] Sein Nachfolger Qutb ud-Din Bakhtiyar erhielt wegen seiner Genügsamkeit – und wohl auch, weil er, wann immer er wollte, auf wundersame Weise unter seinem Gebetsteppich ein Stück Brot hervorholte – den Beinamen Kaki (›Esser trockenen Brotes‹).[480] Der für seine asketischen Praktiken berühmte Baba Farid fastete tagsüber und nahm nach dem Abendgebet nur zwei mit Schmelzbutter bestrichene Brote, von denen er das eine gemeinsam mit seinen engsten Schülern aß und das andere an Bedürftige weggab.[481] Eine andere Legende berichtet, daß er an hölzernen Nachbildungen von Brotfladen knabberte, um seinen Hunger zu bezwingen.[482] Ferner soll er nach längerem Fasten Kieselsteine in den Mund genommen haben, die sich auf wunderbare Weise in Zuckerstückchen verwandelten, daher sein Beiname Ganj-i Shakar (›Zuckerschatz‹).[483]

Dem Fasten – in Verbindung mit Gebet, Meditation und Gewissenserforschung – konnten sich die Asketen *(zahid)* am besten in der Zurückgezogenheit *(khalwa)* widmen; sie suchten die Einsamkeit in der Wildnis, in Höhlen oder geeigneten zellenartigen Behausungen. Der ägyptische Mystiker Abu Su'ud († nach 1523/24) soll den ganzen Fastenmonat Ramadan in einem Keller unter seiner Klause verbracht haben.[484] – Über die Fastenpflicht des offiziellen Islam hinaus gibt es im Sufismus 40tägige Perioden des Fastens und teilweisen Schlafentzugs *(arba'in, chilla)*, ähnlich der vorösterlichen Quadragesima im Christentum.[485]

Die Zahl 40 spielt im volkstümlichen Islam eine besondere Rolle: Zunächst ist sie die Zahl des Wartens und der Ausdauer: Die Novizen der Mevlevi-Bruderschaft müssen 40tägige Arbeitsperioden einhalten; nach dem Tod eines Angehörigen trauern die Hinterbliebenen 40 Tage lang, und alle 40 Tage soll sich der gläubige Muslim seine Körperhaare schneiden.[486] Nach einer im östlichen Islam geläufigen Vorstellung werden Wünsche eines Frommen erfüllt, wenn er sich 40 Tage an einem Heiligenschrein aufhält, dort den Koran liest und Gebete spricht. Die 40tägige Klausur an einem Grab oder in der Einsamkeit gehörte oft zum Noviziat eines Derwisch, so vor allem bei der Khalwatiyya und der Chishtiyya, sie wurde aber auch von den anderen Bruderschaften empfohlen. Der Adept sollte sich dabei ständig im Zustand ritueller Reinheit befinden und durfte am Abend nur ein wenig Brot und Salz essen.[487] Shah 'Abdul Latif, der berühmte Mystiker aus Sindh, pflegte während der *chilla* – wie viele andere Sufis – täglich nur eine einzige Dattel und einen Schluck Wasser zu sich zu nehmen.[488] In der neueren Zeit haben die Derwische im Vorderen Orient und im Mittleren Osten diese 40tägigen Fastenzeiten mehr und mehr aufgegeben. Anders auf dem Subkontinent, hier werden *chilla*-Perioden auch heute noch gelegentlich durchgeführt, beispielsweise von Malang in der Nähe des Grabmales von Barri Imam (bei Islamabad).[489]

Die in Indo-Pakistan verbreiteten Klausen *(chilla-khana)* sind in der Regel dunkel und leer und damit vorzüglich für die Meditation geeignet. Sie liegen in der Wildnis, bei einem Heiligengrab oder einer Moschee. Oft handelt es sich um kleine, niedrige Räume, die halb oder ganz unter der Erde gebaut sind. Große Sufis und Derwische verbrachten darin im Laufe ihres Lebens zahlreiche *chilla*-Perioden. Hujwiri berichtet etwa von Sheikh Mohammad ibn Khafif, der jedes Jahr vier 40tägige Fastenzeiten durchführte.[490]

Asketische Übungen mit Fasten und Schlafentzug, isoliert von der Außenwelt, verhelfen zu Visionen und ekstatischen Erlebnissen.[491] Beim Fasten beispielsweise wird das Zerebralsystem durch Vitamin- und Zuckerdefizite beeinflußt; allgemein kommt es in den Phasen der Zurückgezogenheit zu einer erheblichen Verringerung äußerer Sinnesreize, die den Übergang in andere Bewußtseinszustände fördert. Obwohl immer wieder vor übertriebenen Askesepraktiken gewarnt wurde, gab es doch einzelne, die dieses

Das *chilla*-Häuschen des Heiligen Rahman Baba in Peshawar (Pakistan)

›Sterben vor dem Sterben‹ suchten, um innere Reinheit zu erlangen. Eine der extremsten Übungen ist die *chilla-i ma'kus*, bei welcher der Asket 40 Tage und Nächte, die Füße zusammengebunden, mit dem Kopf nach unten an einem Baum oder in einem Brunnen hängt.[492] Bekannt dafür war insbesondere Baba Farid, der von Ort zu Ort wanderte, stets auf der Suche nach geeigneten Plätzen für die *chilla-i ma'kus* – wie einem möglichst einsam gelegenen Brunnen in der Nähe einer Moschee. Im Bereich des hinduistisch beeinflußten südasiatischen Volksislam findet man in Heiligenviten zudem häufig Berichte von langwährenden Fastenperioden, die der Adept im Wasser verbrachte. So wird erzählt, daß Barri Imam sich zwölf Jahre lang in einem Becken in den Margalla-Bergen aufhielt – bis zum Hals im Wasser stehend, wobei die Fische sein Fleisch fraßen, bis er zum Skelett wurde.[493]

Häufig kombinierte man die Nahrungsaskese mit einer weiteren Ekstasetechnik – dem Schlafentzug. Die Mystiker suchten den Rausch der Übermüdung, der es ihnen ermöglichte, Helligkeit und Schwerelosigkeit wahrzunehmen.[494] Auch dabei kam es – den Heiligenviten zufolge – bisweilen zu extremen Formen der Selbstpeinigung: Um wach zu bleiben, nahmen Derwische im Verlauf der *chilla* bestimmte Sitzpositionen ein und verwendeten eigens Stützstäbe (s. Abb. S. 149), einige banden sogar ihre Haare an der Decke fest.[495] Der in Baghdad lebende Sufi Shibli (861–945) soll jede Nacht vor sich eine Schale mit Salzwasser und ein Auftragstäbchen für Augenschminke bereitgelegt haben.[496] Sobald ihn der Schlaf zu übermannen drohte, tauchte er das Stäbchen ins Salzwasser und strich sich damit über die Augenlider. Wenn sein Gottgedenken schwand, schlug er sich mit Stöcken oder stieß – wie auch von dem marokkanischen Heiligen Sidi Ahmad Dghughi bekannt – mit seinem Kopf an die Wand.[497] In einer Legende über den Majzub Nur ud-Din Ishaq Qadiri († 1687/88) aus Nilanga (Distrikt Bijapur/Südindien) ist zu lesen, daß dieser – um in der Nacht wach zu bleiben – sich *chili*-Pulver in die Augen streute oder seine Hände in einen mit Skorpionen gefüllten Topf hineinhielt.[498] Nach Hujwiri gibt es unter Sufis verschiedene Ansichten über Schlaf und Wachheit: Viele sind der Meinung, daß Schlaf vom Gottgedenken ablenke und daher Wachheit vorzuziehen sei; einige Sufi-*sheikh* bevorzugen jedoch den Schlaf, da der Prophet und andere Heilige während des Schlafs visionäre Erscheinungen gehabt hätten.[499]

Gebet und Gottgedenken

Die Zeit des Fastens und nächtlichen Schlafentzugs widmen die Derwische dem Gebet und der Kontemplation. Die Versunkenheit in Gott, ihn mit geschlossenen Augen zu sehen und von ihm absorbiert zu werden, war eine Vorliebe Mu'in ud-Din Chishtis.[500] Gebet und Gottgedenken sind für alle islamischen Mystiker von herausragender Bedeutung.[501] Bei den orthodoxen Sufis und Derwischen dienen die fünf täglichen rituellen Gebete der Meditation;

die Asketen unter ihnen beten zusätzlich in der Nacht das *tahajjud* und rezitieren den Koran. Die heterodoxen Derwische und Ekstatiker folgen dagegen kaum den religiösen Pflichten und vernachlässigen das gemeinsame Ritualgebet zugunsten der freien und persönlichen Zwiesprache mit Gott. Extreme Gruppen, etwa die in der zweiten Hälfte des 19. Jh. von Haji Shari'at Allah in Bengalen gegründete Fara'idiyya, empfahlen sogar die Unterlassung des freitäglichen Gebets.

Neben dem freien Bittgebet *(du'a)* zählt das Gottgedenken *(zikr)* zu den eigenen Andachtsformen der Derwische.[502] Den *mantra* der Buddhisten und Hindus vergleichbar, handelt es sich um Anrufungen im Rahmen liturgischer Riten, in denen der Mystiker sein Innerstes reinigt und den Weg zu Gott findet. Der rituelle *zikr* geht auf den Koranvers 33/41 »Gedenket unablässig Gottes« zurück, der gleichsam die Basis für den Sufismus bildet. Einzelne Ekstatiker, wie etwa Mulla Shah (1584–1674/75), der spirituelle Lehrer des Moghul-Prinzen Dara Shikoh, verbrachte Tage und Nächte im *zikr*.[503] Im Winter stand er gar im verschneiten Garten, um die *zikr*-Formeln zu sprechen. Es heißt, daß sein Schweiß zwischen den Atemzügen auf seinem Körper gefror und beim nächsten Einatmen wieder flüssig wurde. Gewöhnlich wird der *zikr* jedoch in der Gemeinschaft der Derwische quasi liturgisch rezitiert, häufig am Beginn des Freitags, also nach Sonnenuntergang am Donnerstagabend.[504] Diese Konzentration auf Gott in der Versammlung wird auch *zikr al-hadra* (*zikr* in der ›Gegenwart‹ Gottes) genannt. Dabei bilden die Derwische häufig, Schulter an Schulter sitzend, einen Kreis *(halqa)* oder gegenüberliegende Reihen. Die Sitzpositionen sind unterschiedlich: mit untergeschlagenen Beinen, auf den Fersen ruhend oder mit bis zur Brust hochgezogenen Knien (s. S. 154).[505] In Indien haben die Shattariyya-Derwische Sitzhaltungen der Yogi übernommen.[506] Als wichtig erscheint beim *zikr* in jedem Fall eine Körperhaltung, welche die innere Sammlung und Kontemplation begünstigt.

Das rituelle Gottgedenken pflegen die Derwische seit Mitte des 8. Jh. Ihre spezifischen *zikr*-Formeln halten die einzelnen Bruderschaften in der Regel geheim, da es sich um magische, machtverleihende Worte handelt.[507] Im Verlauf des Aufnahmeritus gibt der spirituelle Führer sie an den Schüler weiter; der Ni'matullahi-

sheikh Mulla 'Abd us-Samad-i Hamadani († 1802) vergleicht sie mit einem Samen und schreibt dazu: »Wenn er aber durch das Walten der Einpflanzung durch einen Heiligen und vollkommenen Meister in die bereite Erde des Herzens des Novizen fällt, wächst er Tag für

Chishti-Malang beim Gebet in der Moschee Data Ganj Bakhshs in Lahore (Pakistan)

Tag weiter, bis er die Stufe des Baumseins erreicht hat« (Gramlich 1976: 389). Man unterscheidet verschiedene Formen des *zikr*, die den Menschen Gott nahebringen sollen. Ein deutlicher Unterschied besteht zwischen dem stillen *zikr*, der im Herzen *(zikr-i qalbi)* oder noch tiefer in der Seele *(zikr-i ruhi)* gesprochen wird, wobei die Zunge oben gegen den Gaumen gepreßt wird, und dem laut gesprochenen, angeblich auf 'Ali zurückgehenden *zikr (zikr-i jali)*.[508] Letzteres gilt als niedrigere Form, die vor allem bei wandernden Derwischen, aber auch bei der Chishtiyya verbreitet ist. Der stille, verinnerlichte *zikr*, bei dem der Mystiker auf sein Herz hört, ist besonders in der Naqshbandiyya propagiert worden. Große Mystiker vermögen den *zikr* auszuweiten, indem sie neben dem Herzen und der Seele auch ihre anderen Organe und Körperteile zum Sitz des Gottgedenkens werden lassen. Auf seiner höchsten Stufe wird der *zikr* schließlich im Entwerden in Gott überwunden.

Die *zikr*-Formeln, mit denen Sufis und Derwische Gott verherrlichen, hat meist der Stifter der jeweiligen Bruderschaft eingeführt. Hier seien nur einige der bekanntesten genannt: Sehr häufig wiederholen die Mystiker die Worte *Allah, Ya Allah* oder *Allah-hu* – etwa die Mitglieder der Qadiriyya, Chishtiyya, Naqshbandiyya und der iranischen Bruderschaften.[509] Der Qadiri-Novize murmelt zunächst mehrere 1000mal die Formel *illa llah Allah-hu*, wiederholt dann 40 Tage lang die Worte *Ya Allah* und *Ya-hu* und spricht als dritte Stufe *Allah-hu* jeweils 500mal am Morgen und 1000mal nach dem Abendgebet. Ebenso wie bei anderen *zikr*-Formeln ist die Aussprache dieser Worte mit einer bestimmten Atemtechnik und rhythmischen Bewegungen verbunden: Der in Richtung Mekka sitzende Derwisch hat die Augen geschlossen, zieht den Atem bei *Allah* vom Herzen in die Nase ein und atmet mit *hu* aus, wobei er den Kopf zum Herzen neigt. Beim *zikr* soll sich der Mystiker das Bild seines *sheikh* vor Augen führen. Die Naqshbandi wiederholen die Formel *Allah Allah* in der Anfangsstufe jeweils 5000mal laut und 5000mal still im Herzen und sprechen in der zweiten Stufe die Worte *la ilaha illa llah* (›Es gibt keinen Gott außer Allah‹), den ersten Teil des islamischen Glaubenszeugnisses. Bei der Rahmaniyya, dem algerischen Zweig der Khalwatiyya, soll der Novize zur Übung diese Glaubensformel während eines Tages und einer Nacht mindestens 12000mal sprechen; bei einer regulären *zikr*-Sitzung wird sie 80mal wiederholt. Weitere sehr bekannte *zikr* sind *subhana llah* (›Ehre sei Gott‹), *al-hamdu li'llah* (›Lob sei Gott‹) oder speziell bei Schiiten *nadi 'Aliyan* (›Rufe 'Ali an‹) und *Ya 'Ali* (›Oh 'Ali‹). Zusätzlich zu den genannten *zikr*-Formeln finden kürzere Anrufungen *(wird)* Verwendung, etwa *Ya Latif* (›Oh Gütiger‹) oder das besonders bei den indischen Shattari-Derwischen gebräuchliche *Ya Rahman* (›Oh Erbarmer‹) sowie geheime Gottesnamen.

Die rhythmische Wiederholung von Formeln ist allgemein charakteristisch für sakrale Kultgesänge und Rezitationen. Man denke etwa an die Litaneien im römisch-katholischen Christentum. Beim *zikr* führen die stoßartig hervorgebrachten Worte, die ihrerseits schon als kraftgeladen gelten, zu Überwachheit bzw. Überstimulierung bei den Derwischen, einer Art *»input overload«* (Geels 1982: 45). Zudem verstärkt die gebündelte Kraft des kollektiv vorgetragenen Gottgedenkens die ekstatische Stimmung.[510]

Das Sprechen des *zikr* basiert wesentlich auf der Kontrolle des Atems, einem Mittel zur Konzentration. Wie Richard Gramlich in seiner großen Studie über das iranische Derwischwesen ausführt, liegen genaue Anweisungen vor, wie oft man stufenweise fortschreitend bei jedem der verlangsamten Atemzüge die *zikr*-Worte sprechen soll.[511] Insbesondere für den stillen *zikr* ist ein geregelter Atem wichtig. Beeinflußt wurden die Übungen des sufischen Gottgedenkens vermutlich durch Atemtechniken des indischen Yoga, vor allem des Mantrayoga.[512] Sehr wahrscheinlich geht auch das Anhalten des Atems über längere Zeit *(habs-i dam)*, das seit dem Spätmittelalter in Indo-Pakistan und Afghanistan von Derwischen praktiziert wird, ursprünglich auf Hindu-Asketen zurück. Man weiß im übrigen, daß durch bestimmte Atemtechniken ›Glückspunkte‹ im Stammhirn des Menschen aktiviert werden können, was »als entpersonalisierend, aber beseeligend und befreiend geschildert wird« (Bleibtreu-Ehrenberg 1983: 61). Neben Atemtechniken lernten indo-pakistanische Derwische von Hindu-Fakiren auch die asketische Übung, während des *zikr* in der Sommerhitze um ein Feuer zu sitzen.[513]

Ausgesprochen ekstatisch klingt der laute, auf Ahmad Yasawi zurückgehende ›Säge-*zikr*‹ *(zikr-i arra)* der mittelasiatischen Yasawiyya.[514] Die Formel lautet *huwa-haq* (›Er ist die Wahrheit‹); der Refrain *huwa-hu* wird ähnlich dem Geräusch einer Säge intoniert. Dieses bei den westlichen Turkmenen als *zikr-pily* oder *ata-zikr* bekannte Gottgedenken führen sie – wie es heißt – zu Ehren des Propheten Zacharias durch, der den Märtyrertod starb[515]: Er verbarg sich vor seinen Feinden in einem hohlen Baum, den diese durchsägten.

Das Außer-sich-Sein der Derwische beim *zikr* geschieht keineswegs unkontrolliert, vielmehr sind seine Formen rituell festgelegt. Dies läßt sich in der Beschreibung eines *zikr-i hadra* der tunesischen Madaniyya erkennen, einer zu Anfang des 20. Jh. von Sheikh al-Madani (1888–1959) gegründeten Bruderschaft, die einen Zweig der algerischen ʿAlawiyya bildet. Kenneth Brown, der bei dieser séanceartigen *hadra* anwesend war, schildert: »... jeder steht im

Kreis, einander die Hände haltend, beugt sich in rhythmischer Bewegung und mit zunehmender Schnelligkeit nach vorne und richtet sich wieder auf, wobei die Atemstöße beschleunigt werden; beim Beugen bringt man – beinahe grunzend – den Ton ah (Teil des Gottesnamens Allah, Anm. d. Ü.) hervor, gefolgt von zwei ah beim Aufrichten; das Tempo erhöht sich zu einem Crescendo, fast einer Raserei, bis A (einer der Teilnehmer, Anm. d. Ü.) als Kontrapunkt einen Koran-Vers singt und die Vorführung beendet« (1985: 146).

Noch ekstatischer erscheint der rituelle *zikr* der Rifaʿi-Derwische: Die Bewegungen des Kopfes nach vorne, zurück und zur Seite werden zuerst im Kreis sitzend ausgeführt, dann kniend – und zwar mit einem Knie aufgestellt – und schließlich stehend.[516] Währenddessen sprechen die Derwische laut die Formel *la ilaha illa llah* (s. S. 173). Bei dem anschließenden, bis zur Raserei führenden Tanz verletzen sie sich selbst mit Waffen, allerdings ohne daß Blut fließt.

In einigen Fällen haben ekstatische *zikr*-Übungen den Charakter und Stellenwert einer schamanistischen Séance angenommen, etwa, wenn sie der Krankenheilung dienen. Noch bis Anfang des 20. Jh. hielten die Turkmenen solche *zikr* an Heiligenschreinen oder in Privathäusern ab: Der *sheikh* schlug oder berührte den in der Mitte auf dem Boden sitzenden Patienten mit einer Peitsche, preßte dessen Kopf und rief seine Hilfsgeister herbei, die den Kampf gegen die Dämonen aufnahmen, welche die Krankheit verursacht hatten.[517] Neben dem *sheikh* waren Derwische anwesend, die rhythmisch mit den Füßen stampften und laut mystische Texte sangen, sowie ein *pata berishi* – oft ein *ishan* –, der die rituelle Reinheit der Teilnehmer prüfte und den Segen erteilte.

Zikr-Riten, die speziell auf die Heilung eines Kranken ausgerichtet sind, stehen im Zentrum des religiösen Lebens einer in Pakistanisch-Baluchistan und Karachi verbreiteten Baluch-Gruppe, die sogar Zikri genannt wird.[518] Die Sekte geht auf eine im späten 15. bzw. Anfang des 16. Jh. von Sayid Mahmud Jaunpuri gegründete Mahdi-Bewegung zurück. Sie ersetzte den Koran durch eine Sammlung von Gesängen *(zikr illahi)* in Persisch, Arabisch und Balochi.

Zikr zum Zwecke der Krankenheilung sind außer bei pakistanischen Zikri insbesondere bei iranischen Baluch bekannt.[519] Ihre an

Lal Shahbaz Qalandar, den ›Meister der Trunkenen‹, gerichteten *zikr*-Gesänge begleiten die Baluch mit Instrumenten, die helfen, das Tempo des Gesangs zu steigern. Verse und Melodiefiguren werden dabei ständig wiederholt. Die *qalandari* oder *guati* genannten Lieder sind in einen speziellen Heilritus eingebunden, in dessen Verlauf der böse Geist aus dem Körper des Kranken ausgetrieben wird. Bei den Heilern, übrigens auch als Malang bezeichnet, handelt es sich stets um ehemalige Besessene. Einige von ihnen fungieren gleichzeitig als Musiker.

Sufi-Musik und Derwischtanz

Ekstase bewirkende Lieder, vor allem auf wandernde Qalandar und Malang zurückgehend, bilden ein grundlegendes Element der Baluch-Musik.[520] Die Musik wird zwar eingesetzt, um einen Geisteskranken oder Besessenen zu heilen, ihre Hauptfunktion jedoch besteht darin, durch ein mystisches Konzert *(sama')* und allmähliche Versetzung in Ekstase *(hal, wajd)* zu Gott zu finden. Mittler zu Allah sind innig verehrte Heilige, wie Lal Shahbaz Qalandar oder Shams-i Tabrez, die in den *qalandari* genannten Liedern angerufen werden. Solche *qalandari* sind in Süd- und Westasien unter der muslimischen Bevölkerung weit verbreitet und gehören zum Repertoire mystischer Sänger. Sehr bekannt ist beispielsweise das Lied »Mast-i qalandar« (»Trunken von Qalandar«). Ein anderes, aus dem *diwan* des 'Iraqi überliefertes Qalandar-Lied beginnt mit den Worten: »Wir sind von der Moschee ins Weinhaus gezogen; über das Blatt der Weltflucht und der Heiligenwunder haben wir einen Strich gezogen. In der Magierstraße, in der Reihe der Verliebten setzten wir uns nieder; den Becher nahmen wir den Trinkern in der Schänke aus der Hand« (Ritter 1978: 488). Der Wein und die Liebe, Trunkenheit und Qalandartum *(masti-o-qalandari)* sind hier miteinander verschmolzen.[521]

Die Baluch untermalen ihren *qalandari*-Gesang instrumental mit *sorud* (in Indien *sarinda* genanntes Streichinstrument), *drokkol* (zweifellige Faßtrommel) und *tanburak* (Laute). Wandernde

Indischer Fakir mit *chimta,* historische Aufnahme

Qalandar mit Rasselstäben und Bettelschale in Bukhara (Uzbekistan), historische Aufnahme, vor 1891

Qalandar-Derwische in Sindh spielen die *yaktaro* (Urdu *ektara*), eine einfache Laute mit einem Kalebassen-Klangkorpus und ›einer‹ *(yak, ek)* oder zwei Stahlsaiten, indem sie diese ohne Plektrum zupfen.[522] Gesang und Lautenspiel begleiten sie mit einer kastagnettenartigen, mit zwei Schellen besetzten hölzernen Handgriffklapper *(khartalon, chapriyon)*, die sie mit den Fingern der linken Hand schnippen. Ähnliche *qarqaba* genannte Klappern aus Eisen verwenden auch die marokkanischen Gnawa-Musikanten – neben der dreisaitigen *gunbri*-Laute und einer großen Trommel – sowie Derwische anderer nordafrikanischer Bruderschaften.[523] Ihr

Gebrauch in der arabischen Musik geht angeblich auf die ägyptischen Kopten zurück.[524] Qalandar-Malang im Panjab binden sich manchmal zusätzlich Schellen um die Unterschenkel und tanzen damit zu ihrem Liedvortrag.[525] Beim rotierenden Tanz der Lali Shah-Fakire bimmeln ebenfalls um die Knöchel gelegte Schellenbänder und am Kleid befestigte Glocken (s. S. 116). Sie spielen dazu die etwa 1 m lange feuerzangenförmige, mit einem losen Metallring besetzte *chimta*, das typische Rhythmusinstrument der Malang (Farbabb. 12). Nepalesische Fakire und Anhänger Shah Madars schlagen sich bei ihrem rasenden Tanz damit auch auf die Schultern.[526] Ferner dient die *chimta* dazu, die Ankunft eines wandernden Mystikers im Dorf anzukündigen.[527] Der zur Zeit wohl bedeutendste *chimta*-Virtuose Pakistans ist der als Malang und Musiker lebende Sain Mushtaq (Farbabb. 12). Meines Erachtens hat sich die eiserne *chimta* tatsächlich aus der Feuerzange entwickelt, mit der die Malang ihr heiliges Feuer *(machh)* schüren und mit der die Hindu-Fakire die vier Feuer unterhalten, zwischen denen sie während der Askese sitzen. Iranische Khaksar-Derwische benutzen eine große Feuerzange *(anbur)* als Taktinstrument bei ihren *zikr*-Sitzungen.[528] Dabei schlägt der *sheikh* mit dem losen Eisenring am Griffende auf den Boden. In diesem Zusammenhang sei daran erinnert, daß – einem Bericht aus dem 14. Jh. zufolge – eine Feuerzange auch als Reliquie des Propheten in der Kairener Moschee Sayidna al-Hussein aufbewahrt wurde.[529]

Funktionell mit der *chimta* sehr verwandt erscheint der Rasselstab. In Sindh besteht er aus einem 60–70 cm langen Holzstab, an dessen Ende zahlreiche Glöckchen im Bündel befestigt sind.[530] Dieses *daudo* genannte Rhythmusinstrument begleitet die *yaktaro*-Laute. Mittelasiatische Wanderderwische verwenden Rasselstäbe *(sipay)*, die mit Metall- oder Knochenringen besetzt sind (Abb. S. 132, 178)[531]; möglicherweise gehen sie auf die ähnlich geformten *khakkara*-Stäbe (tibetisch *'khar-gsil*) buddhistischer Mönche zurück, mit denen diese den Dorfbewohnern ihr Kommen ankündigten. Rasselstäbe gehören insbesondere zur Ausrüstung der in Ostturkestan beheimateten Qalandar und Diwana; bei ihnen bestehen sie aus zwei kürzeren Stäben – aus Holz oder einem Tierhorn (Antilope, Wildziege) gefertigt –, die von mehreren klappernden Eisenringen umfaßt werden. Henry Lansdell gibt in

Zusammenhang mit Qalandar in Khiva detailliert an, daß deren Holzstöcke je etwa 40 cm lang waren und von einem Eisenring (Durchmesser ca. 10 cm) umfangen wurden, an dem zwölf kleine Ringe befestigt waren.[532] Manchmal hängen diese Ringe auch getrennt an einer Schlaufe herab. Der Derwisch schlägt diese Ringe entweder gegen die beiden Hölzer oder den ganzen Stab gegen seine eigenen Schultern. Zum klackenden Rhythmus der Rasselstäbe drehen sich die Qalandar und singen dabei hymnenartige Lieder mit dem Refrain *Ya Allah, Inshallah*. Gelegentlich tanzen auch Frauen auf diese Weise.

Musik und Tanz schaffen an den von Qalandar und Malang besuchten Heiligenschreinen eine intensive, rauschhafte Atmosphäre. Beim *'urs* von Lal Shahbaz Qalandar werden an dessen Grabmal in Sehwan große, weithin hörbare Pauken *(bher, naqqara)* geschlagen[533]: Ein Malang schlägt stehend den metallenen Klangkörper mit einem gekrümmten hölzernen Schlegel. Man vermutet, daß die Derwische dieses überdimensionale Musikinstrument aus der Kultur der Königshöfe übernommen haben; heute findet man sie noch an den Schreinen in Sehwan, Pir Patho/Thatta-Distrikt (Sheikh Hussein) und Bhit Shah (Shah 'Abdul Latif). An anderen Heiligtümern in Indo-Pakistan werden die *'urs* ebenfalls durch Trommelschläge eröffnet. Nach der mystischen Symbolik verkündet der Schlag auf die *naqqara* die Vereinigung mit dem göttlichen Geliebten.[534] Verzaubert durch die Gegenwart Gottes tanzen die Derwische zum Klang der *dhol* (zweifellige Faßtrommel) den *masto* oder *mauj* und fühlen Gott dabei in ihrem Herzen.[535] Sie verwirklichen den Augenblick der Gegenwart *(waqt-i hal)* und sind überwältigt von der Liebe Gottes. Beim *masto* handelt es sich um einen freien, nicht an Regeln gebundenen Tanz zu Ehren Lal Shahbaz Qalandars. Einzelne Derwische bewegen sich dabei besonders spontan und abrupt, machen Sprünge usw. (Neben der Gottbegeisterung fungiert der Tanz möglicherweise als Ventil für erlittene Schmähungen und Erniedrigungen.)[536] Die charakteristische rhythmische Folge des Trommelspiels, das ja grundsätzlich bei der rituellen Versetzung in Ekstase von Bedeutung ist[537], bezeichnet man als *dhamal* – ein Begriff, der in der Umgangssprache häufig für den Tanz selbst verwendet wird. Der ekstatische *masto*-Tanz findet zu verschiede-

dhamal-Tänzer beim *'urs* von Madho Lal Hussein in Lahore (Pakistan)

nen Anlässen an zahlreichen der eher heterodox geprägten Heiligenschreine Indo-Pakistans statt.

Sama' (das mystische ›Hören‹) und *raqs* (›Tanzen‹) praktizieren jedoch nicht nur Wanderderwische, sondern seit dem Ende des 9. Jh. ist beides auch in Kreisen orthodoxer Sufis bekannt.[538] *Sama'* und *raqs* stellen keine Pflichtübung in den Bruderschaften dar und sollen auch nur von spirituell gereiften Mystikern durchgeführt werden. Im offiziellen Gesetzesislam gelten Musik und Tanz als verpönt, und sogar im Sufismus diskutiert man dieses Thema durchaus kontrovers.[539] So stuft beispielsweise der Gelehrte Ibn Taimiyya Trommelspiel und Händeklatschen beim *sama'* als ungesetzlich ein, und Hujwiri erlaubt Musik lediglich dann, wenn sie nicht von Gott ablenkt, sondern spirituell zu ihm hinführt. Tolerante Derwische, wie die Chishti, lieben dagegen Konzerte mystischer Musik. Dafür wurden manche von ihnen (etwa Khwaja Qutb ud-Din Bakhtiyar Kaki; Abb. S. 140/141) zu ihrer Zeit von den *'ulama* heftig bekämpft. Tanz lehnte man noch vehementer ab als Musik. Doch wie eingangs dieses Kapitels geschildert, hat er sich in seiner freien ekstatischen Form bis heute im einfachen Wanderderwischtum erhalten (in Indo-Pakistan und auch in Nordafrika, dort bei den 'Isawiyya-Derwischen). Ein Umstand, der viel zu wenig bekannt zu sein scheint, denn im Westen verbinden Laien wie Orientalisten mit dem ›Tanz der Derwische‹ in erster Linie oder sogar ausschließlich den rituell festgelegten Reigen der türkischen Mevlevi.

Grundlage und Ausgangspunkt für Musik und Tanz in der islamischen Mystik bilden häufig Gedichte berühmter Sufis, die diese nicht selten – wie etwa Jalal ud-Din Rumi, der große Mevlevi-Heilige – in tranceähnlichem Zustand diktierten. Die Verse beschreiben meist die Liebe zu Gott, sind Ausdruck mystischer Frömmigkeit in poetischer Form.

Als Beispiel eines dichtenden Sufi aus dem Vorderen Orient sei hier der große türkische Poet und volkstümliche Sänger Yunus Emre († 1320/21) genannt, der selbst von der Yasawiyya beeinflußt war. Seine Texte werden bis heute hauptsächlich in den Derwischkonventen der Bektashi gesungen.[540] Im östlichen Islam ist der Sindhi-Dichter und Musiker Shah 'Abdul Latif (1689–1752) hervorzuheben, der im pakistanischen Bhit Shah begraben liegt.[541]

Dem Sufi Amir Khusrau (1253–1325) wird gemeinhin die Verbindung arabisch-persischer mit indischer Musik zugeschrieben; Shah ʿAbdul Latif begründete dann vier Jahrhunderte später eine neue musikalische Richtung: Er verwendete volkstümliche Melodien mit der Absicht, die klassische Tradition wiederzubeleben, und er führte den Chorgesang ein, in dem die Brüderlichkeit der Derwische zum Ausdruck kommt. Aus der viersaitigen *tanpura*-Laute, mit der in der Raga-Musik der Grundakkord angegeben wird, entwickelte er eine fünfsaitige. Als Gedichtform wählte er u. a. das kurze fünf- bis sechszeilige *kafi*, das während des *sama*ʿ als ›Nahrung für die Seele‹ gesungen wurde. Weitere mystische *kafi*-Gesänge in Panjabi dichteten Farid ud-Din Ganj-i Shakar, Shah Hussein, Bullhe Shah und Khwaja Ghulam Farid.[542]

Die Verse Shah ʿAbdul Latifs und anderer Sufis werden bis heute an den Heiligenschreinen während des *ʿurs* vorgetragen. Die Sänger und Musiker, meist zur Chishtiyya oder Qalandariyya gehörend, nennt man in Sindh auch *yaktaro*-Fakire, weil sie ihren *kafi*-Gesang vornehmlich auf dieser Laute begleiten und die Namen vieler mit dem Wort Fakir verbunden sind.[543] Zu den bekanntesten dieser Barden gehören heute Fakir ʿAbdul Ghafur, Allan Fakir, Dhol Fakir und der *murli* (Flöten)-Spieler Iqbal Jogi. Sie stammen aus Familien wandernder Sänger, die seit jeher ihren Musikerberuf mit dem Derwischtum verbanden. Ihnen entsprechen in Marokko die umherziehenden Sänger und Anhänger des Majzub Sidi ʿAbdur Rahman sowie die Gnawa und Haddawa.[544] Letztere schlagen eine Tontrommel, die sie auf ihre linke Schulter auflegen.[545] In Kashmir wird die Musik der *sama*ʿ-Sitzungen *sufyana kalam* genannt.[546] Zu Laute und Faßtrommel singen die Musiker mystische Verse in Persisch und Kashmiri (Einzelstimme und Chor). Gruppengesang mit *ektara*-Laute und Trommel ist auch typisch für die ekstatisch intonierten Lieder der bengalischen Baul.[547] Die muslimischen Baul folgen dabei der Tradition des volkstümlichen Derwischtums und die hinduistischen der mit Shri Krishna Chaitanya (1486–1534) verbundenen bengalischen Vaishnava-Bewegung, in deren Mittelpunkt die Krishna-Verehrung steht. Muslimische Baul oder Aul (arab. *auliya* = ›Heilige‹) sind sowohl Wandermusiker als auch Sufis. In ihren mystischen Liedern heben sie besonders das Grundthema der Liebe hervor.[548] Bisweilen erscheint der Prophet

Mohammad als Geliebter Allahs, vergleichbar dem Paar Radha und Krishna und auch der sexuellen Vereinigung zwischen Frau und Mann.

Anders als die *yaktaro*-Fakire in Sindh und die bengalischen Baul-Sänger, die meines Erachtens wirklich einen Aspekt des Derwischseins verkörpern, sind die indo-pakistanischen Qawwal zwar stark vom Sufismus beeinflußt, bleiben aber doch in erster Linie Berufsmusiker. *Qawwali* ist in Musik umgesetzte mystische Poesie und durch ihre Wiederholungen mit dem *zikr* verwandt.[549] Im Rahmen der Chishtiyya entstanden, finden die ekstatischen *qawwali*-Gesänge mit instrumentaler Begleitung vor allem an Heiligenschreinen und in Derwischkonventen statt. Auf dem Subkontinent erwies sich diese spirituelle Musik als sehr geeignet, um die Lehren des Sufismus zu verkünden und gerade auch Hindus zu begeistern. Eine *qawwal*-Gruppe besteht heute gewöhnlich aus elf Musikern, wobei zwei von ihnen als Hauptsänger auftreten. Die übrigen spielen *tabla* (einfellige Trommel und Pauke), *dholak* (kleinere zweifellige Faßtrommel), *harmonium* (im 16. Jh. von portugiesischen Missionaren eingeführtes Tasteninstrument), klatschen in die Hände und übernehmen den Chorgesang. Am wichtigsten sind die Solostimmen, die den in Persisch, Urdu oder Hindi verfaßten Liedtext interpretieren. Sie vermitteln die offenkundige und die verborgene Bedeutung des Textes, kombinieren Segmente aus verschiedenen mystischen Gedichten, wiederholen und betonen bestimmte Schlüsselwörter und Sätze.

Qawwali ist wie kaum eine andere sufische Musikform prädestiniert, den Zuhörer – ob Derwisch oder gewöhnlichen Gläubigen – zu berühren, ihn zu be-geistern und seinen Bewußtseinszustand zu verändern. Sie treibt ihm Tränen in die Augen, öffnet sein Herz und leert es, damit Gott hineinströmen kann. Der Zuhörer spürt die Auflösung des Ichs. Eine derart intensive Musik drängt auf Teilnahme, und Kollektivzustände mystischer Verzückung, die als Geschenke Gottes gelten, sind nicht selten. Wenn ein Ergriffener in Ekstase *(hal)* fällt und spontan tanzt *(raqs)*, dann reckt er die Arme empor, bewegt rhythmisch seine Hände und weint und schreit manchmal laut, wobei er meist die Textzeile wiederholt, die diesen mystischen Zustand hervorgerufen hat[550] – ein Charakteristikum der Ekstase: Neben Zeilen aus einem Gedicht oder dem so häufig zu hörenden *'Ali Haidar* (›'Ali, der Löwe‹) und *Ya 'Ali* (›Oh 'Ali‹) gibt es berühmte Sprüche, wie etwa Hallajs *ana'l-haq* (›Ich bin die Wahrheit‹). Von dem Chishti-Heiligen Nizam ud-Din Auliya (1239–1325) stammt der Ausspruch: »Wenn ein Derwisch in Ekstase in die Hände klatscht, so werden die Sünden von seinen Händen genommen, und wenn er schreit, dann wird alles Übel vertrieben« (Currie 1989: 128, Anm. 29). Manche Ekstatiker lassen sich fallen, halten einen Finger hoch in Richtung Gott oder wälzen sich im Rhythmus der Musik auf dem Boden.[551] Es kommt auch vor, daß Derwische während des *sama'*, dem *zikr* oder bei einer anderen Gelegenheit sich plötzlich ver-rückt gebärden, toben und an den Kopf schlagen.[552] Steigern sie sich in konvulsivische Bewegungen und Zuckungen, so werden sie von anderen gehalten. Ein derartiger Verlust der Körperkontrolle wird absolut toleriert. Erscheinungen dieser Art zeigen nur die psychische Erschütterung des Menschen und seine Berührung durch Gott. Ein Mystiker und enthusiastischer Dichter, der besonders von *sama'* berauscht wurde, war Sachal Sarmast (1739–1826), der ›Fakir von Daraz‹ (bei Khairpur/Sindh).[553] Es heißt, daß er durch die Musik und seinen eigenen Gesang so in Ekstase geriet, daß sein langes Haar dabei aufrecht stand.

Form und Bedeutung des Derwischtanzes mögen in Indo-Pakistan auch vom Shivaismus beeinflußt sein – man denke nur an die Stellung Shivas als *nataraja* (›König der Tänzer‹) und an die zahlreichen Übereinstimmungen zwischen islamischen Ekstatikern und shivaitischen Asketen gerade im Hinblick auf äußerliche Attribute und Verhaltensweisen. Der wohl facettenreichsten Gottheit des hinduistischen Pantheons entsprechen zwei Arten des Tanzes: »*Tāṇḍava*, der grimmige, gewaltsame Tanz, von einer explosiven, alles mit sich fortreißenden Energie befeuert, ist ein wahnwitziger, die Verwüstung beschleunigender Ausbruch. Auf der anderen Seite steht *lāsya*, der sanfte, lyrische Tanz voller Süße und Abbild aller Gefühle der Zärtlichkeit und Liebe. Shiva ist beider Tänze vollendeter Meister« (Zimmer 1972: 190). Der freie ekstatische Tanz der gottbegeisterten Derwische des Subkontinents scheint häufig eine Mischung dieser beiden Formen zu sein. Bei den Hamadsha und anderen marokkanischen Bruderschaften kommt es während der *hadra* zu rasenden Trancetänzen *(jizba)*, zum Teil mit Selbstverlet-

Türkische Mevlevi-Derwische, historische Aufnahme

zungen; mehrere detaillierte Beschreibungen befassen sich damit.[554] Bewegung und Ausdruck der ›tanzenden Derwische‹ in der Türkei neigen eher dem zweiten, sanfteren Stil zu.

Der Tanz der Mevlevi (Abb. S. 46) mit seinen liturgisch festgelegten Drehungen und Körperhaltungen vermittelt Gelöstheit und Hingabe.[555] Ihr »reigenartiger, Sternläufe symbolisierender Dreh-*zikr*« (Kissling 1959: 4), ihre fließenden, gleitenden Bewegungen erscheinen als Ausdruck geistiger Schwingungen und der Übereinstimmung und Harmonie der Seele mit Gott.[556] In der sich zum Wirbeln steigernden Spiralbewegung steigt gleichsam die Seele des Derwisch zu Gott auf, und Gott kommt herab zum Menschen. Solche Tanzspiralen bewirken eine bewegungsinduzierte Hypnose und Bewußtseinsveränderung, die in dieser Form auch aus der Trance des Schamanen bekannt sind. Die Drehbewegung beginnt auf der Ferse des rechten Fußes, wobei man sich mit dem linken Fuß anstößt. Langsam werden die Arme gehoben und dann horizontal zur Seite ausgestreckt, die Innenfläche der linken Hand zeigt zum Boden, die der rechten zum Himmel; den Kopf neigt man zur rechten Schulter hin. Die Tänzer murmeln währenddessen die stille *zikr*-Formel *Allah, Allah*. Neben Gesang wird der Tanz der Mevlevi instrumental von Flöte, Stockgeige, Pauke und Schellentrommel begleitet. Eine besondere Rolle spielt die Rohrflöte *(nai)*, die nach H. J. Kissling als antikes Element verstanden werden kann, das aus dem von Thrakien ausgegangenen Dionysos-Orpheus-Kult übernommen wurde.[557] Im Ton der Flöte sehnt sich die Seele nach der Vereinigung mit Gott.

Der Ekstatiker Madho Lal Hussein aus Lahore schreibt in einem seiner in schlichtem Panjabi verfaßten Gesänge: *»Ao kure, ral jhumr pauni! Ao kure, ral ram dhiauni!«* (»Kommt ihr Mädchen, laßt uns tanzen! Kommt ihr Mädchen, laßt uns Gott ehren!«)[558] Vielleicht dachte Hussein bei dieser Aufforderung an die um Krishna tanzenden *gopi;* im sufischen Kontext stellen jedenfalls in der Öffentlichkeit tanzende Mädchen oder Frauen eine krasse Ausnahme dar. Eine Frau, die entrückt, von Gott absorbiert tanzt, bezeichnet man als *mast* (›berauscht‹), ein Zustand, der heutzutage bei Frauen als psychosomatisches Leiden eingestuft und behandelt wird. Trunkenheit von Gott, die sich in ekstatischen Körperbewegungen ausdrückt, ist in der Öffentlichkeit männlichen Derwischen vorbehalten. Ausnahmen gibt es allerdings bei verschiedenen marokkanischen Bruderschaften (s. S. 129f.).

Moghul-zeitliche Miniaturen zeigen charakteristische Posen von Derwischen, die zur Musik der Kurzhalslaute *(rubab)* und Schellentrommel *(daf)* tanzen, ihre Turbane auf den Boden geworfen haben und entrückt zu Boden sinken (Abb. S. 191).[559] Die überlangen Ärmel ihrer Obergewänder betonen die Armbewegungen und verleihen dem Tanz eine besondere Wirkung. Diese Ärmel finden sich auch schon auf Tanzdarstellungen in der frühen islamischen Metallkunst.[560] Sie scheinen dem Tänzer ein Gefühl des Schwebens, ja Fliegens zu geben und fördern weiche, anmutige Bewegungen, die sich allerdings zu abrupten, heftigen Ausbrüchen steigern können. Solche Gewänder mit überlangen Ärmeln gab und gibt es in verschiedenen Teilen des islamischen Orient, vor allem in Mittelasien; noch heute werden sie von nordpakistanischen Schamanen in Hunza zur Akzentuierung ihres Tanzes benutzt.[561] Die Ekstase bei Musik und Tanz kann so weit gehen, daß die Derwische ihre Kleidung zerreißen *(tamzik, khirqa daridan)*.[562] Hujwiri erklärt in seinem »Kashf almahjub« dazu: »Es gibt drei Gelegenheiten, bei denen Sufis ihre Gewänder zerreißen: erstens, wenn ein Derwisch in Begeisterung beim Hören sein Kleid in Stücke reißt; zwei-

Tanzender iranischer Derwisch, türkisches Aquarell, 17. Jh.

tens, wenn ihm einige Freunde auf Geheiß des spirituellen Führers bei der Sündenvergebung sein Gewand zerreißen; drittens, wenn sie das gleiche im Rausch der Ekstase tun« (1911: 417). Das zerrissene Kleid wirft der Derwisch entweder unter die Anwesenden, wobei beim Verteilen jeder ein Stück erhält, oder er gibt es dem Sänger.[563]

Außergewöhnliche Formen der Ekstase

Der Weg der mystischen Erfahrung, der Pfad zu Gott, ist subjektiv, er beruht auf Intuition und Inspiration. Schon die Offenbarung des Propheten Mohammad geht auf Visionen und ekstatische Erlebnisse zurück.[564] Im 13. Jh. gewinnt die Ekstase an Bedeutung. Seit dieser Zeit sind Emotionen und ekstatische Ausbrüche, die durch Gottgedenken, Musik, Tanz oder andere, extremere Praktiken hervorgerufen werden, häufiger im Schrifttum der Sufis belegt.[565] Die Sufi-Termini *hal* und *wajd* (›Finden‹ des göttlichen Geliebten) begreifen die Ekstase als ein Gnadengeschenk Gottes[566], das die Kommunikation zwischen der menschlichen Seele und Gott ermöglicht. Das unmittelbar erfahrene Aufeinandertreffen von Derwisch und Gott wird auch als *mawajid* (Pl. von *wajd*) bezeichnet.[567]

Der griechische Begriff *ékstasis* meint das ›Aus-sich-Heraustreten‹, das ›Außer-sich-Sein‹, die ›Verzückung‹. Dies kann – wie etwa beim stillen *zikr* – innerlich geschehen, aber auch äußerlich in Tanz und Gesang, durch körperliche Erregung, Ausrufe und Ekstaseformen, die bis zur Schmerzunempfindlichkeit führen. Auch wenn die Ekstase heute oft zum Selbstzweck zu werden scheint[568], so kann man dabei doch nicht a priori davon ausgehen, daß es an Liebe zu Gott mangelt; denn sonst wäre der ekstatische Derwisch vom Standpunkt des ›gesunden Menschenverstandes‹ aus nichts weiter als ein Verrückter.[569] Die für uns so extreme, exzentrische Art der Ekstase bei den Derwischen und ein einfaches Leben in Gott

Tanzende Derwische, aus dem *diwan* des Hafiz, um 1610 (Moghul-Reich/Indien) ▷

یار ما چون سازد آهنگ سماع
قدسیان بر عرش دست افشان کنند
رو نماید آفتاب دولتت
گر چو صبحت آینه رخشان کنند

müssen sich meines Erachtens nicht ausschließen. Daß die Derwische in der Ekstase sehr intensive Zustände der Nähe *(qurb)* zu Gott suchen und finden, die lebendige Wirklichkeit sind, zeigen die folgenden Beispiele.

Ein außergewöhnlicher Brauch war die bis ins 20. Jh. durchgeführte *dosa*-Zeremonie (›mit Füßen treten‹) der ägyptischen Sa'diyya-Derwische, die am Geburtstagsfest des Propheten und verschiedener Heiliger stattfand.[570] Wie Lane ausführlich beschrieben hat, ritt dabei der *sheikh* dieser Bruderschaft mit seinem Pferd über etwa 300 vor ihm mit dem Gesicht auf dem Boden liegende Derwische hinweg, ohne daß irgend jemand verletzt wurde. In diesem Ritual übertrug der *sheikh* seine Segenskraft auf die Gefolgsleute. Solche an Wunder grenzenden Vorführungen beeindruckten natürlich die Gläubigen in hohem Maße. Im Jahre 1881 wurde die *dosa*-Zeremonie offiziell als ›böse Neuerung‹ *(bid'a kabiha)* verboten, doch fand sie noch mindestens bis 1937 in Kairo statt.

Schmerzunempfindlichkeit (Anästhesie) wie beim *dosa* und Körperkontrolle sind bei Mystikern und Asketen häufig beobachtet worden. In Ägypten und Indien ließen sich Derwische sogar lebendig begraben; sie sollen in einem kataleptischen Zustand verblieben sein, in dem Atmung und Blutzirkulation angehalten wurden.[571] Manchmal weckte man sie angeblich erst nach Jahren oder Jahrzehnten, und sie entstiegen lebendig ihrem Grab. Als Voraussetzung für derartig extreme Übungen müssen intensives Gottgedenken und der mystische Ich-Tod in der Ekstase gelten.[572]

Bei Versammlungen der Hamadsha, 'Isawi und Gnawa in Marokko führen die Mitglieder des ›inneren Kreises‹ der Bruderschaft regelmäßig *hadra* durch, bei denen der eigentliche *zikr* eine untergeordnete Rolle spielt.[573] Wenn der ›heiße Teil‹ des *hadra* beginnt und die Musik erregender wird, tanzen die Derwische und fügen sich mit Hellebarden, Äxten, Keulen und Messern Verletzungen zu. Manchmal zertrümmern sie auch mit Wasser gefüllte große Tonkrüge – die etwa 6 kg wiegen – auf ihrem Kopf. Während bei den ekstatischen Tänzen der Hamadsha Blut fließt, soll es bei den algerischen und tunesischen 'Isawi keine blutenden Wunden geben, wenn sie sich mit eisernen Nadeln in Wange, Hals und Schultern stechen oder auf Schwertklingen gehen.[574]

Wanderderwisch, der sich Selbstverwundungen zufügt, kolorierter Kupferstich, 17. Jh.

Vergleichbar mit den *hadra* der marokkanischen Bruderschaften sind die *zikr*-Riten der Rifa'i in Ägypten, der Türkei und andernorts, bei denen es ebenfalls zu ekstatischen Zuständen mit Schmerzunempfindlichkeit kommt.[575] Im Verlauf des *zikr* nehmen die Derwische glühend erhitzte Eisengeräte, die sie ›Rosen‹ *(gül)* nennen, oder Holzkohlestücke in den Mund, halten sie zwischen den Zähnen, lecken darüber oder nehmen sie in die Hand. Andere stoßen sich Messer in die Arme oder Beine oder ziehen sich Speere durch Wange oder Bauchhaut. Eine der Rifa'iyya sehr nahestehende Bruderschaft in Damaskus soll zur Selbstpeinigung spezielle Gerätschaften verwenden, beispielsweise »Quirlspitzen, welche die Derwische, wenn sie in Ekstase geraten, mit einer drehenden Bewegung so in die Luft werfen, daß sie beim Zurückfallen ihre Brust treffen« (Kriss/Kriss-Heinrich 1960: 213). Bevor der Derwisch diese Praktiken, die er als großen *jihad* (›heiligen Krieg‹) gegen die eigene Triebseele versteht[576], ausübt, ruft der *sheikh* den Gründer der Bruderschaft an und spricht bestimmte Gebete über die Waffen. Die extremen *zikr*-Riten der Rifa'i sind auf eine legendäre Begebenheit im Leben ihres Stifters Ahmad Rifa'i zurückzuführen.[577] Es heißt, daß er während der Ekstase einmal seine Beine in ein Becken mit glühenden Kohlen hielt und danach Atem, Speichel und Gebete des heiligen 'Abdul Qadir Jilani sofort seine Wunden heilten. Auch bei den Qadiri-Derwischen im iranischen Sanandaj konnte Richard Gramlich derartige Praktiken beobachten; sie hielten sich brennende Fackeln an den Körper, schnitten sich mit Messern, durchbohrten die Zunge und aßen Glas.[578] Die schiitisch beeinflußten 'Ahl-i Haq (›Leute Gottes‹) im Iran und verschiedene andere Gruppen in Kleinasien und auf dem Balkan führten ebenfalls Selbstpeinigungen durch.[579]

Selbstpeinigungen dieser Art waren übrigens auch den antiken Kynikern nicht fremd: Sallustius beispielsweise legte sich glühende Kohlen auf die Schenkel und blies sie selbst an.[580] In der Antike gab es vor allem im östlichen Mittelmeerraum ekstatische Riten, in denen Flagellantentum und Selbstverletzungen mit Äxten und Schwertern eine Rolle spielten – man denke etwa an den Attis-Kybele-Kult in Phrygien.[581]

Eine ausgesprochen ritualisierte Technik zumeist kollektiver Ekstase ist das weitverbreitete Feuerlaufen bzw. das Tanzen auf glühender Holzkohle, wobei die Füße der Akteure unversehrt bleiben. Im Westen des islamischen Orient praktizieren es verschiedene marokkanische Bruderschaften, im Nahen Osten vor allem die Rifa'i.[582] Weiter östlich, etwa im Iran, laufen Derwische der 'Ahl-i Haq während ihrer *zikr*-Riten über glühende Kohlen, und im afghanischen Kandahar ist dies von Männern bekannt, die Pay-lochha (›Nacktfüßige‹) genannt werden, anscheinend ›Überreste‹ eines *futuwwa*-ähnlichen Bundes.[583] Auf dem indo-pakistanischen Subkontinent finden mancherorts am *'ashura*-Tag im Rahmen der schiitischen *muharram*-Feierlichkeiten Feuerläufe statt. Eine Derwischbruderschaft unter den schiitischen Orakzai-Pashtunen im Kohat-Distrikt (North-West Frontier Province/Pakistan) praktiziert angeblich ebenfalls solche Läufe, allerdings liegen dazu bisher keine näheren Angaben vor.[584] Unter den heterodoxen Derwischgruppen Indiens ist diese Form der Ekstase von den Haidari, Madari-Malang und Chhalapdar-Fakiren bekannt. Die Haidari sollen sich sogar – nur mit einem Hemd bekleidet – auf der glühenden Holzkohle rollen.[585] Die Madari führen den *dhamal kudna* (*dhamal*-›Springen‹) genannten Feuerlauf im Namen ihres Heiligen Zinda Shah Madar durch.[586] Zuvor rezitieren sie die *fatiha*, die erste Sure des Koran, streuen dann Sandelholz ins Feuer und springen durch die Flammen, wobei sie *dam Madar, dam Madar* (›Atem des Madar, Atem des Madar‹) rufen. Anschließend werden die Füße der Läufer mit Milch und Wasser gewaschen.

Die Chhalapdar führen den Feuerlauf u. a. als eine Art Heilritus durch: Der Auftraggeber stellt außer der Holzkohle auch ein Tier zur Verfügung, das die Fakire vor dem Feuerlauf gemeinsam verzehren.[587] Durch den Feuerlauf hofft der Auftraggeber von Schwierigkeiten, Leiden usw. befreit zu werden. Alte Vorstellungen von der reinigenden Wirkung des Feuers mögen diesem Brauch zugrunde liegen.[588]

Das im islamischen Derwischwesen Indiens wie auch im Hinduismus und Buddhismus verbreitete Feuertanzen oder -springen fußt offenbar auf Stammestraditionen, insbesondere auf der Kultur Dravida-sprachiger Bevölkerungsgruppen Südindiens, Sri Lankas, Bihars usw.[589] Teilweise übernehmen die Tänzer dabei die Rolle von Gottheiten und Dämonen; bei den Munda und Oraon fühlen sie sich mit Shiva verbunden und bezeichnen sich als *shiv-bhakta*.

Zur Vorbereitung eines Feuerlaufes gehören oft Instrumentalmusik und hymnenartige Anrufungen an übermenschliche Wesen. Hans-Joachim Klimkeit ordnet diese ekstatischen Erscheinungen »dem Kreis des ›schamanistischen‹ Typos religiösen Erlebnisses« zu (1976: 559), die später mit Hochreligionen verbunden wurden. ›Herr über das Feuer‹ zu sein und sich dabei als unempfindlich zu erweisen, ist tatsächlich besonders von Schamanen bekannt. Im islamischen Kontext hat dies – wie Uwe Topper für die marokkanische ʿIsawiyya ganz zu Recht hervorhebt – »nur den Sinn, symbolisch die Gewalt über das Höllenfeuer zu zeigen, die dem zuteil wird, der sich Gott ganz und gar hingegeben hat« (1991: 157). Deshalb wiederholen ʿIsawi-Derwische bei ihren *hadra* immer wieder die Worte ihres ›Vollkommenen Meisters‹:

> »Wer in meine Gegenwart wie in ein Meer eintaucht
> und das Gebet reinen Herzens spricht,
> wird von den Flammen der Hölle nicht verzehrt!«
> (Topper 1991: 157)

Die Unversehrtheit der Feuerläufer, nachdem sie ohne Hast, manchmal sogar knöcheltief durch die glühenden Kohlen gegangen sind[590], wurde immer wieder hervorgehoben. Sie scheint darauf zurückzuführen zu sein, daß die eingehenden vorbereitenden Riten und Anrufungen eine besondere Konzentration schaffen und damit die Angst des einzelnen zu überwinden vermögen.[591] Ferner könnte bedeutsam sein, daß sich an den Fußsohlen und Händen ein natürlicher unimolekularer Schweißfilm bildet, der ausreicht, Verbrennungen zu verhindern. Darüber hinaus mögen auch die Gewichtsverteilung des Läufers, sein Rhythmus in der Bewegung und eine antrainierte Behendigkeit dazu beitragen, daß er unverletzt bleibt.

Rauschdrogen

In zahlreichen Kulturen stellen Rauschdrogen wesentliche Hilfsmittel dar, um spirituelle Erfahrungen zu sammeln. So dienen auch in der islamischen Mystik – spätestens seit dem 13. Jh. – durch

Halluzinogene induzierte Rauschzustände und Visionen zur Gottesschau.

Anders als in der westlichen Kultur, die Rauschdrogen nur unter dem Aspekt der Vergiftung und Minderung der Leistungsfähigkeit beurteilt und ihren Gebrauch kriminalisiert, sind Haschisch, Opium und andere Mittel im islamischen Orient traditionell mit den Lebensgewohnheiten der Bevölkerung verbunden. Erst in der heutigen Zeit gerät die kulturelle Bedeutung der Halluzinogene auch dort langsam aus dem Blickfeld. In der vitalen Rauschmystik des Sufismus dienen Drogen der ›Sprengung‹ des Ichs, der ›Entselbstung‹ und dem ›Außer-sich-Sein‹.[592] Sie lenken zu Gott hin, indem sie die Flucht- und Haltepunkte der diesseitigen Welt auflösen. Als Führer der Seele auf ihrer Reise zu Gott stellen Drogen im Vergleich zu Fasten, Schlafentzug, Gottgedenken, Musik, Tanz usw. einen kürzeren und leichter gangbaren Weg dar.

Kaffee und Tabak

In früheren Zeiten nahmen Derwische neben reinen Rauschdrogen Genuß- und Anregungsmittel – vor allem Kaffee und Tabak – zu sich, um sich etwa während nächtlicher *zikr*-Sitzungen oder 40tägiger Perioden des Schlafentzugs wach zu halten.[593] Abu'l-Hassan 'Ali ibn Umar († 1418 in der Hafenstadt Mukha), ein Derwisch der Shaziliyya, soll Kaffee in Südäthiopien kennengelernt und dann im Jemen eingeführt haben.[594] Einige jemenitische Derwische zerrieben die Kaffeebohnen und aßen sie dann, andere rösteten sie, gossen sie auf und tranken den Absud. Da Kaffee Hunger und Schlaf vertrieb und so das rituelle Gottgedenken erleichterte, schätzte man ihn und widmete ihm sogar eine eigene *zikr*-Formel: *Ya qawi* (›Oh Kaffee‹). Es heißt, daß der Fakir Baba Budan, auch als Hayat Qalandar bekannt, den Kaffee bereits im 14. Jh. ins indische Mysore brachte; gesicherter ist die Verbreitung 1543 auf dem Seeweg in die Türkei.[595] Dort erfreuten sich zunächst die Derwische der Khalwatiyya an Kaffee und Tabak, später führten die Bektashi sogar das Amt eines Kaffeezubereiters ein.

Derwischbruderschaften waren maßgeblich an der Verbreitung beider Genußmittel in der Bevölkerung beteiligt.[596] Die Diskussion um Verbot oder Freigabe der Drogen führte im Osmanischen Reich des frühen 17. Jh. zu erheblichen Auseinandersetzungen zwischen den orthodoxen Rechtsgelehrten und den Derwischen. Im Jahre 1632 verbot Sultan Murad IV. (†1640) das Tabakrauchen und ließ die Kaffeehäuser zerstören.[597] Wegen Übertretungen dieses Verbots sollen damals mehrere Tausend Menschen hingerichtet worden sein.

Wein

In der Dichtung der Qalandar und Khaksar kommt häufig die Weinschenke *(kharabat)* vor[598], denn der gebildete, sich der Poesie widmende Sufi ebenso wie der Majzub schätzen den Wein *(sharab)* als Mittel zur Ekstase. Sein Genuß gewährt ja auch dem gläubigen Christen einen Vorgeschmack auf das Paradies. Wein wird in der mystischen Literatur des Islam gepriesen und dient oft als Chiffre für die rauschhafte, trunkene Liebe des Derwisch zu Gott. Weingenuß war und ist zum Teil heute noch bei den ›freien‹ Bruderschaften verbreitet, und die türkischen Bektashi waren ihm ebenfalls zugetan. Im Zuge der Verfolgungen von Bektashi-Derwischen durchsuchte man deren Konvente und Wohnungen, und angeblich »will man in ihnen Weinkrüge gefunden haben, die mit Qorān-Blättern verstöpselt waren« (Jacob 1908: 36).

Haschisch

Derwische lieben auch den Genuß von Haschisch: Es erhöht das Vergnügen beim Hören von Musik, verstärkt die Verzückung beim Tanz und lenkt in der Ekstase zu Gott hin. Als ekstaseauslösendes Mittel war Haschisch nach den Berichten Herodots bereits bei den Skythen bekannt, und auch im alten Iran, wo man es mit Wein und dem Rauschtrank *haoma* (vedisch *soma*) mischte.[599] Im islamischen Orient gilt Haschisch als perfektes Instrument, um mystische Erfahrungen zu sammeln und zu intensivieren.[600] Es genießt hier eine »quasi religiöse Verehrung« (Rosenthal 1971: 148); nicht umsonst gibt es in Afghanistan mit Baba Qu-yi Mastan aus Balkh

Derwische bei einem Fest, Miniatur aus einer Abschrift von Fuzulis »Rangstreit zwischen Wein und Haschisch«, 1599/1600 für den Baghdader Gouverneur Hassan Pasha gemalt

sogar einen Schutz- und Zunftheiligen der Haschischraucher.[601] Seine Bedeutung in der traditionellen Kultur läßt sich auch an dem Urdu-Sprichwort ermessen: »Ein junger Mann, der noch kein reifes Haschisch genossen hat, wäre besser als Frau geboren.« Ein Pashto-Sprichwort weist darauf hin, wo man die Berauschten am ehesten finden kann: »Schau nach einem Pilger in Mekka und nach einem Haschischraucher im Derwischkonvent.«

Haschisch ist die Rauschdroge par excellence der wandernden Derwische.[602] Da sie – weit billiger als Wein – hauptsächlich in den unteren Schichten der Bevölkerung konsumiert wird, hat sie der Dichter Mahmud Bahri († 1718/19) aus Gogi (bei Bijapur), der den Majzub nahesteht, in seinen Texten sogar zum Symbol des Protestes gegen den orthodoxen Sufismus und den offiziellen Gesetzesislam erhoben.[603] In Indien schreibt man die Zubereitung von berauschenden Hanfpräparaten nach einer Überlieferung einem gewissen Bir (Pir) Ratan zu, der unter den Sassaniden gelebt und sich dann zum Islam bekehrt haben soll.[604] Bei den Hindus ist Haschisch besonders in den Kult um Shiva – Gottheit der Drogen und des Rausches – eingebunden.[605] Wandernde Derwische – wie Qalandar und Haidari – spielten auch bei der Verbreitung von Haschisch im Mittleren Osten und im Vorderen Orient eine bedeutende Rolle. Zu nennen wäre der Qalandar-Derwisch Ahmad as-Sawaji, der in der ersten Hälfte des 13. Jh. lebte, andere Quellen erwähnen den in Nishapur geborenen Sheikh Haidar († 1221)[606], nach dessen Namen man Haschisch manchmal auch als ›Wein Haidars‹ bezeichnet. Im 15. Jh. propagierte angeblich auch der Bektashi-Dichter Kaygusuz ʻAbdal, der die Lebensweise eines Qalandar führte und schließlich den ersten Bektashi-Konvent in Ägypten gründete[607], den Konsum von Haschisch. Eine fast hypertrophe Bedeutung genießt die Droge bei den marokkanischen Haddawa, die ihren Genuß rituell zelebrieren.[608]

Im islamischen Orient sind verschiedene Cannabis-Präparate bekannt[609]: *Charas*, in West- und Südasien geraucht, besteht aus dem Harz der Hanfpflanze, vermischt mit Tabak. Die ›grünen Blätter‹ *(sabzi)* – Marihuana also – heißen im arabischen Raum *kef* oder *kif* (›Wohlbefinden‹). *Husn kef* ist ein mit Haschisch und Honig versetzter Mundtabak. In Indo-Pakistan zerreibt man das Marihuana, mischt es mit schwarzem Pfeffer, löst es in Wasser auf und trinkt es als *bhang*. *Ganja* heißen dort die getrockneten, mit Harzausscheidungen bedeckten Blütenstände der weiblichen Pflanze, die zusammen mit Tabak geraucht werden. Die stärkste, sowohl in Indien und Iran als auch in Nordafrika gebräuchliche Rauschdroge ist *ma'jun*, je nach Rezeptur eine Mischung aus *bhang* oder *ganja*, Opiumsamen, Datura (Stechapfel)-Blüten, Milch, Zucker, verschiedenen Aromastoffen usw. Dies sind nur einige Beispiele aus der Vielzahl der regional so unterschiedlichen Arten der Zubereitung von Haschischprodukten. Derwische haben Hanf übrigens auch selbst angebaut.[610]

Für das von ihnen so geschätzte Haschisch besitzen sie verschiedene Umschreibungen und Kosenamen, so etwa *al-luqaymah* (›kleiner grüner Bissen‹), *musilat al-qalb* (›das mit dem Herzen verbindet‹) und im Persischen *waraq-ekhial* (›Blatt der Erkenntnis‹); für die Einnahme dieser Droge verwenden sie manchmal den Ausdruck *ziyarat al-Khizr al-'akhdar* (›Besuch des grünen Khizr‹).[611] In einem Vers von Mahmud Bahri heißt es über *bhangab*, ein grünlich aussehendes, mit Wasser oder Milch versetztes Cannabis-Getränk:

»Trink dein *bhangab* und sei glücklich –
Sei ein Derwisch und laß dein Herz friedlich werden.
Verlier dein Leben darin, diese Heiterkeit in dich aufzunehmen,
Und nicht dafür, schäbige Kleider (gemeint ist der Flickenrock) zu nähen.« (Eaton 1978: 260)

Der genießerische Madho Lal Hussein wendet sich in einem mystischen Gedicht direkt an Gott:

»›Oh Gott, alle Menschen bitten Dich! Gib uns den Mörser und den Stößel (mit dem das Haschisch zerstoßen wird) und ein ganzes Zimmer voll *bhang*; gib das Tuch (mit dem das *bhang*-Getränk gefiltert wird), den schwarzen Pfeffer und viel Farbe (mit der *bhang* gefärbt wird), gib Mohnsamen, einen Becher und einen großen Behälter voll Zucker; gib uns Weisheit, Gedenken und die ehrenvolle Begleitung der Heiligen‹ sagt Shah Hussein, der Fakir Gottes, dies ist das Ansuchen eines Fakirs.« (nach: Krishna/Luther 1982: 23)

Nach dem Konsum von Haschisch fühlte Bayezid Taifur Bistami, wie sich sein Körper in der Ekstase abnorm in die Länge dehnte und dann wieder Normalgröße erlangte.[612]

Als Rauschdroge der Armen hat das Haschisch viele Menschen, die nicht in die Gedankenwelt der Mystiker eingeführt waren und die rechte Dosierung der Droge nicht beachteten, süchtig gemacht. Solche Abhängigen wandten sich in Kairo zwecks Heilung an den Majzub 'Abdullah al-Misri († 1530/31), der Haschisch so zuzubereiten pflegte, daß jeder, der einmal davon aß, dies sofort bereute und kein zweites Mal probierte.[613]

Opium

Im Hinblick auf körperliche Abhängigkeit ist der übermäßige Genuß von Opium, des Saftes von Papaver somniferum, bedenklicher als der von Haschisch. Dies hat Derwische und Fakire nicht gehindert, die im Orient als *afim, afyun* oder *teriakh* bezeichnete Droge zu konsumieren.[614] Sie nehmen Opium in Wein, Milch oder Wasser aufgelöst zu sich, schlucken es als ›Fröhlichkeitspillen‹ *(hab-i nishad)* und rauchen es seit dem 17. Jh. auch als sirupartige Substanz mit verschiedenen Zutaten. Das Zischen des Opiums am heißen Pfeifenkopf wird manchmal mit dem *zikr* verglichen »und soll den Raucher in eine mystische Ekstase versetzen« (Anwari-Alhosseyni 1981: 484). Opium führt den Mystiker nach innen, entrückt ihn vom Diesseits und inspiriert sein Gottgedenken.

Epilog

Der volkstümliche, mystische Islam, zu dem auch das Derwischwesen gehört, verkörpert einen wesentlichen Aspekt der islamischen Kultur und Gesellschaft. Selbstverständlich muß betont werden, daß dies nur eine Seite eines komplexen kulturellen Systems darstellt. Daneben existiert der normative, offizielle Islam, der viele Lebensbereiche prägt und dem in der Neuzeit auch politisch eine wichtige Rolle zukommt.

In der vorliegenden Studie habe ich mich bemüht, das Derwischwesen als ›wirkliches religiöses Verhalten‹ zu behandeln, das gelebt worden ist und zum Teil heute noch praktiziert wird.[615] Doch hat die Entzauberung der Welt in der Moderne auch vor den Derwischen nicht haltgemacht. Neue reformistische und puritanische Strömungen sowie moderne Entwicklungen insgesamt diskreditieren, verändern und verdrängen den traditionalistischen volkstümlichen Islam.[616] Seit der zweiten Hälfte des 19. Jh. sind rasante Prozesse des Wandels zu beobachten. In manchen Regionen des islamischen Orient ist das Derwischwesen bereits zu einem nur mehr historischen Phänomen geworden, in anderen Gebieten zumindest stark zurückgegangen. Insbesondere die Heiligenverehrung ist – beispielsweise in Marokko – gegenwärtig in einem erstaunlich schnell verlaufenden Wandel begriffen, und selbst in Pakistan, Indien und Nepal werden Heiligenfeste in wachsendem Maße säkularisiert und teilweise sogar aufgegeben.[617] Um die Heiligenverehrung in der heutigen Zeit wenigstens halbwegs akzeptabel zu machen, betonen etwa pakistanische Politiker die Poesie der Sufis, ihre philosophische Ausrichtung und ihre sozial-reformerischen Aktivitäten.[618] Derwische, Fakire, *piri muridi*-Beziehungen und Wundertaten der Heiligen werden dagegen nicht angesprochen – man möchte den ›Aberglauben‹ verdrängen.

Das äußere Erscheinungsbild und Verhalten der Derwische hat sich – etwa im Iran – beträchtlich geändert: Flickenmantel und andere charakteristische Attribute werden heute kaum mehr getragen, Perioden der Zurückgezogenheit in der Wildnis wurden ebenso wie das Betteln nahezu aufgegeben.[619] Aufdringliche Khaksar sind aus dem öffentlichen Leben, von der Straße fast ganz verschwunden. Allgemein bleiben die Derwische unauffälliger und passen sich den neuen Lebensumständen an.

Ebenso erfahren Bedeutung und Rolle der Bruderschaften gravierende Veränderungen. Auch sie unterliegen den Einflüssen der modernen Säkularisierung. So wurden in der Türkei 1925 sämtliche Derwischkonvente per Gesetz offiziell aufgehoben, in Ägypten ergingen 1903–05 Regierungserlasse gegen öffentliche Auftritte der Bruderschaften.[620] Die verfolgten Bruderschaften in Sowjetisch-Mittelasien gingen in den Untergrund und nahmen den Charakter von Geheimbünden an.

Wenn in manchen Regionen – wie etwa in Tunesien – langsam die letzte Generation ›echter‹ Derwische zu sterben scheint[621], so stellt sich die Frage, inwieweit das Derwischtum tatsächlich im Niedergang begriffen ist. Sicherlich ist die Gegenwart keine Blütezeit des Sufismus, doch haben die orthodoxen, gesetzestreuen Bruderschaften heute wieder Zulauf. Entsprechende Prozesse sind bei der türkischen Naqshbandiyya und der ägyptischen Hamidiyya Shaziliyya sowie im Iran, dem nördlichen Kaukasus und in Mittelasien zu beobachten. Die Qadiriyya und Chishtiyya ziehen Muslime an, die in England, Norwegen, den USA, Kanada und anderen westlichen Ländern leben.[622] Waren es früher vor allem Bauern und Handwerker, die in Derwischbruderschaften eintraten, so sind heute Industriearbeiter und Intellektuelle mit einem Interesse für Sufismus hinzugekommen.[623]

Anders fällt die Bilanz für die außerhalb des religiösen Gesetzes stehenden, ›freien‹ Bruderschaften von Wanderderwischen, Ekstatikern und heiligen Gauklern aus. Ihre Mitgliederzahl war früher, als Rauschmystik und Ekstase noch höher bewertet wurden, beträchtlich größer – und sie stieg nicht zuletzt in Zeiten kultureller Zerrissenheit und religiöser Unruhe, wie etwa nach dem Einfall der Mongolen – deutlich an. In solchen Krisenzeiten bot das Derwischtum die Möglichkeit des inneren Rückzugs in die Religiosität. Heute wird die Rückkehr zu religiöser Wahrhaftigkeit viel eher von orthodoxen Bewegungen getragen, die nach Reislamisierung streben und den Islam vermehrt ideologisieren. René Brunel fragt sich, wie die non-konformistischen, armen Wanderderwische mit »ihrer kuriosen Persönlichkeit von struppigen und zerlumpten Bohemiens« (1955: 15) überhaupt bis in unsere moderne Zeit gelangen konnten. Eine aktive Pflege ekstatischer Kulte im Rahmen von Bruderschaften läßt sich derzeit höchstens in Marokko – bei den Hamadsha, Gnawa usw. – feststellen.[624] Heiligenschreine und Derwischkonvente gewähren zwar bis heute – vor allem in den Ländern des östlichen Islam – spontanen Äußerungen der Ergriffenheit und Ekstase Raum, doch werden diese Institutionen von Außenstehenden leider zunehmend als Degenerationserscheinungen des Sufismus oder einfach als unislamischer ›Aberglaube‹ abgetan. Dabei sei die Frage gestellt, die bereits Richard Eaton und Katherine Ewing aufgeworfen haben, ob nicht gerade die Majzub, Malang, Qalandar und andere *bi-shar'*-Derwische das Wesen des Sufismus eher bewahrt haben als die in weltliche Dinge involvierten orthodoxen Mystiker.[625] Die *ba-shar'-pir* führen ein sicheres, bequemes Leben am Schrein, sind wohlhabend und haben enge und häufige Kontakte zu ihren Anhängern und Schülern, aber meist nicht zu ihresgleichen; *bi-shar'*-Derwische dagegen sind zwar gewöhnlich arme Asketen, Ekstatiker und heilige Gaukler, pflegen jedoch im ursprünglichen Geist der Bruderschaften untereinander rege Kontakte. Zudem sind Schreine – von Marokko bis Bengalen – Nischen und Zufluchtsorte für Frauen, Ausgestoßene, Sonderlinge, Kranke, Transvestiten, Prostituierte, Bettler usw. Hier findet man Individualität, Freiheit und Menschen, die noch nicht von der Sucht nach Arbeit besessen sind. Besonders bemerkenswert ist die entspannte, von religiöser und sozialer Harmonie geprägte Atmosphäre während der Heiligenfeste. Es wäre meines Erachtens ein herber Verlust für die islamischen Kulturen des Orients, würden diese ›Toleranzzonen‹ eingeschränkt.

Anhang

Anmerkungen

1 Eaton 1978: Kap. 9. Der treffende Ausdruck »Religion der Straße« stammt von Gilsenan (1985: 187). Er erinnert an den Satz von Titus: »... Ṣūfīism has provided the objective or philosophy of life, while it remains for the darwīsh orders to apply the philosophy to the everyday needs of the man in the street« (1930: 113)

2 Hartmann 1915: 124

3 Zum folgenden s. Pottinger 1816: 363f.; Polak 1865, I.: 39; Crooke 1907: 123; Le Coq 1916: 1; Goldziher 1925: 167; Menzel 1925: 271; Goldammer 1960: 169; Tuchelt 1966: 83; Trimingham 1971: 250; Rizvi 1975: 333; Ahmed 1976: 87; Hofmann/Vorbichler 1979: 198ff.; Schimmel 1985b: 40; Frembgen 1986: 117; Frembgen 1987: 49; Schimmel 1990a: 199; s. auch Krüger 1974 (v.a. S. 104, 113f.). – Seltsamerweise versäumt Ulrich Erker-Sonnabend in seiner Studie über »Die Orienterfahrung britischer Reisender in Ägypten und Arabien« (1987: 185ff.) auf Derwische hinzuweisen, obwohl er auf das »menschliche Panorama« eingeht, das in den Reiseberichten des 19. Jh. entworfen wird

Louis Massignon erwähnt in Zusammenhang mit dem Verfall des Derwischwesens geringschätzig »die akrobatischen Gaukeleien gewisser Adepten der niederen Klasse« (Stichwort »Ṭarīḳa« in: Wensinck/Kramers 1976: 730). Zu den Beziehungen zwischen Derwischen und fahrenden Gauklern und Tierschaustellern s. auch S. 124ff. Wie weit die negativen Vorurteile reichen, zeigt das folgende Zitat aus einer neueren Veröffentlichung: »Sehr beängstigend wirken ekstatische Tänze der Derwische und manche andere Technik, kraft welcher sie sich in Verzückung brachten. Daß es während der wilden Ekstase zu Kinderopfern kommen konnte, ist nicht unwahrscheinlich« (Levin 1986: 312). Als ein Beispiel für die aus dem fundamentalistischen Islam erwachsenen Propaganda- und Hetzschriften gegen den Sufismus sei hier nur ein in mehrere europäische Sprachen übersetztes Heft herausgegriffen (El-Zein 1980), in dem die islamische Mystik mit »Schwäche«, »Fortschrittsfeindlichkeit«, »vollkommener Hingabe an Halluzinationen« usw. gleichgesetzt wird (S. 6, 35 ff.). Die Werke der großen Lehrmeister des Sufismus werden u. a. als »eine Drogerie voll mit Giften« (S. 42) bezeichnet. Auch Rypka (1959: 215) spricht von der »Landstreicherei der Derwische«

4 Ehrmann in: Schmidt 1908: 142 f.

5 Zum folgenden s. Mensching 1955: 36 f.; Gramlich 1965: 34, 44; Gramlich 1976: 151–157; Eaton 1978: 66 f., 277; Faroqhi 1981: 40–46; Frembgen 1987: 51; Fusfeld 1988: 208; Schimmel 1990 b: 174

6 Gramlich 1976: 143

7 Einzmann 1988: 8; Schimmel 1985 b: 133; Frembgen 1987: 49

8 Allgemein über den Sufismus als mystische Lehre und Weg zu Gott s. Depont/Coppolani 1897; Hujwiri 1911; Nicholson 1914; Arberry 1950 (v. a. Kap. V–XI); Rypka 1959: 208–212; Andrae 1960; Subhan 1960: 6–16; Trimingham 1971: 133–165; Gelpke 1975: Kap. VIII; Bakhtiar 1976 (v. a. über philosophische Aspekte und Symbolik); Gramlich 1976; Tabibi 1977 (Sufismus in Afghanistan); Schimmel 1982 a (Beispiele für die Dichtung des klassischen Sufismus); Schimmel 1982 c: 22 ff.; Roy 1983: Kap. 5 (islamische Mystik in Bengalen); Schimmel 1985 b (über die Mystik in Indo-Pakistan v. a. S. 485–568); Bennigsen/Wimbush 1986: 102–105 (Sufismus bei Turkmenen); Roy 1986: 38–44 (Sufismus und Bruderschaften in Afghanistan); Schimmel 1987 b; Demidov 1988 (Sufismus bei Turkmenen); Schimmel 1990 a, b

9 Gramlich 1976: 76, 115 f.

10 Gramlich 1976: 38–45

11 Rauf Sheikh 1982: 81

12 Gelpke 1972: 174; Gelpke 1975: 192, 194; Gramlich 1976: 89

13 Syed Shah Khusro Hussaini 1985: 43 f.

14 Mensching 1955: 82 ff.

15 Trimingham 1971: 264. – Geo Widengren nennt die islamischen Mystiker im Einleitungssatz seines Artikels ausdrücklich »Sufis und Derwische« (1953: 41); s. auch Margoliouth 1911: 642; Rizvi 1983: 337; Ewing 1984 a; Currie 1989: 1 ff. In einem populärwissenschaftlichen, sich nur auf wenige Quellen stützenden Buch über »Derwische« (Schweizer 1980) hält der Autor den Begriff ›Derwisch‹ für umfassender als ›Sufi‹ (das Gegenteil ist jedoch der Fall)

16 Titus 1930: 112; Crapanzano 1972: 327 f.

17 Brown 1927: 49; Canaan 1927: 310; Wikander 1938: 53 ff.; Widengren 1953: 57 ff.; Trimingham 1971: 175, Anm. 1; Gramlich 1976: 228 f.; Schimmel 1990 a: 199

18 H.J. Kissling schreibt in diesem Sinne: »... das an sich unorthodoxe und nur geduldete Heiligenwesen im Islam steht in engem Zusammenhang mit dem Derwischwesen« (1959: 1); s. auch Kissling 1986b: 183

19 Dies läßt sich v.a. an den Namen der Heiligen und auch an ihrer Lebensgeschichte ablesen (für Afghanistan s. Einzmann 1977: 80)

20 Zu den Begriffen *pir, murshid* usw. s. Mayer 1967: 162; Schimmel 1990b: 180f.

21 Der Begriff *ishan* leitet sich im Persischen von der 3. Pers. Pl. ›sie‹ ab (als Höflichkeitsbezeichnung verwendet). Zum sogenannten ›Ishanismus‹ in Mittelasien s. Durdyev o.J.: 89f.; Olufsen 1911: 392ff.; Bacon 1980: 77; Bennigsen/Wimbush 1986: 102ff.; Basilov 1987: 9ff.; Demidov 1988: 12, 28, 85, 100f.; 103–135. Nach Demidov (1988: 117f.) spielten die *ishan* v.a. im späten 19. und zu Beginn des 20.Jh. eine wichtigere Rolle als die orthodoxe islamische Geistlichkeit (z.B. bei den Turkmenen). Es heißt, daß sie jedoch vom Rang her unter den *sheikh* und *pir* standen

22 Gellner 1969: v.a. 70–80, 128–159, 279–287; Neumann 1983: 156ff.; Gellner 1985: 185ff., 319–328; Geertz 1988: 70–77

23 Titus 1930: 41–49; Barthold 1962: 71; Busse 1968: 20; Schwerin 1976: 320; Schimmel 1985b: 341; Ubaidullah Baig/Brohi 1985: 3; Bennigsen/Wimbush 1986: 5; Frembgen 1987: 48; Chaudhry 1990: 192f.; Popovic/Veinstein 1986

24 Titus 1930: 43f.

25 Titus 1930: 45; Nizami 1955: 107ff.; Westphal-Hellbusch/Westphal 1968: 298; Irving 1982: 51

26 Titus 1930: 45; Trimingham 1971: 56f.; Schimmel 1982b: 6. – Die Hamadaniyya bildet einen Zweig der Kubrawiyya

27 Köprülüzade 1930: 21

28 Eaton 1978: 19–44

29 Birge 1937: 36, 134–145

30 Einzmann 1977: 94, Anm. 3

31 Rypka 1959: 210; Zaehner 1960: 93–109, 135–161; Trimingham 1971: 4, 12f., 16, 31ff., 51f.; Schimmel 1985b: 31, 71ff., 78–84, 93ff., 130f.; Schimmel 1990b: 161f., 165f., 170ff.

32 Zum folgenden s. Klappstein 1919: 47; Canaan 1927: 282; Andrae 1960: 137; Bannerth 1973: 57; Einzmann 1977: 20, Anm. 3; Faroqhi 1979: 671f.; Jarring 1979: 18; Schimmel 1985b: 128; Topper 1991: 51, s. auch 1991: 232

33 Topper 1991: 170

34 Zum folgenden s. Thorning 1913: v.a. 73f., 127; Taeschner 1937; Gramlich 1965: 78ff.; Taeschner 1979: Kap. 7; Schimmel 1985b:

348 ff.; s. auch Hartmann 1918 a: 194; Brunel 1926: 20; Welte 1990: 14

35 Schimmel 1962; Schimmel 1982 a: 42–61; Schimmel 1985 b: 100–119; Schimmel 1990 b: 172–175

36 Latif 1892: 179–182; Iqbal 1977: 63; Tabibi 1977: 32 ff.; Schimmel 1985 b: 131 f., 134

37 Dubler 1960: 8 f.; Ewing 1983: 254 f.; Knappert 1985: 313–328 (Sammlung volkstümlicher Legenden über den Heiligen); Schimmel 1985 b: 63, 350 ff.

38 Kurin 1983: 313 ff.; Mayne 1956: 89 f.; Ubaidullah Baig/Brohi 1985: 6

39 Temple 1886 c, I.: 98–120; Titus 1930: 138; Subhan 1960: 123–126; Rizvi 1975: 311–314; Schwerin 1976; Gaborieau 1977: 127 ff.; Roy 1983: 217 f.; Syed Shah Khusro Hussaini 1985: 49; Mahmood 1989: 37 f.

40 Kissling 1962: 46 f., 52

41 Temple 1886 c, I.: 66–81, 91–97, 104–132; II.: 301–321; O'Brien 1911: 519; Rose 1911: 566–572; Ibbetson 1916: 229; Iqbal 1977: 65 f.

42 Schimmel 1985 b: 438–462; Rypka 1959: 229 ff.; Subhan 1960: 35–38; Önder 1988: 7–43

43 Menzel 1925: 275–279; Barthold 1962: 141 ff., 235; Taeschner 1963: 263; Busse 1968: 21 f.; Schimmel 1985 b: 463 f., 514 ff.; Bennigsen 1986: 31

44 Demidov 1988: 51–60

45 Depont/Coppolani 1897: 333 ff.; Kriss/Kriss-Heinrich 1960: 68–72; Wensinck/Kramers 1976: 25 ff.

46 Duarte o.J.: 7 ff.; Burton 1851: 211, 326, 407, Anm. 22; Mayne 1956: 43; Qazi 1971; Rizvi 1975: 306; Iqbal 1977: 63; Schimmel 1982 c: 19; Schimmel 1983 a: 15 f.; Schimmel 1985 b: 499 f.; Massoudieh 1988: 31

47 Rose 1911: 399; Ibbetson 1916: 229; Meer Hassan Ali 1917: 372 f.; Ja'far Sharīf 1921: 158 ff., 195 f.; Subhan 1960: 313 ff.; Rizvi 1975: 318 ff.; Gaborieau 1977: 122–127

48 Kissling 1957 b (Der Autor stellt Übereinstimmungen mit übersinnlichen Phänomenen bei Naturvölkern fest.)

49 Bleibtreu-Ehrenberg 1983: 61

50 Beveridge 1909: 421 f.; Tschudi 1914; Canaan 1927: 255–263; Arnold 1928: 114 f. (Darstellung von Wundern auf Miniaturen); Kissling 1960: 9 f.; Subhan 1960: 109–112; Gramlich 1965: 73; Eliade 1975: 383; Roy 1983: 224 ff.; Schimmel 1985 b: 290, 292–302

51 Demidov 1988: 35

52 Ja'far Sharīf 1921: 144

53 Crooke 1894: 28

54 Crooke 1894: 135f.
55 Iqbal 1977: 70
56 Topper 1991: 42. – Zur Verwandlung von Heiligen in Tiergestalt s. Canaan 1927: 243–246
57 Jacob 1908: 56, v.a. Anm. 3; Kriss/Kriss-Heinrich 1960: 47, Abb. 10
58 Rizvi 1975: 303f.; Levin 1986: 109, 312
59 Pastner 1984: 306f. (Wettstreite zwischen Heiligen der Sunni und der Zikri-Baluch in Sindh); Pastner 1988: 175; Schimmel 1990b: 200
60 al-Qubrusi 1982: 22
61 Trimingham 1971: Kap. III; Eaton 1978: XXX–XXXI; Lawrence 1982: 27ff.; zum folgenden s. auch Malik 1990: 71ff.
62 De Jong 1984: 496; Müller 1987: 294
63 H. J. Kissling hat dazu treffend bemerkt: »Der Hochislam ermangelt völlig der sogenannten Seelsorge, und seine Vertreter können in den seelischen Bedrängnissen der Menschen nur mit trockenen Koransprüchen usw. aufwarten. Hier springen die Derwische erfolgreich in die Lücke« (1960: 10); s. auch Titus 1930: 113; Gaborieau 1983b: 38; Malik 1990: 68ff.
64 Gramlich 1976: 205ff. Gerade von den wandernden Qalandar- und Khaksar-Derwischen ist bekannt, daß der Meister den Schüler durch Blicke erzog
65 Beveridge 1909: 2; Schimmel 1990b: 230; Gaborieau 1978: 477f.; Gaborieau 1983a: 291
66 Levin 1986: 312 (in den Märchen des Pamir-Raumes werden Derwische oft um Kindersegen gebeten); Schimmel 1990b: 199
67 Kurin 1983: 319f.; Ewing 1984b; Pfleiderer 1985: 201ff., 220–232
68 Für den Mittleren Osten und Südasien: Pennell 1909: 238; O'Brien 1911: 511, 515; Ja'far Sharīf 1921: 297; Brown 1927: 296ff.; Bhatnagar 1941: 89f.; Nizami 1955: 52f.; Centlivres 1972: 174; Martin 1972: 295; Masson 1974, I.: 62; Einzmann 1977: 79; Eaton 1984: 336; Fleurentin/Myntti/Pelt 1986: 138; Loeffler 1988: 118, 126f.; Chaudhry 1990: 201f.; Lièvre/Loude 1990: 380 (Gujar-Fakire als Amulettverkäufer bei den Kalash/Nordwestpakistan)
69 Irvine 1921/22: 267–275
70 Jarring 1985: 27, Nr. 75; Demidov 1988: 101; Darling 1930: 204. – Wegen Geiz und Habsucht werden in ganz ähnlicher Weise auch die Vertreter der orthodoxen Geistlichkeit kritisiert
71 Nadvi 1935; Schimmel 1985b: 338; Demidov 1988: 100f.; Malik 1990: 69; Schimmel 1990b: 198f.
72 Eaton 1978: 49f.
73 Kissling 1960: 14; Kissling 1964: 144f., Anm. 5
74 Gilmartin 1988: 45

75 Zur Verbindung von *pir* und Politik in Pakistan s. Ewing 1983
76 Gellner 1969: 78, 81ff.; Anderson 1984: 270, 278; Gellner 1985: 69f., 186f., 322
77 Rao 1988: 32–38, 43ff.
78 Einzmann 1977: 29f.; Roy 1986: 42ff., 115ff.; Rathjens 1990: 191f.
79 Kreiser 1985: 91 (mit Bezug auf H. G. Majer); Roy 1986: 38, 40
80 Gilmartin 1988: 56–62
81 Zur Bedeutung der Heiligenverehrung im islamischen Orient s. allgemein Dubler 1960: 4ff., 12; Kriss/Kriss-Heinrich 1960; Subhan 1960: 103–108; Schimmel 1985b: 284–289, 338f. Zur Bedeutung und Rolle des Schreins im südasiatischen Islam s. Titus 1930: 131–146; Frembgen 1987: 52ff.; Troll 1989; s. auch Burton 1851: 204–208 (zur Stellung des *pir* in Sindh); Westphal-Hellbusch/Westphal 1968: 293–307 (zur Heiligenverehrung bei den Jat in Sindh). Einen Überblick über die wichtigsten Heiligenschreine in Pakistan geben: Burton 1851: 222–228 (speziell die Nekropole Makli Hill bei Thatta); Iqbal 1977; Geijbels 1978: 177; Ubaidullah Baig/Brohi 1985. Zur Heiligenverehrung in Bengalen s. Roy 1983: 50–57, 207–248; in Afghanistan s. Einzmann 1977; in Palästina s. Canaan 1927; in Thrakien und auf dem Balkan s. Kissling 1962; in Kairo s. Bannerth 1973; in Ostafrika s. Reusch 1931: Kap. IV; im Maghreb s. Doutté 1914; Dermenghem 1954; Brunel 1955: 4. Teil; Topper 1991
82 Kriss/Kriss-Heinrich 1960: 72; Gaborieau 1977: 51; Ewing 1983: 255; Tapper 1984: 261; Roy 1986: 41, 134f.; Demidov 1988: 61
83 Anderson 1984: 279; Currie 1989: 4
84 Als Überblick zu derartigen Fragen der Religionsgeographie s. Sopher 1975: 340f., 344, 369ff.
85 Fazil Khan 1983; Einzmann 1988: 7ff., 21f., 35; Chaudhry 1990: 195ff.
86 Subhan 1960: 267f.; Iqbal 1977: 67f.; Einzmann 1988: 35
87 Heine/Stipek 1984: 39–46
88 Faroqhi 1976: 33f.; Faroqhi 1986: Kap. I. (»Agricultural Activities in a Bektashi Center: The tekke of Kezel Deli, 1750–1830«)
89 Ferrier 1857: 136f.; Olufsen 1911: 414; Rose 1911: 576–628; Einzmann 1977: 77–80; Einzmann 1988: 71. – In Nager (Karakorum/ Nordpakistan) gibt es z.B. in dem Dorf Ghulmeth die Verwandtschaftsgruppe der Darweshkuts, die sich auf Darwesh Mohammad ʻAli Qadiun zurückführt, den Diener des berühmten Lokalheiligen Sayid Shah Wali. Die Angehörigen dieser Gruppe sind bis heute vor allem als Schreinwärter tätig
90 Einzmann 1988: 50; s. auch Gaborieau 1979: 191f.
91 Für Indo-Pakistan: Ja'far Sharīf 1921: 95, 100f.; Gaborieau 1983b:

39. Das Anführen eines Begräbniszuges ist für Ostturkestan belegt: Jarring 1987: 8

92 Ja'far Sharīf 1921: 105f.

93 Geijbels 1978: 176; Syed Shah Khusro Hussaini 1985; Einzmann 1988: 58

94 Bei vielen großen Heiligenfesten zu beobachten (Troll 1989: Photo Nr. 9)

95 Beveridge 1909: 297

96 Beveridge 1909: 426

97 Einzmann 1988: 66

98 Einzmann 1988: 58

99 Bliss 1985: 28 (Oase Siwa)

100 Fogg 1940: 101; Welte 1990: 35

101 Gaborieau 1979: 192

102 Gaborieau 1977: 121

103 Roy 1983: 53f.

104 Beveridge 1909: 46, 121, 230, 253, 426

105 Rose 1905: 281; Rose 1911, I.: 760f.

106 Polak 1865, I.: 40; Bassett 1887: 204, 309; Gordon 1896: 146; Schulz 1903: 218f.; Blum 1972: 27; Neubauer 1972: 258; Suzuki 1980: 115; Roy 1986: 37; Loeffler 1988: 83

107 Tausend und eine Nacht 1928, II.: 42.–49. Nacht, 51.–59. Nacht

108 Centlivres 1972: 174; Bannerth 1973: 10

109 Mündliche Mitteilung von Osman Salimi (Kabul)

110 Polak 1865, II.: 236; Vámbéry 1865: 42f., 110, 112

111 Kriss/Kriss-Heinrich 1960: 54

112 Hassan/Mahdihassan 1984: 143–147

113 Brown 1927: 372

114 Brown 1985: 147

115 Massignon in: Wensinck/Kramers 1976: 729 ff.

116 Kissling 1959: 1f.; Kissling 1960: 1f.; Kreiser 1985: 87

117 Gilsenan 1973: 5

118 Brown 1985: 152; Bennigsen/Wimbush 1986: 18

119 Überblicke über die Entwicklung und Geschichte einzelner Bruderschaften finden sich in: Rinn 1884: 116–126, 157–515 (speziell zu Nordafrika); Arberry 1950: 84–92; Trimingham 1971; Caspar 1983: 14–19; Schimmel 1985b: 347–365; Schimmel 1990b: 192ff.; s. auch De Jong 1984

120 Trimingham 1971: 102ff.; s. auch Massignon in: Wensinck/Kramers 1976: 731ff.; Eaton 1978: XXIX

121 Bacon 1980: 77; Kreiser 1980; s. auch Brown 1927: 81ff., 85ff.

122 Allgemein zur Qadiriyya: Trimingham 1971: 40–44; Schimmel

1985 b: 350 ff.; Schimmel 1990 b: 194 f. Regional: Rinn 1884: 173–201 (Nordafrika); Depont/Coppolani 1897: Kap. 8 (Nordafrika); Kissling 1964: 147, Anm. 8 (Türkei); Roy 1986: 42 (Afghanistan); Bennigsen/Wimbush 1985: 9 ff., 20 ff., 33 (Mittelasien); Bennigsen 1986: 31 f. (Mittelasien); Jarring 1987: 5 (Ostturkestan); für Indo-Pakistan: Rose 1911: 598–643; Titus 1930: 123 f.; Subhan 1960: 177–183; 264–285; Rizvi 1983: 54–150; Gaborieau 1986: 109 f.

123 Rose 1911: 544–547; Titus 1930: 122 f.; Subhan 1960: 183–187, 239–263; Trimingham 1971: 33–37, 65 f.; Rizvi 1975: 87–93, 190–240; Schimmel 1985 b: 495–499; Gaborieau 1986: 108 f.

124 Gramlich 1965: 4–26, 89 ff.

125 Trimingham 1971: 55–58; Rizvi 1975: 93 ff., 320; Schimmel 1985 b: 360–365; Bennigsen 1986: 31; Demidov 1988: 36–41; Schimmel 1990 b: 196

126 Schimmel 1985 b: 354–360; Schimmel 1990 b: 197. – Zur Shaziliyya im Sudan und in anderen Regionen Ostafrikas: Reusch 1931: 169–180; Topper 1991: 55–61, Kap. 3

127 Gilsenan 1985: 188

128 Brown 1927: 250–264; Kriss/Kriss-Heinrich 1960: 312 f.; Tuchelt 1966: 78 f. (sowie Tafeln 129–132); Trimingham 1971: 60 ff.; Önder 1988; Schimmel 1990 b: 221 (zur Person Rumis s. 216 ff.)

129 Trimingham 1971: 58 ff., 68; Bennigsen/Wimbush 1985: 11 f., 33; Demidov 1988: 18, 42 ff.; Schimmel 1990 b: 195 f.

130 Burton 1851: 213–218; Rinn 1884: 283–289; Depont/Coppolani 1897: Kap. 11; Rose 1911: 547–550; Ja'far Sharīf 1921: 292 f.; Brown 1927: 139–158, App. I., 435–446; Titus 1930: 124 f.; Reusch 1931: 181; Subhan 1960: 187–193, 286–309; Busse 1968: 22; Trimingham 1971: 62 ff.; Einzmann 1977: 19, 24; Jarring 1979: 17; Rizvi 1983: 174–263; Bennigsen/Wimbush 1985: 7 ff., 14–20, 32 f., 38 ff.; Schimmel 1985 b: 514–526; Bennigsen 1986: 31; Roy 1986: 42 ff.; Demidov 1988: 74 ff.; Gaborieau/Popovic/Zarcone 1990; Schimmel 1990 b: 236 ff.

131 Depont/Coppolani 1897: Kap. 9; Reusch 1931: 167 ff.; Kissling 1953 (ausführlich zur Geschichte der Khalwatiyya); Kissling 1964: 144; Tuchelt 1966: 82; Trimingham 1971: 74–80; Martin 1972; Clayer 1990 (Albanien)

132 Rinn 1884: 416–451; Depont/Coppolani 1897: 413–441; Kissling 1953: 280 f.; Trimingham 1971: 107–110; Schimmel 1990 b: 239 f.; Topper 1991: 234–237

133 Gramlich 1965: 27–69, 89 ff. (Das dreibändige Werk Richard Gramlichs bildet eine umfassende und sorgfältige Studie über die schiitischen Bruderschaften Irans mit besonderer Berücksichtigung der

Ni'matullahi); Aubin 1991. Zur Entwicklung schiitischer Bruderschaften s. auch Trimingham 1971: 99–102

134 Gramlich 1965: 33ff.; Schlamminger/Wilson 1980: 15ff., Teppiche Nr. 2–4

135 Allgemein zur Bektashiyye: Birge 1937; Faroqhi 1981. Zu Haji Bektash Veli s. Jacob 1908; Brown 1927: 162–166; Birge 1937: 33–51; Müller 1967: 36; Wensinck/Kramers 1976: 79f.; Haas 1988: 92–120; s. auch Tuchelt 1966: 64, 79f.; Bannerth 1973: 63ff.; Faroqhi 1976: 29f.; Moosa 1988: 10f., 18f.

136 Kissling 1960: 6

137 Kissling 1959: 1, 5f.; Kissling 1960: 3, 9; Müller 1967: IX, 35–51; Schimmel 1985b: 478ff., 580ff.; Schimmel 1990b: 194, 196

138 Jacob 1908: 16ff.; Filipović 1954; Kriss/Kriss-Heinrich 1960: 64f.; Müller 1967: 35–51; Faroqhi 1976: 37f.; Jarring 1987: 5; Clayer 1990: 35–123 (im Rahmen einer Monographie über das Derwischwesen Albaniens); Schimmel 1990b: 221ff.

139 Menzel 1925: 281ff.; Taeschner 1963: 289ff.; Schimmel 1985b: 463–471

140 Allgemein zur Chishtiyya s. Rose 1911, I.: 528–538; Titus 1930: 118–122; Subhan 1960: 175ff.; Trimingham 1971: 64f.; Rizvi 1975: 114–189; Gaborieau 1978: 477ff.; Rizvi 1983: 264–318; Gaborieau 1986: 107f.; Roy 1986: 44; Currie 1989; Chaudhry 1990: 193ff.; Schimmel 1990b: 182, 227–230

141 Titus 1930: 123; Subhan 1960: 317–320; Eaton 1978: 58–62; Rizvi 1983: 151–173; Schimmel 1985b: 500f.; Gaborieau 1986: 110; Schimmel 1990b: 232

142 Eaton 1978: 46f.; Schimmel 1985b: 324–330

143 Gramlich 1976: 187f.

144 Schimmel 1990b: 194

145 Babs Mala 1977: 45

146 Rizvi 1975: 91

147 Kissling 1959: 3; Kissling 1960: 4f.; Kreiser 1983: 115; s. auch Kissling 1953: 268; Kissling 1982: 5

148 Utas 1985. – Mündliche Mitteilung von Prof. B. Marschak (St. Petersburg)

149 Trimingham 1971: 6; Utas 1985: 659f., 662

150 Allgemein über Derwischkonvente: Rose 1911: 518f.; Trimingham 1971: 166–172, 176–179; Babs Mala 1977: 32ff.; Schimmel 1990b: 193f.; s. auch Pfleiderer 1985: 196–203

151 Gramlich 1981: 1ff.

152 Babs Mala 1977: 34, 41

153 Jarring 1979: 17

154 Kreiser 1983: 112
155 Faroqhi 1981: Kap. 2 (Bektashi)
156 Fernandes 1988
157 Topper 1991: 145 f.
158 Trimingham 1971: 18; Babs Mala 1977: 46; Kadkani 1989: 38
159 Jarring 1979: 18 ff.
160 Titus 1930: 115 f.
161 Subhan 1960: 13–16; Schimmel 1982 a: 18–21; Schimmel 1985 b: 603 ff. (Kap. »Das weibliche Element im Sufismus«); s. auch Rizvi 1975: 401 ff.; Rizvi 1983: 480 f.; Topper 1991: 23
162 Bennigsen/Wimbush 1985: 67 ff.; Bennigsen/Wimbush 1986: 22–81
163 Brunel 1926: 56; Gramlich 1981: 78; Schimmel 1985 b: 481; Topper 1991: 162
164 Burton 1851: 230 f.
165 Ahmad 1963: 147; Eaton 1978: 46
166 Jacob 1908: 7; Brown 1927: 294 f.; Kissling 1960: 12 ff.; Tuchelt 1966: 64, 80
167 Gilmartin 1988: Kap. 2
168 Trimingham 1971: 238–241; Haas 1988: 13 ff.; s. auch Kissling 1986 b: 186 ff.
169 Kissling 1960: 14 f.
170 Birge 1937: 69
171 Faroqhi 1971: 90 f.
172 Mühlmann 1961: 223–226
173 Trimingham 1971: 118 ff.; Ahmed 1976: 89 ff.; Bliss 1985: 15 f.; s. auch Graefe 1912
174 O'Brien 1971
175 Bacon 1980: 112 f.; Bennigsen/Wimbush 1986: 21, 158 f.
176 Blanch 1965: 48 ff. (für eine allgemeine Leserschaft leicht verständlich erzählte Geschichte der damaligen Ereignisse im Kaukasus)
177 Hayit 1980: 248, 255; Demidov 1988: 106
178 Ahmed 1976: 53–56, 84–122
179 Mayne 1956: 105–110; Ewing 1983: 256; Schimmel 1985 b: 562
180 Asker Ali Shah 1971: 42 ff.; Singer 1984: 173–177
181 Titus 1930: 125 f.; Gaborieau 1983 b: 38; Gaborieau 1986: 105 ff., 111 f., 122 f.
182 Dieser Vorwurf wurde wegen enger schiitisch-iranischer Beziehungen auch gegenüber der Zeyniyye im frühosmanischen Reich erhoben (Kissling 1964: 154 f.); s. auch Kissling 1959: 5; Kissling 1960: 10
183 Zum folgenden s. Ewing 1982: 85; Ewing 1984 a: 359–362; Anderson 1984: 279

184 Gaborieau 1977: 26, 124f.; Gaborieau 1979: 190; Gaborieau 1983b: 39; Gilmartin 1988: 50

185 Gramlich 1976: 123; Eaton 1978: 267; Topper 1991: 43

186 Ritter 1978: 281

187 Einzmann 1988: 60

188 Schlamminger/Wilson 1980: 14; Jarring 1987: 14f., 24

189 Eigene Beobachtungen in Pakistan; s. auch Masson 1974, I.: 379

190 Ewing 1984a: 366f.

191 Trimingham 1971: 68; Kreiser 1985: 88

192 Brown 1927: 93f.

193 Andrae 1960: 49f.

194 Schimmel 1982c: 18

195 Rizvi 1975: 331–343, 351ff. (Allgemein zu den Nath-Yogi s. Gonda 1963: 219–224); s. auch Gaborieau 1986: 117

196 Temple 1886c, I.: 121–209; II.: 261–300; Rose 1911, I.: 171–192

197 Horovitz 1982: 63, 65, 78f.

198 Zur Malamatiyya s. Hujwiri 1911: 62–69; Hartmann 1918b: 181, 188ff., 197; Goldziher 1925: 167f.; Brown 1927: 213, 225–241; Rizvi 1975: 42f.; Gramlich 1976: 347; s. auch Rauf Sheikh 1982: 81f.; Haas 1988: 28–31

199 Widengren 1953: 47, 50

200 Hartmann 1918a: 197; Taeschner 1979: 24, 26f.

201 Gramlich und Trimingham sehen diese Zurschaustellung der *malamat*-Haltung als typisches Kennzeichen der Qalandar-Derwische an (s. S. 71ff.) und verweisen auf die Malamati, die ihre Frömmigkeit und Hingabe zu Gott vor den Menschen verbergen (Gramlich 1965: 74; Trimingham 1971: 267)

202 Subhan 1960: 245, 325ff.

203 F. Babinger in: Wensinck/Kramers 1976: 265f.; Kreiser 1990: 208; Schimmel 1990b: 177; s. auch Rinn 1884: 35; Gramlich 1965: 74ff.; Haas 1988: 28–31. – Es erscheint nicht angebracht, zwischen Derwischen und Qalandar wegen einer angeblichen Verschiedenartigkeit zu differenzieren (z. B. Olufsen in: Janata 1984: 11; Jarring 1987)

204 Digby 1977: 25; Small 1981: 16ff.; Schimmel 1982c: 19. – A. Haas (1988: 25ff.) nennt die Qalandariyya zwar recht salopp, aber nicht ganz zu Unrecht eine »islamische Freak-Bewegung«, da beide Bewegungen zumindest im Hinblick auf Äußeres, Lebensart und Drogengenuß einige Gemeinsamkeiten haben

205 Mit Qalandar sind hier wohl die frühen Malamati gemeint; Digby 1977: 24f.

206 Brown 1927: 170, Anm.; Trimingham 1971: 267; Rizvi 1975: 302f.; Einzmann 1988: 158

207 Rinn 1884: 35; Brown 1927: 299; Tuchelt 1966: 83; Trimingham 1971: 268f.; Einzmann 1988: 158

208 Trimingham 1971: 267; Rizvi 1975: 303; Bacon 1980: 77; Bennigsen/ Wimbush 1986: 61, 113; Schimmel 1990b: 221

209 Rizvi 1975: 303

210 Trimingham 1971: 268; s. auch Gaborieau 1986: 111. – Von Begegnungen mit Qalandar in Delhi berichtet im übrigen: Burke 1973: 70–81

211 Subhan 1960: 320ff.; Rizvi 1975: 304f.

212 Rose 1911: 531; Subhan 1960: 323ff.; Rizvi 1975: 304f.

213 Kreiser 1990: 208f.

214 Bennigsen 1986: 32; Bennigsen/Wimbush 1986: 61; Waardenburg 1990: 148

215 Qazi 1971: 20, 22–27, 45ff.; Gulraj 1979: 87–94; s. auch Gramlich 1965: 78

216 Subhan 1960: 258f.

217 Ritter 1978: 181, 243, 369, 487ff.; s. auch Gramlich 1965: 75

218 Small 1981: 2, 17–27; Einzmann 1988: 34f.; s. auch Frembgen 1990

219 in: Wensinck/Kramers 1976: 265. Vielsagend sind in diesem Zusammenhang auch die Ausführungen Jan Rypkas zum Thema »Kulturschädliches im Sufismus«; so schreibt er u.a.: »Die Philosophie des ›Jenseits von Gut und Böse‹ demoralisiert. ... die Vorstellung der ›reinen Liebe‹ fördert die Homosexualität, und das Streben nach Ekstase führt zum Genuß von Rauschgiften« (Rypka 1959: 215)

220 Brown 1927: 365

221 Pennell 1909: 237f.; Einzmann 1977: 79; Schimmel 1990b: 188

222 Rizvi 1975: 309

223 Irvine 1921/22: 104

224 S. auch die treffende Charakterisierung in: Müller 1987: 291, 298–301

225 Schuyler 1876, I.: 257f.

226 Rizvi 1975: 204, 302. – In manchen Erzählungen und Märchen verkleiden sich Leute als Qalandar-Derwische, um unerkannt zu bleiben. Dieses Motiv findet sich etwa in dem turkmenischen Märchen »Die fünf Kalandare«, wo fünf Königssöhne die Tracht der Qalandar anlegen (Der Schlangenschatz 1976: 34–44)

227 Widengren 1953: 69, 99f.

228 Schelle 1797: 225–230, Kap. 10

229 Birge 1937: 49, 103

230 Trimingham 1971: 268; Small 1981: 17; Abb. in: Schweizer 1980: nach S. 216 (aus einer deutschen Handschrift des 16. Jh.; ohne genaue Quellenangabe)

231 Ein derart eingesetzter kleiner Ring hätte beim Koitus eine stimulie-

rende Wirkung (Zahorka 1990: 142 zu den verschiedenen Arten des *palang*-Gebrauchs in Indonesien, wobei bestimmte Penispflöcke auch kontrazeptive Wirkung haben), etwas größere Ringe waren sicherlich auch herausnehmbar. Festzuhalten bleibt, daß diese Penisringe nicht unbedingt wirksame Mittel zur Gewährleistung eines zölibatären Lebenswandels gewesen sein müssen, vielmehr ist – eingedenk der den Qalandar-Derwischen häufig nachgesagten sexuellen Gier – auch an eine praktikable Möglichkeit zur Steigerung des Lustgewinns zu denken. – (Für die Diskussion dieser urologischen Daten danke ich meinem Freund Dr. med. Thomas Eising, Bonn)

232 Zum folgenden s. Burton 1851: 211 f.

233 Zum folgenden s. Olufsen 1911: 206, 396; Janata 1984: 11

234 Ein solches schwarzes Haarband ist auf Abb. 92 in Niedermayer 1924 zu sehen

235 Gramlich 1965: 74–78; allgemein zu den Khaksar: Gramlich 1965: 70–88, 90 f.; Gramlich 1976: 292, 297

236 Gramlich 1965: 71 f.; s. auch Gramlich 1981: 25 f., Anm. 66. – Syed Shah Khusro Hussaini (1985: 51) macht die m. E. zweifelhafte Angabe, daß die Jalali der Rifa'i-Bruderschaft »angegliedert« seien

237 Rizvi 1975: 306–310; s. auch Trimingham 1971: 39; Haas 1988: 32; Moosa 1988: 218

238 Pstrusinśka 1986: 135 f.

239 Gramlich 1965: 72

240 Kippenberg 1981: 230; s. auch Schulz 1903: 223

241 Gramlich 1976: 435

242 Gramlich 1976: 159; Gramlich 1981: 79–117 (ausführliche Darstellung der Aufnahmezeremonien)

243 Babur 1921: 417, 583

244 Zu den Jalali-Fakiren s. Burton 1851: 208 f.; Ibbetson 1916: 229; Ja'far Sharīf 1921: 141 f., 175, 291 f.; Brown 1927: 183, Anm. 1; Titus 1930: 127; Subhan 1960: 247; Rizvi 1975: 320

245 Subhan 1960: 231 f.

246 Ja'far Sharīf 1921: 289

247 Einzmann 1988: 52 f., Photo im Anhang; Frembgen 1990: 280

248 Derwische mit Brandmalen sind u. a. auf indischen Miniaturen des 17. Jh. abgebildet (Schimmel 1990 b: 200). Hermann Norden traf im Iran einen Derwisch, dem auf seinem linken Arm eine figürliche Szene offenbar poetischen Inhalts tatauiert worden war (Norden 1928: 134)

249 Rao 1986: 267

250 Ewing 1984 a; Einzmann 1977: 78

251 Ewing 1984 a: 364

252 Rose 1911, III.: 57; Iqbal 1977: 61, 67; Ewing 1984a: 364. – Den Angaben Marc Gaborieaus (1986: 111), daß die Malang eine Abspaltung der Suhrawardiyya, von Lal Shahbaz Qalandar gegründet und mit den Madari verwechselt worden seien, kann ich nicht zustimmen

253 Das arabische Wort *madar* bedeutet eigentlich ›gehen‹, ›sich drehen‹ und auch ›Zentrum‹, ›Achse‹ (Platts 1911: 1013f.). – Zum folgenden s. Rose 1911, III.: 57; Meer Hassan Ali 1917: 372; Ja'far Sharīf 1921: 158ff., 172f., 289f.; Titus 1930: 128; Rizvi 1975: 320; Gaborieau 1977: 122–127; Gaborieau 1978: 479; Ewing 1984a: 364; Gaborieau 1986: 111

254 Horovitz 1982: 80

255 Vgl. hier auch die südindische Gottheit Kuttandi in ihrer Funktion als Patron der Gaukler, wobei G. Bleibtreu-Ehrenberg darin »ein Indiz für schamanistische Elemente in seinem Kult« vermutet (1984: 117)

256 Zum folgenden s. Fani 1843, II.: 223; Ja'far Sharīf 1921: 172f., 289f.; Rizvi 1975: 319; s. auch Mayne 1956: 52

257 Iqbal 1977: 61, 67; Tavernier 1984: 209; Hasrat 1986: 17; Ubaidullah Baig/Brohi 1985: 26

258 Brown 1924: Tafel LII (Fakire unter Bäumen; Slg. des Barons Maurice Rothschild, Paris)

259 Reitzenstein 1906: 73; Reitzenstein 1927: 211f. In der ersten Hälfte des 19. Jh. berichtet Edward W. Lane von einem Heiligen in Kairo, der sich an eine Wand kettete (Lane 1923: 241)

260 Meer Hassan Ali 1917: 372; Ja'far Sharīf 1921: 158ff.; Rizvi 1975: 319

261 Zum folgenden s. Ewing 1982: 82; Ewing 1984a: 359–365

262 Zimmer 1972: 175

263 Dupree 1978: 107; Kurin 1983: 319; Ewing 1984a: 363

264 Ewing 1984a: 362f.

265 Schimmel 1982c: 21. Zur Liebesvereinigung mit einer Gottheit s. auch Reitzenstein 1927: 245–252

266 Ja'far Sharīf 1921: 292; Subhan 1960: 259f.; Gaborieau 1986: 111

267 Als Überblick zu diesem Thema (für den islamischen Orient und v. a. für Indien) s. Bleibtreu-Ehrenberg 1984: 113–129. – Eine Studie über die Rolle der *hinjra* (Transvestiten) in Indo-Pakistan ist von mir geplant. – Marc Gaborieau bestätigt meine Angaben, wenn er schreibt: »... il est difficile de faire la part entre les castes proprement dites et les ordres hétérodoxes devenues castes: la corporation des musiciens hermaphrodites, Hijŕa, est, d'après l'évidence lexicale, organisé comme un ordre soufi et dirigée par un pīr; ils sont peut-être à identifier avec, ou à rattacher aux Musā Suhāgī« (Gaborieau 1986: 123)

268 R. Reitzenstein schreibt in seinem Werk »Die hellenistischen Mysterienreligionen« weiter zu diesem Thema: »Frühzeitig erstarrt dann an dem einen Ort die heilige Handlung zur unverstandenen Repräsentation einer Hochzeit, an einem andern empfängt sie eine Umdeutung, nach der nur die Seele solcher Vermischung mit der Gottheit gewürdigt wird...« (1927: 34)
269 McDaniel 1989: 176
270 Tschudi 1914: 39
271 Reusch 1931: 81, s. auch 1931: 108
272 Eaton 1978: 269
273 Faroqhi 1979: 663, 665, 671, 674; Faroqhi 1981: 98f.; s. auch Patlagean 1981: 1363
274 Benz 1938: 4, 13, 16f., 23ff., 27, 33–37, 42–46, 50–55; Rydén 1963: 20
275 Gramlich 1976: 114; Ritter 1978: 174; Marzolph 1983: 1f.
276 Marzolph 1983: 4–8, 22f.; s. auch Welte 1990: 234ff.
277 Topper 1991: 48–51
278 Brunel 1955: 274f.
279 Benz 1938: 14ff., 53
280 Canaan 1927: 134f.; Boss 1959: 100
281 Jacob 1908: 57; Crapanzano 1981: 209
282 McDaniel 1989 (zu *bhava* v.a. 21–24, 80–83)
283 Mit freundlichem Hinweis von Farukh el-Khatib
284 Ewing 1982: 78; s. auch Canaan 1927: 310f.
285 Rizvi 1983: 470–474
286 Rizvi 1983: 166
287 Rizvi 1983: 475f.; Schimmel 1990b: 233
288 Goldammer 1960: 373; Heinz-Mohr 1991: 236
289 Zum folgenden s. Rizvi 1983: 473
290 Canaan 1927: 311, Anm. 5
291 Rizvi 1975: 263
292 Rizvi 1983: 69
293 Rizvi 1983: 186
294 Zum folgenden s. Rizvi 1983: 474f.
295 Lane 1923: 252; Tuchelt 1966: 79; Topper 1991: 205
296 Eaton 1978: 243f., 265f.
297 Zum folgenden s. Eaton 1978: 244–256, 136ff.
298 Topper 1991: 168–180 (eingehende Darstellung mit Beispielen aus der Dichtung des Heiligen)
299 Awad 1956: 20
300 Mündliche Mitteilung von Farukh el-Khatib
301 Titus 1930: 130

302 Briefliche Mitteilung von Gulshan Khakee; s. auch Freitag 1985: 228–232

303 Zum folgenden s. Titus 1930: 175; s. auch Gaborieau 1986: 112

304 Gaborieau 1986: 113

305 Meer Hassan Ali 1917: 370ff.; Ja'far Sharīf 1921: 291

306 Mündliche Mitteilung von Aparna Rao

307 Rose 1911, I.: 630–637; Meer Hassan Ali 1917: 363; Iqbal 1977: 66; Frembgen 1990: 280. – Eine Einzelstudie über die Verehrung dieses Heiligen ist in Vorbereitung

308 Chaina Mall 1887: 65. – Auf dem 86. und 87. Photo im Anhang von Einzmann 1988 handelt es sich – von den Angaben Chaina Malls ausgehend – um Lali Shah-Fakire, die am *'urs* von Barri Imam tanzen. In den Händen der Derwische sind *chimta*-Instrumente zu erkennen; sie dürften der »thonged whip« entsprechen, die Chaina Mall (1887: 65) erwähnt

309 Ghulam Hussain Khan 1886a: 117

310 Zum folgenden s. Latif 1892: 145; Subhan 1960: 276–280; Iqbal 1977: 68f.; Krishna 1977: 12–26; Krishna/Luther 1982: 10–23; Rauf Sheikh 1982: 132f.; Rizvi 1983: 64f.; Schimmel 1985b: 544; Hasrat 1986: 17

311 Zum folgenden s. Ja'far Sharīf 1921: 295f.; Titus 1930: 128f.; Subhan 1960: 260–263; Gaborieau 1986: 113

312 Freitag 1985: 185–188

313 Schwarz 1900: 196f.; Ritter 1978: 165–180; Bennigsen/Wimbush 1985: 13; Jarring 1987: 9. – Im Hinblick auf die Beziehungen zum Schamanismus s. Basilov 1987: 9f.

314 Olufsen 1911: 398f.

315 Le Coq 1916: 1; Le Coq 1928: 131

316 Kissling 1953: 236; Martin 1972: 285, Anm. 30

317 Brown 1927: 92f.; Kissling 1962: 51; Tuchelt 1966: 64; Faroqhi 1979: 661; Schimmel 1985b: 472; Faroqhi 1986: 91f.; Moosa 1988: 119. – A. Schimmel (1990b: 168) erwähnt, daß das Wort *'abdal* im Türkischen bei diesen Ekstatikern oft in Namensverbindungen auftritt (etwa Pir Sultan 'Abdal) und heute – wohl infolge der Verachtung für diese nicht selten ›geistig verwirrten‹ Derwische – auch so viel wie ›dumm‹, ›stupide‹ bedeutet

318 Pelliot 1907; Le Coq 1912: 221; Hildén 1949: 73; Olufsen 1911: 397f.

319 Zum folgenden s. Le Coq 1912: 224–234; von Luschan 1927: 163f.; Haas 1988: 99, Anm. 202; Kehl-Bodrogi 1988: 88f.

320 Zum folgenden s. Depont/Coppolani 1897: 326–329; Rose 1911, I.: 558f.; Ja'far Sharīf 1921: 194; Lane 1923: 248f.; Brown 1927: 52, 278–282; Tuchelt 1966: 81; Trimingham 1971: 37ff.; Bannerth 1973:

60ff.; Wensinck/Kramers 1976: 618f.; Schweizer 1980: 145ff.; Kissling 1982: 9ff.; Popovic 1986: 79f.; Clayer 1990: 150–163

321 Lane 1923: 475

322 Lane 1923: 248; Brunton 1951: 285–311

323 Zum folgenden s. Ghulam Hussain Khan 1886b; Ja'far Sharīf 1921: 194, 290f.; Titus 1930: 128; Hunt 1932

324 Gaborieau 1986: 111

325 Rinn 1884: 303–334; Quedenfeldt 1886: 686ff., 690f.; Depont/Coppolani 1897: 349–354 (mit genauen Angaben über die damalige Verbreitung der Bruderschaft); Doutté 1900: 5–30; Doutté 1914: 429ff.; Brunel 1926 (Monographie über die 'Isawiyya!); Meier 1954: 128; Trimingham 1971: 86ff.; Schimmel 1990b: 197f.; Welte 1990: 10; Topper 1991: 154–167

326 s. jedoch Doutté 1914: 169–205

327 Quedenfeldt 1886: 688; Crapanzano 1972: 328–331, s. auch 1972: 336, 346; Crapanzano 1981 (Monographie über die Hamadsha); Topper 1991: 231–234

328 Welte 1990 (ausgezeichnete Monographie über die Gnawa!)

329 Quedenfeldt 1886: 685f.; Brunel 1955 (detaillierte Monographie über die Haddawa); Topper 1991: 228–231; s. auch Gelpke 1975: 73

330 Schimmel 1983c: 13, 97–102, 104f.; Schimmel 1985b: 342; Topper 1991: 230

331 Brunel 1955: 68, 325–349

332 Caspar 1983: 17f.

333 Widengren 1965: 23–26; s. auch Wikander 1938: 84f.

334 Heinz-Mohr 1991: 29f.

335 Widengren 1953: 81f., 99, 104

336 Kissling 1964: 145ff., Anm. 7; Kissling 1982: 11, 17

337 Polak 1865, I.: 348; Gasteiger 1881: 52; Schulz 1903: 218; Bogdanov 1932: 470; Centlivres 1972: 176: Centlivres/Centlivres-Demont 1988: 154; Loeffler 1988: 83

338 Ja'far Sharīf 1921: 295; Schimmel 1990b: 221; s. auch Brown 171f., Anm.

339 Zur peripatetischen Gruppe der Qalandar s. Pfeffer 1970: 168–171; Berland 1982: v.a. 73–146 (Monographie über die Qalandar!). – Durch J. Berland ist die Kategorie ›Peripatetiker‹ als Bezeichnung für fahrende Gruppen, die selbst keine Nahrung produzieren, in die Ethnologie eingeführt worden; s. auch Rao 1983: 185f.

340 Beveridge 1909: 157, Anm. 1

341 Ja'far Sharīf 1921: 295; Berland 1982: 75. – Georg Pfeffer (1970: 168) berichtet jedoch von Qalandar-Gruppen in Lahore, daß sie eine Verbindung zu dem Heiligen Bu 'Ali Qalandar ablehnten

342 Joseph Berland bemerkt: »... these origin stories are fictitious accounts used to satisfy or manipulate gullible outsiders« (1982: 75)

343 Ibbetson 1916: 290

344 Gaborieau 1977: 124ff.;

345 Olesen 1985: 115–118

346 Allgemein zur Problematik peripatetischer Gruppen s. Rao 1983; Rao 1987

347 Gramlich 1965: 80. – Zu unscharf und allgemein bleibt die Feststellung Marc Gaborieaus: »Tous ces soufis, non orthodoxes, au comportement excentrique et souvent adonnés à la drogue et à l'alcool, vivant de mendicité, de jonglerie, de musique et de miracles...« (1986: 112)

348 Lane 1923: 252; Brunel 1955: 187; Topper 1991: 228

349 Welte 1990: 11 (zu den Gnawa s. weiter Kap. 3 und S. 75); Doutté 1900: 24–30

350 Gaborieau 1978: 484. – Marc Gaborieau bemerkt ergänzend zu den nordindischen Fakiren: »Les rôles et rénumérations des Fakirs sont multiples. La littérature existante ne connaît guère que leurs métiers spectaculaires, exercés d'ailleurs par une minorité d'entre eux qui sont des saltimbanques dansant sur le feu, montrant des ours, faisant des tours...« (1983b: 39); s. auch Gaborieau 1979: 191; Gaborieau 1983a: 297f.

351 Ivanow 1922; Ivanow 1929a (aufgrund des ›Derwischvokabulars‹ in einem Manuskript des 16. Jh.); Gramlich 1965: 80; Rao 1983: 165

352 Brunel 1955: 360–367

353 Mühlmann 1961: 235

354 Gaborieau 1986: 122

355 Widengren 1953: 77

356 Brunel 1955: 95

357 Widengren 1953: 47f., Anm. 4, 105, Anm. 1; s. auch Jacob 1911; Hartmann 1918b: 196ff; Reitzenstein 1927: 25f. (hellenistische Mysterienkulte im Mittelmeerraum); Brunel 1955: 10; Niehaus-Pröbsting 1979: 33f.; Kissling 1986a: 354, 362f.

358 Zum Kynismus s. Diogenes Laertius 1967: 6. Buch; Paquet 1975 (zu Antisthenes: 29–58; zu Diogenes: 59–108; zu den Zielen und Idealen: v. a. 139–164); Niehaus-Pröbsting 1979; Onfray 1991: 31ff., 37, 39f., 43–50, 60f., 68, 161, 164ff.; s. auch Reitzenstein 1906: 67ff.

359 S. auch Niehaus-Pröbsting 1979: 170

360 Reitzenstein 1906: 68, 73

361 Patlagean 1981: 1362ff.

362 Diogenes Laertius 1967: 325; Niehaus-Pröbsting 1979: 19, 23; Onfray 1991: 32, 35–42, 149

363 Niehaus-Pröbsting 1979: 158–167 (speziell zur kynischen Sexualität)

364 Benz schreibt ergänzend: »Ein besonderes Stilelement kommt noch in das Narrenleben herein durch die Beziehung zum Hund. Hier scheinen die Traditionen des kynischen Wanderpredigers nachzuwirken, unter denen ja auch ähnliche närrische Propheten anzutreffen sind« (1938: 18)

365 Zur Einstellung gegenüber Hunden in einer islamischen Gesellschaft s. das Beispiel Pakistan: Frembgen 1987: 123f.; allgemein s. Wensinck/Kramers 1976: 264f.

366 Zum Thema ›Derwisch und Katze‹ s. Schimmel 1983c: 97–108

367 Goswamy/Fischer 1987: 176, Bild 86

368 Ivanow 1922: 379

369 Mahmood 1989: 31

370 McDaniel 1989: 77f.

371 Heinz-Mohr 1991: 151

372 Widengren 1965: 40, 113

373 Haas 1988: 35, 56f.

374 Basilov 1987: 9

375 Schimmel 1984: 159f.

376 Westphal-Hellbusch/Westphal 1968: 305

377 Jarring 1985: 27f., Nr. 76

378 Goldammer 1960: 169–172

379 Gramlich 1976: 189

380 Hujwiri 1911: 62; Farah 1974: 93; Gramlich 1976: 210; Ajmal 1984: 241; allgemein zu diesem Aspekt s. Schimmel 1985b: 267–321

381 Ajmal 1984: 241

382 Gramlich 1976: 295

383 Ajmal 1984: 243f. – Gute Dokumentationen zu den Aufnahmeriten einzelner Bruderschaften finden sich bei: Schimmel 1985b: 331; zu den Aufnahmezeremonien bei der Qadiriyya: Kriss/Kriss-Heinrich 1960: 14; bei den Bektashi: Brown 1927: 206–212; Birge 1937: 175–204; bei iranischen Bruderschaften, vor allem den Khaksar: Gramlich 1981: 74–117

384 Birge 1937: 170; Gramlich 1981: 26–29; s. auch Ja'far Sharīf 1921: 284

385 Ja'far Sharīf 1921: 284

386 Small 1981: 33; Einzmann 1988: 52f.

387 Eaton 1982: 54

388 Ja'far Sharīf 1921: 285f.; Gramlich 1965: 76f.

389 Zum folgenden s. Gramlich 1976: 173ff.; s. auch Trimingham 1971: 181ff.

390 Zum folgenden s. Thorning 1913: 123f.

391 Dieses Kapitel bietet lediglich einen kurzen skizzenhaften Überblick zum Thema. Für eine ausführlichere Darstellung der Tracht und Gerätschaften (mit Katalogteil) sei der Leser auf mein Buch »Kleidung und Ausrüstung der Derwische« verwiesen (Manuskript)

392 Rose 1911, I.: 519f.; Brunel 1955: 244–256 (!); Qureshi 1986: 114; Kadkani 1989

393 Hujwiri 1911: 45

394 Goldziher 1925: 153; Widengren 1953: 41ff.

395 Zum folgenden s. Burton 1851: 209; Hujwiri 1911: 53; Olufsen 1911: 396; Brown 1927: 125; Canaan 1927: 238f.; Widengren 1953: 52–57, 65ff.; Westphal-Hellbusch/Westphal 1968: 304f.; Schimmel 1984: 132, 135, 209; Schimmel 1985b: 153; Frembgen 1987: 112; Kadkani 1989: 32f.

396 Hujwiri 1911: 50

397 Zum folgenden s. Widengren 1953: 43–47, 50f., 106f.; s. auch Kadkani 1989: 30

398 Ein Photo bei Schulz 1903: geg. S. 226 zeigt etwa einen iranischen Derwisch, der auf einer aufgezäumten Kuh reitet

399 Jacob 1908: 3–6; Brown 1927: 244ff.; Gramlich 1981: 29f.

400 Zum folgenden s. Widengren 1953: 67–77; s. auch Widengren 1965: 64f.

401 Jarring 1987: 9

402 Krüger 1969: 44

403 Platts 1911: 819, 837; Cl. Huart in: Wensinck/Kramers 1976: 280. – Zu Form, Gebrauch und Bedeutung der Derwischbettelschale allgemein s. Frembgen (Manuskript)

404 Burton 1851: 210; Schulz 1903: Abb. geg. S. 222 u. 226; Lane 1923: 253; Niedermayer 1924: Abb. 88f., 92–95; Birge 1937: 236; Kissling 1982: 18f.; Frembgen 1986: 127, 171: Nr. 203; Balsiger/Kläy 1992: 117ff., 163f.

405 Schwarz 1900: 196 (Abb.), 197; Olufsen 1911: 396; Balsiger/Kläy 1992: 117 (Photos von Henri Moser aus Khiva und Samarkand)

406 Olufsen 1911: 479

407 Brown 1927: 176, 178ff.; Birge 1937: 176f., 180, 235f.

408 Jacob 1908: 19f.; Brown 1927: 53, 180f.; Birge 1937: 233f.

409 Brown 1927: 179, 184; Birge 1937: 57, 165; Müller 1967: 38; Kreiser 1990: 209

410 Fallon 1879: 158; Dar 1969: 147

411 Stronge/Smith/Harle 1988: 48 (Abb. 21), 49

412 Kissling 1962: 47; Wittek 1971: 39

413 Gramlich 1981: 8, 25

414 Burton 1851: 210f., 407, Anm. 21

415 Burton 1851: 210f.; Polak 1865, I.: 39; Temple 1914: 176; Baloch 1966: 9; Gramlich 1981: 8
416 Venzlaff 1985: 37, 80f.
417 Trimingham 1971: 187, 201
418 Brunel 1926: 20; Reusch 1931: 144, 153; Müller 1967: 41f.; Schlamminger/Wilson 1980: 18f.; Roy 1983: 228, 230; Schimmel 1984: 185
419 Brown 1927: 276; Önder 1988: 62–70
420 Farah 1974; Gramlich 1981: 13–17; Ajmal 1984: 243f.
421 Ewing 1984: 357
422 Ubaidullah Baig/Brohi 1985: 11, 13
423 Ja'far Sharīf 1921: 286f.; Gramlich 1981: 18–21; Frembgen 1987: 65
424 Fallon 1879: 849
425 Frembgen 1987: 65 (»Gesten der Ergebenheit und Unterwerfung«)
426 Qureshi 1986: 114f.; Frembgen 1987: 69
427 Frembgen 1987: 68f.
428 Zum folgenden s. Hujwiri 1911: 340–344
429 Hujwiri 1911: 347ff.; Topper 1991: 15
430 Zum folgenden s. Gramlich 1976: 445–451; Kreiser 1990; Ja'far Sharīf 1921: 294; Reusch 1931: 100; Müller 1967: 38f.
431 Faroqhi 1986: 82
432 Önder 1988: 72
433 Gaborieau 1986: 113
434 Brunel 1955: 196–204; Kreiser 1990: 207; Schimmel 1990a: 203
435 Small 1981: 40
436 So schreibt etwa S. N. Dar im Hinblick auf Indien und Pakistan: »It is said that a wicked fakir who claimed to bless barren women with fecundity would, when any of them visited him for a blessing, bid her ›take off‹ the trousers and would have his will of her if she happened to strip at his words ...« (Dar 1969: 142)
437 Dermenghem 1954: 223, 226, 243
438 Reusch 1931: 133f.; 180
439 Doutté 1914: 169, 172, 189, 196, 198
440 Brunel 1955: 145, 200ff.
441 Welte 1990: 79, 131ff.
442 Steingass 1892: 986, 157
443 Brunel 1955: 204
444 Digby 1977: 24
445 Schimmel 1985b: 411f., 473
446 Ausspruch von al-Khawwas in: Gramlich 1976: 432. Zum Ideal der Armut s. auch Nicholson 1914: 37; Gramlich 1976: 431–435; Schimmel 1985b: 178ff.; s. auch Krüger 1974: 113
447 Kissling 1986b: 184f.

448 Laude-Cirtautas 1984: 264, s. auch 1984: 146; Klimburg 1986: 12

449 Thorning 1913: 178–183; Browne 1950: 574; s. auch den persischen Ausdruck *bi-barg* (›ohne Blatt‹) für ›arm‹

450 Thorning 1913: 178ff.

451 Marzolph 1984: 62–66

452 Gramlich 1976: 430–458, v.a. 439f.; Kissling 1986b: 185

453 Brown 1927: 185

454 Gramlich 1976: 60

455 Werbner 1990: 271

456 Titus 1930: 116f.

457 Mündliche Mitteilungen von Dietrich Wegner u. F. G. L. Gremliza (beide München)

458 Jarring 1987: 26

459 Olufsen 1911: 397

460 Gramlich 1981: 23

461 Gramlich 1981: 24

462 Zum folgenden s. Sheil 1856: 152f.; Sykes 1910: 140 (Abb.), 142; Rice 1923: 104; Ivanow 1929b: 237f.; Gramlich 1965: 72, 76; Gramlich 1976: 164, Anm. 888; v.a. Gramlich 1981: 24f.

463 Pottinger 1816: 363; Darling 1930: 289f.

464 Sheil 1856: 152f.

465 Ethnologischer Fachterminus für kleine kultisch gesäte Felder oder Gärten, oft innerhalb eines Behälters, die nach der orientalischen Vegetationsgottheit Adonis genannt werden

466 Ivanow 1929b: 237

467 Etherton 1926: 63f.; Jarring 1987: 7ff., 25; s. auch Hellwald o.J.: 349; Gramlich 1965: 70, 72, Anm. 7

468 Ja'far Sharīf 1921: 289f.

469 Sheil 1856: 193; Gordon 1896: 141f., 144

470 Ferrier 1857: 66

471 Ghulam Hussain Khan 1886b; Ja'far Sharīf 1921: 291

472 Field 1959: 74

473 Vgl. dazu die äußerst anregenden Ausführungen zum Kulttransvestitentum in: Bleibtreu-Ehrenberg 1984: 113f., 126, 128

474 Über den Aspekt des Asketentums im Sufismus s. Goldziher 1925: 133–153; Andrae 1960: 22ff., 44–69; s. auch Nicholson 1914: 5, 10f.; Topper 1991: 17–26

475 Polak 1865, I.: 111; Nizami 1955: 42

476 Schimmel 1990b: 160

477 Brunel 1955: 14

478 Currie 1989: 67

479 Sharib 1961: 101f.

480 Rizvi 1975: 137; vgl. Urdu/Pers.: *kak* = ›hartes Brot‹

481 Rizvi 1975: 141

482 Irving 1982: 52

483 Nizami 1955: 27, 41 f.

484 Bannerth 1973: 76

485 Jacob 1911: 234; Meier 1954: 112; Kissling 1960: 8; Kissling 1964: 160, Anm. 67; Gramlich 1976: 369, 455

486 Endres/Schimmel 1984: 260–267; Schimmel 1985b: 286f., 464; Ahlberg 1990: 153

487 Meier 1954: 112

488 Gulraj 1979: 160

489 Einzmann 1988: 53, s. auch 1988: 35, 41 ff., 50

490 Hujwiri 1911: 50f.

491 Zaehner 1972: 81; Crapanzano 1981: 271; Geels 1982: 45f.; Bleibtreu-Ehrenberg 1983: 61

492 Nizami 1955: 22f., 25f.; Rizvi 1983: 69; Schimmel 1985b: 488f.

493 Small 1981: 22f.

494 Gelpke 1975: 207

495 Brunel 1926: 20; Brown 1927: 287

496 Hujwiri 1911: 353

497 Nicholson 1914: 48; Topper 1991: 233

498 Eaton 1978: 269

499 Hujwiri 1911: 351 f.

500 Sharib 1961: 98, 127

501 Schimmel 1990b: 187ff.

502 Allgemein zum *zikr* s. Rinn 1884: 84ff.; Titus 1930: 114ff.; Meier 1954: 109ff., 113ff.; Subhan 1960: 98–102; Trimingham 1971: 194–217; Gilsenan 1973: 156–159; Rizvi 1975: 101 f.; Gramlich 1976: 370–407 (ausführlich!); Caspar 1983: 17; Schimmel 1985b: 238–253; Schimmel 1990b: 189ff.; Brunel 1955: 148–156 (Haddawa)

503 Rizvi 1983: 117

504 Gramlich 1981: 33–48 (eingehende Beschreibung der *zikr*-Versammlungen iranischer Bruderschaften)

505 Brown 1927: 8; Gramlich 1976: 393, 404–408, 424f.

506 Rizvi 1983: 156

507 Gramlich 1976: 33

508 Gramlich 1976: 382f., 394; Eaton 1978: 147f.; Rizvi 1983: 300; Schimmel 1985b: 241 ff.

509 Burton 1851: 215ff.; Ja'far Sharīf 1921: 293; Brown 1927: 143f.; Gramlich 1976: 395 (v.a. Anm. 2262–2263); Qubrusi 1982: 33, 40f.; Ahlberg 1990: 143

510 Müller 1987: 353f.

511 Gramlich 1976: 392, 395–407
512 Hartmann 1915: 51; Schimmel 1985b: 247; Topper 1991: 44f.
513 Schimmel 1985b: 242
514 Schuyler 1876: 159ff. (Beschreibung eines solchen *zikr*); Trimingham 1971: 197; Schimmel 1985b: 250f.
515 Demidov 1988: 88–91
516 Brown 1927: 123, Anm. 2; Kriss/Kriss-Heinrich 1960: 73; Kreiser 1985: 87; s. auch Reusch 1931: 111f., 128–150
517 Demidov 1988: 90–93, 135; Durdyev o.J.: 95f.; Basilov 1987: 10ff. (weitere Beispiele)
518 Pastner 1978: 233; s. auch Titus 1930: 106ff.; Pastner 1984: 303ff.
519 Zum folgenden s. During 1981; Massoudieh 1988: 31–36; During 1990; s. auch Schimmel 1985b: 256f.
520 During 1981; During 1990
521 Ritter 1978: 489
522 Baloch 1966: 12ff.; Danielou 1975: 105; Amin 1982: 19; Naheed 1987: 97f.; Yousuf 1989: 15, 23
523 Quedenfeldt 1886: 688; Bliss 1985: 18; Welte 1990: 56ff.
524 Hickmann 1970: 60
525 Einzmann 1988: drei Photos im Anhang; Ahlberg 1990: 205 (Abb. 17)
526 Gaborieau 1977: 123; Stronge/Smith/Harle 1988: 48 (Abb. 21: Photo eines muslimischen Fakirs aus Madras, ca. 1920/30, der offenbar eine *chimta* in der Hand hält); Yousuf 1989: 23; in: Nayyar 1989: 30
527 Darling 1930: 47
528 Gramlich 1981: 46
529 Bannerth 1973: 16
530 Baloch 1966: 14
531 Bellew 1875: 278; Schwarz 1900: 196 (Abb.), 197; Salzmann 1908: 254; Olufsen 1911: 396; Le Coq 1916: 1 u. Abb. 1 (Tafel 1); Janata 1984: 11 (Photo); Jarring 1987: 8f., 25, Anm. 20, 26; s. auch Jarring 1979: 17f.
532 Lansdell 1887: 485
533 Baloch 1966: 44; Danielou 1975: 116f. – An manchen Schreinen, wie in Ajmer Sharif, gibt es auch ein eigenes *naubat-khana*, wo – wie an Königshöfen – regelmäßig Musik gespielt wird (Gaborieau 1983a: 294)
534 Schimmel 1962: 189
535 Baloch 1966: 33, 36; Photo in: Amin 1982: 20
536 Weidig 1984: 27ff.
537 Vgl. insbesondere Crapanzano 1981: 273 (»Rhythmische Reize«)
538 Zu Musik und Tanz s. Meier 1954: 121ff.; Subhan 1960: 113–116,

216; Trimingham 1971: 195f.; Schimmel 1985b: 253–265; Schimmel 1987b: 621; Schimmel 1990b: 169f., 191f. Zur religiösen Wirkung sakraler Musik s. Goldammer 1960: 274ff.

539 Zum folgenden s. Hujwiri 1911: 401, 416; Sirajul Haq 1944: 114f.; Rizvi 1975: 136; Currie 1989: 62–65

540 Taeschner 1963: 263–266; Schimmel 1985b: 463–472, 476

541 Sorley 1940: v.a. 169–420; Baloch 1966: 57, 63–68; Gulraj 1979: 145–182; Baloch 1982; Schimmel 1982a: 232–237; Wadhwani 1982; Schimmel 1983b; Schimmel 1985b: 551–557; Aslam 1988: 104

542 Wadhwani 1982: 88ff.; Malik 1983: 86–89; Naheed 1987: 89f.

543 Yusuf 1988: 163–182

544 Topper 1991: 168

545 Brunel 1955: 146

546 Pacholczyk 1978; Pacholczyk 1979

547 Rizvi 1975: 357f.; McDaniel 1989: Kap. 4; s. auch Danielou 1975: 141f.

548 McDaniel 1989: 162–166

549 Zum folgenden s. allgemein: Bhatnagar 1941: 84f.; Sadler 1963; Mirza 1975; Malik 1983: 75–79; Qureshi 1986 (hervorragende ethnomusikologische Monographie über *qawwali*); Nayyar 1988; s. auch Naheed 1987: 92; Chaudhry 1990: 202

550 Qureshi 1986: 177–186; Nayyar 1988: 4; Currie 1989: 128

551 Currie 1989: 127

552 Gramlich 1976: 364, Anm. 2037

553 Gulraj 1979: 183–224; Amin 1982: 20; Schimmel 1982a: 251f.

554 Vgl. insbesondere Crapanzano 1981: 227–239

555 Zum folgenden s. Brown 1927: 253ff.; Meier 1954: 127; Goldammer 1960: 355f., 364; Taeschner 1963: 270; Tuchelt 1966: 78f.; Thylmann 1978: 13; Önder 1988: 80f.

556 Weidig 1984: 27ff.

557 Kissling 1962: 58f.; ausführlicher: Kissling 1986a: 356–361

558 aus: Krishna/Luther 1982: 42f.

559 Binyon 1921: Tafel XVIII (Moghul, ca. 1650; Slg. Captain E.G. Spencer-Churchill. Dieses Bild befindet sich jetzt in der Sammlung des Victoria & Albert Museums unter Inv.Nr. IS 94–1965 und wurde u.a. wieder publiziert in: Guy/Swallow 1990: 93, Abb.71); Barrett/Gray 1980: 101 (Abb. aus einem *diwan* des Hafiz, um 1610; London-British Museum)

560 Tunsch 1991

561 Fritz Meier äußert sich allerdings entschieden gegen die Annahme, daß der Derwischtanz vom mittelasiatischen Schamanismus beeinflußt worden sei (1954: 131, Anm. 63)

562 Schimmel 1984: 106, 139; Kadkani 1989: 39f.

563 Kadkani 1989: 40ff.

564 Schipperges 1972: 83

565 Zaehner 1972: 101

566 Hujwiri 1911: 413ff.; Gramlich 1976: 359–365; Schimmel 1990b: 185

567 Ogén 1982: 229, 231ff.

568 Gramlich 1976: 363f.

569 Gelpke 1975: 239

570 Lane 1923: 475; Kriss/Kriss-Heinrich 1960: 74; Wensinck/Kramers 1976: 92f.; s. auch Margoliouth 1911: 643

571 Brunton 1951: 133ff., 141–144

572 Wunderli 1975: 24–29

573 Doutté 1900: 5–19; Crapanzano 1972: 335–343; Crapanzano 1981: 236; Welte 1990: 185; Topper 1991: 233

574 Brunel 1926: 98; Welte 1990: 10f.

575 Lane 1923: 248; Brown 1927: 281; Tuchelt 1966: 81; Photos in: Singer 1974: 56f.

576 Subhan 1960: 97f.

577 Brown 1927: 281

578 Gramlich 1976: 364

579 Müller 1967: 295–301

580 Reitzenstein 1906: 72, Anm. 3

581 Mühlmann 1961: 263f.;

582 Quedenfeldt 1886: 688f.; Brown 1927: 281

583 Wensinck/Kramers 1976: 20; mündliche Mitteilung von Osman Salimi

584 Ahmed 1984: 318. – Im Hinblick auf Pakistan sei noch angemerkt, daß früher auch Schamanen der Kalash (Nordwest-Pakistan) durch die Kohlenglut sprangen, ohne sich zu verletzen (Lièvre/Loude 1990: 520f.)

585 Rizvi 1975: 310

586 Ja'far Sharīf 1921: 195f.; Rizvi 1975: 319f.

587 Meer Hassan Ali 1917: 370ff.; Ja'far Sharīf 1921: 291

588 Vgl. die Feuerriten im alten Iran und Indien, etwa in: Widengren 1965: 33f.

589 Rosner 1966; Klimkeit 1976

590 Rosner 1966: 185

591 Für die anregende Diskussion dieser Fragen danke ich meinem Freund Dr. med. Thomas Eising (Bonn)

592 Gelpke 1975: 202, 217

593 Kissling 1957: 345; Stein 1988: 151f.

594 Zum folgenden s. Kissling 1957: 353ff.; Trimingham 1971: 199, Anm. 2; Martin 1972: 288; Stein 1988: 151f.
595 Ja'far Sharīf 1921: 140; Kissling 1953: 277f.
596 Kissling 1957: 345
597 Kissling 1957: 347, 354
598 Zum folgenden s. Jacob 1908: 25, 36; Gramlich 1965: 76; Gelpke 1975: 32, 49, 58–80; Eaton 1978: 269, 276; Haas 1988: 129f.; Topper 1991: 225ff.; s. auch Krüger 1974: 108, 110f.
599 Widengren 1965: 70f.; Eliade 1975: 376f.; Janata 1984: 10
600 Allgemein zum Haschischgenuß im islamischen Orient: Brown 1927: 340ff.; Brunel 1955: 5. Teil; Rosenthal 1971: 148f.; Gelpke 1975: 84–95; Welte 1990: 52ff.
601 Rosenthal 1971: 148f.; Einzmann 1977: 13
602 Polak 1865, I.: 40; Capus 1883: 747
603 Eaton 1978: 258ff.; s. auch Gelpke 1975: 73f.
604 Horovitz 1982: 79
605 Moser-Schmitt 1981: 544f.
606 Rosenthal 1971: 44f., 50ff., 64
607 Haas 1988: 131–132; s. auch Birge 1937: 55
608 Brunel 1955: 5. Teil (sehr ausführliche Darstellung)
609 Zum folgenden s. Graefe 1914: 234f.; Ja'far Sharīf 1921: 326f.; Brunel 1955: 5. Teil; Rosenthal 1971 (Aufarbeitung der orientalischen Quellen über Haschisch und Angaben zu Bezeichnungen und Gebrauch der Präparate); Anwari-Alhosseyni 1981; Saleh 1981: 489ff.
610 Polak 1865, II.: 244ff.
611 Rosenthal 1971: 36f., 152
612 Klappstein 1919: XIII, Anm. 3
613 Rosenthal 1971: 100
614 Zum folgenden s. Polak 1865, II.: 248–255; Ja'far Sharīf 1921: 325f.; Gelpke 1975: 32–55
615 Waardenburg 1978: 333
616 Gaborieau 1978: 478; Waardenburg 1978: 323
617 Malik 1990: 64, 76; Topper 1991: 240f.; s. auch Gaborieau 1977: 182f.; De Jong 1984: 498ff.
618 Ewing 1983: 260f.
619 Gramlich 1976: 148, 455; Gramlich 1981: 8
620 Trimingham 1971: 245–259; De Jong 1984: 499ff.; Kreiser 1985: 87
621 Brown 1985: 146; s. auch Brunel 1955: 127f.; Crapanzano 1981: 107
622 Ahlberg 1990: 39, 204
623 Berger 1970: 67–84; Bennigsen/Wimbush 1986: 22
624 Crapanzano 1972: 328, 348
625 Eaton 1978: 261f.; Ewing 1984a: 364; s. auch Brunel 1955: 13

Literaturverzeichnis

Abbott, J. The Keys of Power. A Study of Indian Ritual and Belief. London 1932

Ahlberg, Nora New Challenges – Old Strategies. Themes of Variation and Conflict among Pakistani Muslims in Norway. Helsinki (Finnish Anthropological Society) 1990

Ahmad, Aziz The Sufi and Sultan in Pre-Mughal Muslim India. In: Der Islam 38; S. 142–153 (1963)

Ahmed, Akbar S. Millennium and Charisma among Pathans. A Critical Essay in Social Anthropology. London 1976

ders. Religious Presence and Symbolism in Pukhtun Society. In: A. S. Ahmed/D. M. Hart (Hrsg.) Islam in Tribal Societies. From the Atlas to the Indus; S. 310–330. London 1984

Ajmal, Mohammad A Note on Adab in the Murshid-Murīd Relationship. In: B. D. Metcalf (Hrsg.) Moral Conduct and Authority. The Place of Adab in South Asian Islam; S. 241–251. Berkeley/Los Angeles 1984

Amin, Nuzhat Sufism in Sind. In: Focus on Pakistan 5/2; S. 19–23 (1982)

Anderson, Jon W. How Afghans Define Themselves in Relation to Islam. In: M. N. Shahrani/R. L. Canfield (Hrsg.) Revolutions & Rebellions in Afghanistan. Anthropological Perspectives; S. 266–287. Berkeley (Institute of International Studies, Univ. of California) 1984

Andrae, Tor Islamische Mystiker. Stuttgart 1960

Anwari-Alhosseyni, Schams Über Haschisch und Opium im Iran. In: G. Völger (Hrsg.) Rausch und Realität. Drogen im Kulturvergleich, Teil 2; S. 482–487. Köln (Rautenstrauch-Joest-Museum) 1981

Arberry, Arthur John Sufism. An Account of the Mystics of Islam. London 1950

Arnold, Thomas Walker Painting in Islam. A Study of the Place of Pictorial Art in Muslim Culture. Oxford 1928

Asker Ali Shah Faqir of Ipi – the Defiant Hermit. In: Focus on Pakistan 1/2; S. 41–44 (1971)

Aslam, Imran Jiye Latif. In: Z. Yusuf (Hrsg.) Rhythms of the Lower Indus. Perspectives on the Music of Sindh; S. 103–106. Karachi 1988

Aubin, Jean De Kūhbanān á Bidar. La famille Ni'matullahī. In: Studia Iranica 20/2; S. 233–261 (1991)

Awad, Mohammad As-Sudan ash-shamālī. Kairo 1956

Babs Mala, S. The Sufi Convent and its Social Significance in the Medieval Period of Islam. In: Islamic Culture 51/1; S. 31–52 (1977)

Babur, Zahir Ad-Din Mohammad (1483–1530) Babur-nama (The Memoirs of Babur). Translated from the original Turki Text of Zahirud-din Mohammad Babur Padshah Ghazi. London 1921 (Repr. Lahore 1979)

Bacon, Elizabeth E. Central Asians under Russian Rule. A Study in Culture Change. Ithaca/London 1980

Bakhtiar, Laleh Sufi. Expressions of the Mystic Quest. London 1976

Baloch, N. A. Musical Instruments of the Lower Indus Valley of Sind. Hyderabad 1966

ders. Shah Abdul Latif. The Founder of a New Music Institution. In: G. A. Allana (Hrsg.) Folk Music of Sind; S. 27–40. Jamshoro (Institute of Sindhology, Univ. of Sind) 1982

Balsiger, Roger Nicholas/Ernst Johannes Kläy Bei Schah, Emir und Khan. Henri Moser Charlottenfels 1844–1923. Schaffhausen 1992

Bannerth, Ernst Islamische Wallfahrtsstätten Kairos. Kairo 1973

Barrett, Douglas/Basil Gray Indische Malerei. Genf/Stuttgart 1980

Barthold, Wilhelm Zwölf Vorlesungen über die Geschichte der Türken Mittelasiens. Darmstadt 1962

Basilov, V. N. Popular Islam in Central Asia and Kazakhstan. In: Journal Institute of Muslim Minority Affairs 8/1; S. 7–17 (1987)

Bassett, James Persia. The Land of the Imams. A Narrative of Travel and Residence 1871–1885. London 1887

Bayly, C. A. (Hrsg.) The Raj. India and the British 1600–1947. London (National Portrait Gallery) 1990

Bellew, H. W. Kashmir and Kashghar. A Narrative of the Journey of the Embassy to Kashghar in 1873–74. London 1875

Bennigsen, Alexandre Les tariqat en Asie centrale. In: A. Popovic/ G. Veinstein (Hrsg.) Les ordres mystiques dans l'Islam; S. 27–36. Paris 1986

Bennigsen, Alexandre/S. Enders Wimbush Mystics and Commissars. Sufism in the Soviet Union. London 1985

dies. Muslims of the Soviet Empire. A Guide. Bloomington/Indianapolis 1986

Benz, Ernst Heilige Narrheit. In: Kyrios 3; S. 1–55 (1938)

Berger, Morroe Islam in Egypt Today. Social and Political Aspects of Popular Religion. Cambridge 1970

Berland, Joseph C. No Five Fingers are Alike. Cognitive Amplifiers in Social Context. Cambridge, Mass./London 1982

Beveridge, Henry (Hrsg.) The Tūzuk-i-Jahāngīrī or Memoirs of Jahāngīr. From the First to the Twelfth Year of his Reign. London 1909

Bhatnagar, Ishwar Chandra Mystic Monasticism during the Mughal Period. In: Islamic Culture 15; S. 79–90 (1941)

Binyon, Lawrence The Court Painters of the Grand Moguls. With Historical Introduction and Notes by T. W. Arnold. London u. a. 1921

Birge, John Kingsley The Bektashi Order of Dervishes. London 1937
Blanch, Lesley Die Säbel des Paradieses. Reinbek bei Hamburg 1965
Bleibtreu-Ehrenberg, Gisela Der Schamane als Meister der Imagination oder Die hohe Kunst des Fliegenkönnens. In: H. P. Duerr (Hrsg.) Alcheringa oder die beginnende Zeit. Studien zu Mythologie, Schamanismus und Religion; S. 49–71. Frankfurt a. M./Paris 1983
dies. Der Weibmann. Kultischer Geschlechtswechsel im Schamanismus. Eine Studie zur Transvestition und Transsexualität bei Naturvölkern. Frankfurt a. M. 1984
Bliss, Frank Islamischer Volksglaube der Gegenwart. Bad Honnef (Deutsche Stiftung für Internationale Entwicklung) 1985
Blum, Stephen The Concept of the 'Āsheq in Northern Khorasan. In: Asian Music 4/1; S. 27–47 (1972)
Bogdanov, L. The Home and Life in Persia. In: Islamic Culture 6; S. 468–485 (1932)
Boss, Medard Indienfahrt eines Psychiaters. Pfullingen 1959
Brown, John P. The Darvishes or Oriental Spiritualism. London 1927
Brown, Kenneth L. The Discrediting of a Sufi Movement in Tunisia. In: E. Gellner (Hrsg.) Islamic Dilemmas: Reformers, Nationalists and Industrialization. The Southern Shore of the Mediterranean; S. 146–168. Berlin/New York/Amsterdam 1985
Brown, Percy Indian Painting under the Mughals A.D. 1550 to A.D. 1750. Oxford 1924
Browne, Edward Granville A Year amongst the Persians. London ([1]1893) 1950
Brunel, René Essai sur la confrérie religieuse des 'Aîssâoûa au Maroc. Paris 1926
ders. Le monachisme errant dans l'Islam. Sīdi Heddi et les Heddāwa. Paris 1955
Brunton, Paul Geheimnisvolles Ägypten. Zürich 1951
Burke, Omar Michael Among the Dervishes. London 1973
Burton, Richard F. Sindh and the Races that inhabit the Valley of the Indus. London 1851 (Repr. Karachi 1973)
Busse, Heribert Der Islam in Turkestan. In: Mitteilungen der Societas Uralo-Altaica 1; S. 17–37 (1968)
Canaan, Taufik Mohammedan Saints and Sanctuaries in Palestine. London 1927
Capus, Guillaume Les narcotiques dans l'Asie centrale. In: Revue scientifique de la France et de l'etranger 3/24;
S. 745–750 (1883)
Caspar, Robert Islamische Mystiker II. (Cibedo-Texte Nr. 19) Frankfurt a. M. (Christlich-Islamische Begegnung – Dokumentationsleitstelle) 1983

Centlivres, Pierre Un bazar d'Asie centrale. Forme et organisation du bazar de Tāshqurghān (Afghanistan). Wiesbaden 1972

Centlivres, Pierre/M. Centlivres-Demont Et si on parlait de l'Afghanistan? Terrains et textes 1964–1980. Neuchâtel/Paris 1988

Chaina Mall Panjab – Lali Shah Faqirs. In: Indian Notes & Queries 4/40; S. 65–66 (1887)

Chaudhry, Hafeezur Rehman The Shrine and Lunger of Golra Sharif. In: A. S. Ahmed (Hrsg.) Pakistan. The Social Sciences' Perspective; S. 190–206. Karachi 1990

Clayer, Nathalie L'Albanie, pays des derviches. Les ordres mystiques musulmans en Albanie à l'époque post-ottomane (1912–1967). Berlin 1990

Le Coq, Albert v. Die Abdāl. In: Baessler-Archiv 2; S. 221–234 (1912)

ders. Volkskundliches aus Ost-Turkistan. Berlin 1916

ders. Von Land und Leuten in Ostturkistan. Berichte und Abenteuer der 4. Deutschen Turfanexpedition. Leipzig 1928

Crapanzano, Vincent The Hamadsha. In: N. R. Keddie (Hrsg.) Scholars, Saints, and Sufis. Muslim Religious Institutions in the Middle East since 1500; S. 327–348. Berkeley u. a. 1972

ders. Die Ḥamadša. Eine ethnopsychiatrische Untersuchung in Marokko. Stuttgart 1981

Crooke, William An Introduction to the Popular Religion and Folklore of Northern India. Allahabad 1894

ders. The Native Races of the British Empire. Natives of Northern India. London 1907

Currie, P. M. The Shrine and Cult of Mu'īn al-Dīn Chishtī of Ajmer. Delhi 1989

Danielou, Alain Einführung in die indische Musik. Wilhelmshaven 1975

Dar, S. N. Costumes of India and Pakistan. Bombay 1969

Darling, Malcolm Lyall Rusticus Loquitur or the Old Light and the New in the Punjab Village. London u. a. 1930

Demidov, S. M. Sufismus in Turkmenien. Evolution und Relikte der Sufi-Orden Mittelasiens. Hamburg 1988

Depont, Octave/Xavier Coppolani Les confréries religieuses musulmanes. Alger 1897

Dermenghem, E. Le culte des saints dans l'Islam maghrébin. Paris 1954

Digby, S. Qalandars and Related Groups: Elements of Social Deviance in the Religious Life of the Delhi Sultanate of the Thirteenth and Fourteenth Centuries A.D. (unpubl. Manuskript anläßlich der ›Conference on Islam in South Asia, S. E. Asia and China at University of Jerusalem‹, April 1977)

Diogenes Laertius Leben und Meinungen berühmter Philosophen. Hamburg 1967

Douie, J. M. Guga Pir. In: Panjab Notes & Queries 1/1; S. 1 (1883)

Doutté, Edmond Les Aïssâoua à Tlemcen. Châlons-sur-Marne 1900

ders. Missions au Maroc. En Tribu. Paris 1914

Duarte, Adrian The Beggar Saint of Sehwan and Other Sketches of Sind. Karachi o. J.

Dubler, César E. Über islamischen Grab- und Heiligenkult. In: Schweizerisches Archiv für Volkskunde 56/4; S. 1–23 (1960)

Dupree, Louis Afghanistan. Princeton 1978

Durdyev, M. B. Die Geistlichkeit im System der gesellschaftlichen Institutionen der Turkmenen Ende des 19. bis Anfang des 20. Jahrhunderts. In: Turkmenenforschung 8; S. 84–106. o. J. (um 1985)

During, Jean Baloutchistan. Musiques d'extase et de guérison (Schallplattenbegleittext). Iran, Vol. 5 & 6. Anthologie de la musique traditionelle de l'Iran. Paris 1981

ders. Der Mythos des Simorġ. In: Spektrum Iran. Zeitschrift für islamisch-iranische Kultur 3/3; S. 3–19 (1990)

Eaton, Richard Maxwell Sufis of Bijapur 1300–1700. Social Roles of Sufis in Medieval India. Princeton 1978

ders. Court of Man, Court of God. Local perceptions of the Shrine of Bābā Farīd, Pakpattan, Punjab. In: R. C. Martin (Hrsg.) Islam in Local Contexts (Contributions to Asian Studies 17); S. 44–61. Leiden 1982

ders. The Political and Religious Authority of the Shrine of Bābā Farīd. In: B. D. Metcalf (Hrsg.) Moral Conduct and Authority. The Place of Adab in South Asian Islam; S. 333–356. Berkeley/Los Angeles 1984

Einzmann, Harald Religiöses Volksbrauchtum in Afghanistan. Islamische Heiligenverehrung und Wallfahrtswesen im Raum Kabul. Wiesbaden 1977

ders. Ziarat und Pir-e-Muridi. Golra Sharif, Nurpur Shahan und Pir Baba. Drei muslimische Wallfahrtsstätten in Nordpakistan. Stuttgart 1988

Eliade, Mircea Schamanismus und archaische Ekstasetechnik. Frankfurt a. M. 1975

Endres, Franz Carl/Annemarie Schimmel Das Mysterium der Zahl. Zahlensymbolik im Kulturvergleich. Köln 1984

Erker-Sonnabend, Ulrich Das Lüften des Schleiers. Die Orienterfahrung britischer Reisender in Ägypten und Arabien. Ein Beitrag zum Reisebericht des 19. Jahrhunderts. Hildesheim u. a. 1987

Etherton, P. T. In the Heart of Asia. Boston/New York 1926

Ewing, Katherine Sufis and Adepts: The Islamic and Hindu Sources of Spiritual Power among Punjabi Muslims and Christian Sweepers. In:

S. Pastner/L. Flam (Hrsg.) Anthropology in Pakistan: Recent Socio-Cultural and Archaeological Perspectives; S. 74–88. Karachi 1982
dies. The Politics of Sufism: Redefining the Saints of Pakistan. In: Journal of Asian Studies 42/2; S. 251–268 (1983)
dies. Malangs of the Punjab: Intoxication or Adab as the Path to God? In: B. D. Metcalf (Hrsg.) Moral Conduct and Authority. The Place of Adab in South Asian Islam; S. 357–371. Berkeley/Los Angeles 1984 (a)
dies. The Sufi as Saint, Curer, and Exorcist in Modern Pakistan. In: E. V. Daniel/J. F. Pugh (Hrsg.) South Asian Systems of Healing (Contributions to Asian Studies 18); S. 106–114. Leiden 1984 (b)
Fallon, S. W. A New Hindustani-English Dictionary. Banaras/London 1879 (Repr. New Delhi/Madras 1989)
Fani, Mohsan Dabistan, or School of Manners. 3 Vols. Paris 1843
Farah, Caesar E. Rules Governing the Šayḫ-Muršid's Conduct. In: Numen 21/2; S. 81–96 (1974)
Faroqhi, Suraiya Der Aufstand des Yahya ibn Yahya as-Suwaydī. In: Der Islam 47; S. 67–92 (1971)
dies. Bektaschiklöster in Anatolien vor 1826 – Fragestellungen und Quellenprobleme. In: Der Islam 53/1; S. 28–69 (1976)
dies. The Life Story of an Urban Saint in the Ottoman Empire: Piri Baba of Merzifon. In: Tarih Dergisi 32; S. 653–678, 1009–1018 (1979)
dies. Der Bektashi-Orden in Anatolien (vom späten fünfzehnten Jahrhundert bis 1826). Wien 1981
dies. Peasants, Dervishes and Traders in the Ottoman Empire. London 1986
Fatimi, Saiyid Qudratullah Amir Khusrau's Contribution to the Indomuslim Music. Islamabad 1975
Fazil Khan, Muhammad Hadhrat Pīr Meher Ali Shah of Golra Sharif. A Brief Sketch of his Life, Work, Achievements and Spiritual Greatness. Lahore 1983
Fernandes, Leonor The Evolution of a Sufi Institution in Mamluk Egypt: The Khanqah. Berlin 1988
Ferozsons Urdu-English Dictionary. Lahore o. J.
Ferrier, J. P. Caravan Journeys and Wanderings in Persia, Afghanistan, Turkistan, and Beloochistan. London 1857 (Repr. Karachi 1976)
Field, Henry An Anthropological Reconnaissance in West Pakistan, 1955. Cambridge, Mass. 1959
Filipovic, Milenko S. The Bektashi in the District of Strumica (Macedonia). In: Man 54/7; S. 10–13 (1954)
Fleurentin, Jacques/Cynthia Myntti/Jean Marie Pelt Traditional Medicine and Traditional Healers in North Yemen. In: Curare, Sonderband 5; S. 133–144 (1986)

Fogg, Walter A Moroccan Tribal Shrine and its Relation to a Nearby Tribal Market. In: Man 40/124; S. 100–104 (1940)

Freitag, Rainer Seelenwanderung in der islamischen Häresie. Berlin 1985

Frembgen, Jürgen W. Derwische in Iran. In: Weltkunst und Kunst der Welt; S. 117–120, 125–128, 171–172. Recklinghausen (Städt. Kunsthalle; 40. Ruhrfestspiele) 1986

ders. Alltagsverhalten in Pakistan. Berlin 1987 (Leer ^{2}1990)

ders. Besprechung von: Harald Einzmann, Ziarat und Pir-e-Muridi. Golra Sharif, Nurpur Shahan und Pir Baba. Drei muslimische Wallfahrtsstätten in Nordpakistan. In: Zeitschrift für Ethnologie 115; 279–281 (1990)

ders. Kleidung und Ausrüstung der Derwische (Manuskript)

Fusfeld, Warren The Boundaries of Islam and Infidelity. In: K. P. Ewing (Hrsg.) Sharīʿat and Ambiguity in South Asian Islam; S. 205–219. Berkeley/Los Angeles 1988

Gaborieau, Marc Minorités musulmanes dans le royaume hindou du Népal. Nanterre 1977

ders. Le culte des saints chez les musulmans au Népal et en Inde du nord. In: Social Compass 25/3–4; S. 477–494 (1978)

ders. On Traditional Patterns of Dominance among South Asian Muslims. In: Asie du Sud. Traditions et changements (Colloques internationaux du C.N.R.S., No. 582); S. 189–195. Paris 1979

ders. The Cult of Saints among the Muslims of Nepal and Northern India. In: St. Wilson (Hrsg.) Saints and their Cults. Studies in Religious Sociology, Folklore and History; S. 291–308. Cambridge 1983 (a)

ders. Typologie des spécialistes religieux chez les musulmans du souscontinent indien (1). Les limites de l'islamisation. In: Archives de sciences sociales des religions 55/1; S. 29–51 (1983 b)

ders. Les ordres mystiques dans le sous-continent indien. Un point de vue ethnologique. In: A. Popovic/G. Veinstein (Hrsg.) Les ordres mystiques dans l'Islam; S. 105–134. Paris 1986

Gaborieau, Marc/A. Popovic/Th. Zarcone (Hrsg.) Naqshbandis. Cheminements et situation actuelle d'un ordre mystique musulman. Istanbul/Paris 1990

Gasteiger, Albert Von Teheran nach Beludschistan. Reise-Skizzen. Innsbruck 1881

Geels, Antoon Mystical Experience and the Emergence of Creativity. In: N. G. Holm (Hrsg.) Religious Ecstasy. Based on Papers read at the Symposium on Religious Ecstasy held at Åbo, Finland, on the 26th – 28th of August 1981; S. 27–62. Stockholm 1982

Geertz, Clifford Religiöse Erscheinungen im Islam. Beobachtet in Marokko und Indonesien. Frankfurt a. M. 1988

Geijbels, M. Aspects of the Veneration of Saints in Islam, with Special Reference to Pakistan. In: The Muslim World 68/3; S. 176–186 (1978)
Gellner, Ernest Saints of the Atlas. London 1969
ders. Leben im Islam. Religion als Gesellschaftsordnung. Stuttgart 1985
Gelpke, Rudolf Diskussionsbeiträge. In: J. Zutt (Hrsg.) Ergriffenheit und Besessenheit. Ein interdisziplinäres Gespräch über transkulturell-anthropologische Fragen; S. 117–123, S. 173–178. Bern/München 1972
ders. Drogen und Seelenerweiterung. München 1975
Ghulam Hussain Khan Dandi Faqirs. In: Panjab Notes & Queries 3/31; S. 117 (1886 a)
ders. Gurzmar Faqirs – Muhammadan Flagellants. In: Panjab Notes & Queries 3/34; 163 (1886 b)
Gilmartin, David Shrines, Succession, and Sources of Moral Authority. In: B. D. Metcalf (Hrsg.) Moral Conduct and Authority. The Place of Adab in South Asian Islam; S. 221–240. Berkeley/Los Angeles 1984
ders. Empire and Islam. Punjab and the Making of Pakistan. Berkeley u. a. 1988
Gilsenan, Michael Saint and Sufi in Modern Egypt. An Essay in the Sociology of Religion. Oxford 1973
ders. Trajectories of Contemporary Sufism. In: E. Gellner (Hrsg.) Islamic Dilemmas: Reformers, Nationalists and Industrialization. The Southern Shore of the Mediterranean; S. 187–198. Berlin/New York/Amsterdam 1985
Goldammer, Kurt Die Formenwelt des Religiösen. Grundriß der systematischen Religionswissenschaft. Stuttgart 1960
Goldziher, Ignaz Vorlesungen über den Islam. Heidelberg 1925
Gonda, Jan Die Religionen Indiens. II Der jüngere Hinduismus. Stuttgart 1963
Gordon, Sir Thomas Edward Persia Revisited (1895). London/New York 1896
Goswamy, B. N./Eberhard Fischer Wunder einer Goldenen Zeit. Malerei am Hof der Moghul-Kaiser. Indische Kunst des 16. und 17. Jahrhunderts aus Schweizer Sammlungen. Zürich 1987
Graefe, Erich Der Aufruf des Scheichs der Senūsīja zum Heiligen Kriege. In: Der Islam 3; S. 141–150 (1912)
ders. Einiges über das Ḥašīš-Rauchen. In: Der Islam 5/2–3; S. 234–235 (1914)
Gramlich, Richard Die schiitischen Derwischorden Persiens. Teil 1: Die Affiliationen. Wiesbaden 1965. Teil 2: Glaube und Lehre. Wiesbaden 1976. Teil 3: Brauchtum und Riten. Wiesbaden 1981
ders. Daseinsnot und Daseinsangst in der islamischen Frömmigkeit. In: Temenos 26; S. 35–49 (1990)

Grothues, Jürgen Automobile Kunst in Pakistan. Suderburg 1990
Gulraj, Jethmal Parsram Sind and its Sufis. Lahore 1979
Guy, John/Deborah Swallow (Hrsg.) Arts of India: 1500–1900. London (Victoria & Albert Museum) 1990
Haas, Abdülkadir Die Bektaşi. Riten und Mysterien eines islamischen Ordens. Berlin 1988
Hartmann, Richard Zur Frage nach der Herkunft und den Anfängen des Ṣûfîtums. In: Der Islam 6/1; S. 31–70 (1915)
ders. Futuwwa und Malāma. In: Zeitschrift der Deutschen Morgenländischen Gesellschaft 72; S. 193–198 (1918 a)
ders. As-Sulamī's Risālat al-Malāmatīja. In: Der Islam 8/3–4; S. 157–203 (1918 b)
ders. Die Religion des Islam. Eine Einführung. Berlin 1944
Hasrat, M. A. K. Mystics and Mysticism. In: Pakistan Pictorial 10/1; S. 11–17 (1986)
Hassan, Zafarul/S. Mahdihassan Advertisement in Pavement Pharmacy. In: S. Mahdihassan (Hrsg.) Bazar Drugs and Folk Medicine in Pakistan; S. 141–147. Karachi 1984
Hayit, Baymirza Turkestan im Herzen Euroasiens. Köln 1980
Heber, Reginald Narrative of a Journey through the Upper Provinces of India, from Calcutta to Bombay, 1824–1825, Vol. I. London 1828
Heiler, Friedrich Erscheinungsformen und Wesen der Religion. Stuttgart 1961
Heine, Peter/Reinhold Stipek Ethnizität und Islam. Differenzierung und Integration muslimischer Bevölkerungsgruppen. Gelsenkirchen 1984
Heinz-Mohr, Gerd Lexikon der Symbole. Bilder und Zeichen der christlichen Kunst. Freiburg u. a. 1991
Hellwald, Friedrich von Centralasien. Landschaften und Völker in Kaschgar, Turkestan, Kaschmir und Tibet. Leipzig o. J. (um 1874)
Hickmann, Hans Die Musik des arabisch-islamischen Bereichs. In: B. Spuler (Hrsg.) Handbuch der Orientalistik. Erste Abteilung: Der Nahe und der Mittlere Osten. Ergänzungsband IV.: Orientalische Musik; S. 1–134. Leiden/Köln 1970
Hildén, Kaarlo The Abdals in Eastern Turkestan from an Anthropological Point of View. In: Journal of the Royal Central Asian Society 36/1; S. 72–77 (1949)
Hofmann, Inge/Anton Vorbichler Das Islam-Bild bei Karl May und der islamo-christliche Dialog. Wien 1979
Horovitz, Josef Bābā Ratan, the Saint of Bhatinda. In: Zulfiqar Ahmad (Hrsg.) Selections from Journal of the Panjab Historical Society, Vol I. Lahore & the Punjab (1911); S. 62–82. Lahore 1982

Hujwiri, 'Ali B. 'Uthman Al-Jullabi The Kashf al-Maḥjúb. The oldest Persian Treatise on Sufism. Leiden/London 1911

Hunt, E.H. The Rafai Fakeers of Hyderabad. In: Man 32/51; S. 46 (1932)

Ibbetson, Denzil Panjab Castes. Races, Castes and Tribes of the People of Panjab. New Delhi 1916 (Repr. New Delhi 1981)

Ippen, Theodor A. Skutari und die nordalbanische Küstenebene. Sarajevo 1907

Iqbal, Jonaid Sufis and Shrines. In: Folk Heritage of Pakistan, Vol. 1; S. 59–70. Islamabad 1977

Irvine, William Later Mughals (hrsg. v. Jadunath Sarkar). Lahore 1921/22 (Repr. Lahore o.J.)

Irving, Miles The Shrine of Bāba Farīd Shakarganj at Pākpattan. In: Zulfiqar Ahmad (Hrsg.) Selections from Journal of the Panjab Historical Society, Vol. I. Lahore & the Punjab (1911); S. 50–56. Lahore 1982

Ivanow, W. An old Gypsy-Darwish Jargon. In: Journal and Proceedings of the Asiatic Society of Bengal, N.S. 18/1; S. 375–383 (1922)

ders. Jargon of Persian Mendicant Darwishes. In: Journal and Proceedings of the Asiatic Society of Bengal, N.S. 23; S. 243–245 (1929a)

ders. Some Persian Darvish Songs. In: Journal and Proceedings of the Asiatic Society of Bengal, N.S. 23; S. 237–242 (1929b)

Jacob, Georg Beiträge zur Kenntnis des Derwisch-Ordens der Bektaschis (Türkische Bibliothek, 9. Bd.). Berlin 1908

ders. Fortleben von antiken Mysterien und Alt-Christlichem im Islam. In: Der Islam 2/2–3; S. 232–234 (1911)

Ja'far Sharīf Islam in India or the Qānūn-i-Islām. The Customs of the Musalmāns of India. London u.a. 1921

Janata, Alfred Turkestan 1890. Sammlungen des Museums für Völkerkunde in Wien. Mit einem Beitrag über österreichische Kriegsgefangene in Turkestan, 1915–1921. Wien 1984

Jarring, Gunnar Matters of Ethnological Interest in Swedish Missionary Reports from Southern Sinkiang. Lund 1979

ders. The Moen Collection of Eastern Turki (New Uighur) Proverbs and Popular Sayings. Lund 1985

ders. Dervish and Qalandar. Texts from Kashghar edited and translated with Notes and Glossary. Lund 1987

de Jong, F. Die mystischen Bruderschaften und der Volksislam. In: W. Ende/U. Steinbach (Hrsg.) Der Islam in der Gegenwart; S. 487–504. München 1984

Kadkani, Mohammad Reza Shafii Anmerkungen zum Flickenrock der Sufis. In: Spektrum Iran. Zeitschrift für islamisch-iranische Kultur 2/4; S. 27–45 (1989)

Kehl-Bodrogi, Krisztina Die Kizilbaş/Aleviten. Untersuchungen über eine esoterische Glaubensgemeinschaft in Anatolien. Berlin 1988

Kippenberg, Hans G. Jeder Tag 'Ashura, jedes Grab Kerbala. Zur Ritualisierung der Straßenkämpfe im Iran. In: Religion und Politik. Mardom nameh – Jahrbuch zur Geschichte und Gesellschaft des Mittleren Orients (Hrsg. v. Berliner Institut für Vergleichende Sozialforschung); S. 217–256. Frankfurt a. M. 1981

Kissling, Hans Joachim Aus der Geschichte des Chalvetijje-Ordens. In: Zeitschrift der Deutschen Morgenländischen Gesellschaft 103/2; S. 233–289 (1953)

ders. Zur Geschichte der Rausch- und Genußgifte im Osmanischen Reiche. In: Südost-Forschungen 16/2; S. 342–356 (1957a)

ders. Die Wunder der Derwische. In: Zeitschrift der Deutschen Morgenländischen Gesellschaft 107 (N. F. 32); S. 348–361 (1957b)

ders. Das islamische Derwischwesen. In: Scientia. Revue internationale de synthèse scientifique 53; S. 1–6 (1959)

ders. Die islamischen Derwischorden. In: Zeitschrift für Religions- und Geistesgeschichte 12/1: S. 1–16 (1960)

ders. Zum islamischen Heiligenwesen auf dem Balkan, vorab im thrakischen Raume. In: Zeitschrift für Balkanologie 1/1–2; S. 46–59 (1962)

ders. Einiges über den Zejnîje-Orden im Osmanischen Reiche. In: Der Islam 39; S. 143–179 (1964)

ders. Die Rufa'iye in Skopje: Scheich Ali Hajdar Murteza (Begleitheft zu dem wiss. Film B 1242, Sektion Ethnologie, Serie 12, Nr. 23). Göttingen (Institut für den Wissenschaftlichen Film) 1982

ders. Das islamische Derwischtum als Bewahrer volksreligiöser Überlieferungen. In: H. J. Kissling Dissertationes orientales et Balcanicae collectae I. Das Derwischtum; S. 349–364. München ([1]1964) 1986 (a)

ders. Die soziologische und pädagogische Rolle der Derwischorden im Osmanischen Reiche. In: H. J. Kissling Dissertationes orientales et Balcanicae collectae I. Das Derwischtum; S. 180–190. München ([1]1953) 1986 (b)

Klappstein, Paul Vier turkestanische Heilige. Ein Beitrag zum Verständnis der islamischen Mystik. (Türkische Bibliothek, 20. Bd.). Berlin 1919

Klimburg, Max The Ikats of Central Asia – Gli Ikat dell' Asia centrale. In: M. Klimburg/S. Pinto Tissuti Ikat dell' Asia centrale di collezioni italiane; S. 9–38. Turin 1986

Klimkeit, Hans-Joachim Die ›Teufelstänze‹ von Südindien. In: Anthropos 71; S. 555–578 (1976)

Knappert, Jan Islamic Legends. Histories of the Heroes, Saints and Prophets of Islam, Bd. 2. Leiden 1985

Köprülüzade, M. Fu'ad Abū Isḥāq Kāzerūnī und die Isḥāqī-Derwische in Anatolien. In: Der Islam 19/1–2; S. 18–26 (1930)

Kreiser, Klaus Zâkir Şükrî Efendi. Die Istanbuler Derwisch-Konvente und ihre Scheiche (Mecmu'a-i Tekaya). Nach dem Typoskript von Mehmet Serhan Tayşı herausgegeben, eingeleitet und mit Indizes versehen von Klaus Kreiser. Freiburg 1980

ders. Medresen und Derwischkonvente in Istanbul: Quantitative Aspekte. In: Colloques internationaux du CNRS, No. 601 – Economie et sociétés dans l'empire ottoman (fin du XVIIIe – début du XXe siècle); S. 109–127 (1983)

ders. Die Tekke und das Derwischwesen. In: Türkische Kunst und Kultur aus osmanischer Zeit, Bd. 1 (Ausstellungskatalog); S. 87–91. Recklinghausen 1985

ders. Über zölibatäre Bruderschaften im Bereich des Islam. In: G. Völger/K. v. Welck (Hrsg.) Männerbande – Männerbünde. Zur Rolle des Mannes im Kulturvergleich, Bd. 1; S. 205–212. Köln (Rautenstrauch-Joest-Museum) 1990

Krishna, Lajwanti Rama Pañjābī Ṣūfī Poets A.D. 1460–1900. Karachi 1977

Krishna, Lajwanti/A. Rauf Luther Madho Lal Husain. Sufi Poet of the Punjab. Lahore 1982

Kriss, Rudolf/Hubert Kriss-Heinrich Volksglaube im Bereich des Islam. Bd. 1 Wallfahrtswesen und Heiligenverehrung.
Wiesbaden 1960

Krüger, Eberhard Einige afghanische Turbanformen. In: Waffen- und Kostümkunde; S. 42–48 (1969)

ders. Vom Leumund der Derwische. In: Islamkundliche Abhandlungen aus dem Institut für Geschichte und Kultur des Nahen Orients an der Universität München; S. 104–115. München 1974

Kurin, Richard The Structure of Blessedness at a Muslim Shrine in Pakistan. In: Middle Eastern Studies 19/3; S. 312–325 (1983)

Lane, Edward William The Manners & Customs of the Modern Egyptians. London ([1]1836) 1923

Lansdell, Henry Through Central Asia. London 1887

Latif, Syad Muhammad Lahore: Its History, Architectural Remains and Antiquities. Lahore 1892 (Repr. Lahore 1981)

Laude-Cirtautas, Ilse (Hrsg.) Märchen der Usbeken. Samarkand – Buchara – Taschkent. Köln 1984

Lawrence, Bruce B. Islam in India. The Function of Institutional Sufism in the Islamization of Rajasthan, Gujarat and Kashmir. In: R. C. Martin (Hrsg.) Islam in Local Contexts (Contributions to Asian Studies 17); S. 27–43. Leiden 1982

Levin, Isidor (Hrsg.) Märchen vom Dach der Welt. Überlieferungen der Pamir-Völker. Köln 1986

Lièvre, Vivian/Jean-Yves Loude Le chamanisme des Kalash du Pakistan. Des montagnards polythéistes face à l'Islam. Lyon/Paris 1990

Löffler, Reinhold Islam in Practice. Religious Beliefs in a Persian Village. Albany 1988

Luschan, Felix von Völker, Rassen, Sprachen. Berlin 1927

Mahmood, Tahir The Dargah of Sayyid Salar Mas'ud Ghazi in Bahraich: Legend, Tradition and Reality. In: C.W. Troll (Hrsg.) Muslim Shrines in India. Their Character, History and Significance; S. 24–43. Delhi 1989

Malik, M. Saeed The Musical Heritage of Pakistan. Islamabad 1983

Malik, S. Jamal Waqf in Pakistan. Change in Traditional Institutions. In: Die Welt des Islams 30; S. 63–97 (1990)

Margoliouth, D.S. Dervish. In: J. Hastings (Hrsg.) Encyclopaedia of Religion and Ethics, Vol. IV.; S. 641–643. Edinburgh 1911

Martin, B.G. A Short History of the Khalwati Order of Dervishes. In: N.R. Keddie (Hrsg.) Scholars, Saints, and Sufis. Muslim Religious Institutions in the Middle East since 1500; S. 275–305. Berkeley u.a. 1972

Marzolph, Ulrich Der weise Narr Buhlūl. Wiesbaden 1983

ders. Typologie des persischen Volksmärchens. Beirut 1984

Massignon, Louis Essai sur les origines du lexique technique de la mystique musulmane. Paris 1968

Masson, Charles Narrative of Various Journeys in Balochistan, Afghanistan, and the Panjab, Vol. I–III. London 1842 (Repr. Karachi 1974)

Massoudieh, Mohammad Taghi Musik in Balūčestān, Teil 1. Hamburg 1988

Mayer, Adrian C. Pīr and Murshid: an Aspect of Religious Leadership in West Pakistan. In: Middle Eastern Studies 3/2; S. 160–169 (1967)

Mayne, Peter Saints of Sind. London 1956

McDaniel, June The Madness of the Saints. Ecstatic Religion in Bengal. Chicago 1989

Meer Hassan Ali Observations on the Mussulmanns of India. London u.a. ([1]1832) 1917 (Repr. Karachi 1978)

Meier, Fritz Der Derwischtanz. Versuch eines Überblicks. In: Asiatische Studien 8; S. 107–136 (1954)

Mensching, Gustav Toleranz und Wahrheit in der Religion. München/Hamburg 1955

Menzel, Theodor Die ältesten türkischen Mystiker. In: Zeitschrift der Deutschen Morgenländischen Gesellschaft 79 (N.F. 4); S. 269–289 (1925)

Mirza, Ashfaq Salim A Note on Qawwali. Islamabad 1975

Moosa, Matti Extremist Shiites. The Ghulat Sects. Syracuse, N.Y. 1988

Moser, Heinrich Durch Central-Asien. Leipzig 1888

Moser-Schmitt, Erika Sozioritueller Gebrauch von Cannabis in Indien. In: G. Völger (Hrsg.) Rausch und Realität. Drogen im Kulturvergleich, Teil 2; S. 542–545. Köln (Rautenstrauch-Joest-Museum) 1981

Mühlmann, Wilhelm E. Chiliasmus und Nativismus. Studien zur Psychologie, Soziologie und historischen Kasuistik der Umsturzbewegungen. Berlin 1961

ders. Ergriffenheit und Besessenheit als kulturanthropologisches Phänomen. In: J. Zutt (Hrsg.) Ergriffenheit und Besessenheit. Ein interdisziplinäres Gespräch über transkulturell-anthropologische und -psychiatrische Fragen; S. 69–79. Bern/München 1972

Müller, Klaus E. Kulturhistorische Studien zur Genese pseudo-islamischer Sektengebilde in Vorderasien. Wiesbaden 1967

ders. Das magische Universum der Identität. Elementarformen sozialen Verhaltens. Ein ethnologischer Grundriß. Frankfurt a. M./New York 1987

Nadvi, Syed Mozaffar-ud-Din Pirism (Corrupted Sufism). In: Islamic Culture 9; S. 475–484 (1935)

Naheed, Nargis The Musical Heritage of Pakistan. Islamabad 1987

Nayyar, Adam Qawwali. Islamabad 1988

ders. (Hrsg.) Musical Survey of Pakistan. Three Pilot Studies. Islamabad 1989

Neubauer, Eckhard Muḥarram-Bräuche im heutigen Persien. In: Der Islam 49; S. 249–272 (1972)

Neumann, Wolfgang Die Berber. Vielfalt und Einheit einer traditionellen nordafrikanischen Kultur. Köln 1983

Nicholson, Reynold A. The Mystics of Islam. London 1914

Niedermayer, Oskar von Afghanistan. Leipzig 1924

Niehaus-Pröbsting, Heinrich Der Kynismus des Diogenes und der Begriff des Zynismus. München 1979

Nizami, Khaliq Ahmad The Life and Times of Sheikh Farid-ud-Din Ganj-i-Shakar. Aligarh 1955 (Repr. Lahore 1976)

Norden, Hermann Under Persian Skies. A Record of Travel by the Old Caravan Routes of Western Persia. London 1928

O'Brien, Aubrey The Mohammedan Saints of the Western Punjab. In: The Journal of the Royal Anthropological Institute of Great Britain and Ireland 41 (N. S. 14); S. 509–520 (1911)

O'Brien, Donald/B. Cruise The Mourides of Senegal. The Political and Economic Organization of an Islamic Brotherhood. Oxford 1971

Ogén, Göran Religious Ecstasy in Classical Sufism. In: N. G. Holm (Hrsg.) Religious Ecstasy. Based on Papers read at the Symposium on Religious Ecstasy held at Åbo, Finland, on the 26th – 28th of August 1981; S. 226–240. Stockholm 1982

Olesen, Asta The Sheikh Mohammadi – A Marginal Trading Community in East Afghanistan. In: Folk 27; S. 115–146 (1985)

Olufsen, O. The Emir of Bokhara and his Country. Journeys and Studies in Bokhara. London 1911

Önder, Mehmet Mevlana und Mevlana Museum. Istanbul 1988

Onfray, Michel Der Philosoph als Hund. Vom Ursprung des subversiven Denkens bei den Kynikern. Frankfurt a. M. 1991

Pacholczyk, Jozef Sufyana Kalam, the Classical Music of Kashmir. In: Asian Music 10/1; S. 1–16 (1978)

ders. The Status of Sufyāna Kalam in Kashmir. In: Asian Music 12/1; S. 159–163 (1979)

Paquet, Leonce Les cyniques grecs. Fragments et témoignages. Ottawa 1975

Pastner, Stephen L. Power and Pirs Among the Pakistani Baluch. In: Journal of Asian and African Studies 13/3–4; S. 231–243 (1978)

ders. Feuding with the Spirit among the Zikri Baluch: The Saint as Champion of the Despised. In: A. S. Ahmed/D. M. Hart (Hrsg.) Islam in Tribal Societies. From the Atlas to the Indus; S. 302–309. London 1984

ders. Sardār, Hakom, Pīr: Leadership Patterns among the Pakistani Baluch. In: K. P. Ewing (Hrsg.) Shari'at and Ambiguity in South Asian Islam; S. 164–179. Berkeley/Los Angeles 1988

Patlagean, Evelyne Sur la limitation de la fécondité dans la haute époque byzantine. In: E. Patlagean Structure sociale, famille, chrétiente à Byzance IVe – XIe siècle; VIII, S. 1353–1369.
London ([1]1969) 1981

Pelliot, M. Les Âbdâl du Païnâp. In: Journal Asiatique 9; S. 115–139 (1907)

Pennell, T. L. Among the Wild Tribes of the Afghan Frontier. London 1909 (Repr. Lahore 1978)

Pfeffer, Georg Pariagruppen des Pandschab. Freiburg i. Br. 1970

Pfleiderer, Beatrix Mira Datar Dargah: The Psychiatry of a Muslim Shrine. In: Imtiaz Ahmad (Hrsg.) Ritual & Religion among Muslims of the Subcontinent; S. 195–233. Lahore 1985

Platts, John T. A Dictionary of Urdū, Classical Hindī and English. London u. a. [4]1911

Polak, Jakob Eduard Persien. Das Land und seine Bewohner. Ethnographische Schilderungen, 2 Teile. Leipzig 1865

Popovic, Alexandre Les ordres mystiques musulmans du Sud-Est européen dans la période post-ottomane. In: A. Popovic/G. Veinstein (Hrsg.) Les ordres mystiques dans l'Islam; S. 63–99. Paris 1986

Popovic, Alexandre/G. Veinstein (Hrsg.) Les ordres mystiques dans l'Is-

lam. Cheminements et situation actuelle. Paris (Ecole des Hautes Etudes en Sciences Sociales) 1986
Pottinger, Henry Travels in Beloochistan and Sinde. London 1816 (Repr. Karachi 1976)
Pstrusińska, Jadwiga Magati: Some Notes on an unknown Language of Northern Afghanistan. In: Journal of the Anthropological Society of Oxford 17/2; S. 135–139 (1986)
Qazi, N. B. G. Lal Shahbaz Qalandar 'Uthman Marwandi. Lahore (R. C. D. Cultural Institute) 1971
Al-Qubrusi, Sheikh Nazim The Naqshbandi Way: A Guidebook for Spiritual Progress. Konya 1982
Quedenfeldt, M. Aberglaube und halbreligiöse Bruderschaften bei den Marokkanern. In: Verhandlungen der Berliner Anthropologischen Gesellschaft (1886); S. 671–692
Qureshi, Regula Burckhardt Sufi Music of India and Pakistan: Sound, Context and Meaning in Qawwali. Cambridge u. a. 1986
Radtke, Bernd Menschlicher Selbstwille und göttliche Gnade in der islamischen Mystik. In: H.-J. Braun/K. H. Henking (Hrsg.) Homo Religiosus; S. 77–88. Zürich (Völkerkundemuseum der Universität Zürich) 1990
Rao, Aparna Zigeunerähnliche Gruppen in West-, Zentral- und Südasien. In: R. Vossen Zigeuner. Roma, Sinti, Gitanos, Gypsies zwischen Verfolgung und Romantisierung; S. 163–186. Frankfurt a. M. u. a. 1983
dies. Peripatetic Minorities in Afghanistan – Image and Identity. In: E. Orywal (Hrsg.) Die ethnischen Gruppen Afghanistans. Fallstudien zu Gruppenidentität und Intergruppenbeziehungen; S. 254–283. Wiesbaden 1986
dies. The Concept of Peripatetics: An Introduction. In: A. Rao (Hrsg.) The Other Nomads. Peripatetic Minorities in Cross-cultural Perspective; S. 1–32. Köln/Wien 1987
dies. Entstehung und Entwicklung ethnischer Identität bei einer islamischen Minderheit in Südasien: Bemerkungen zur Geschichte der Bakkarwal im westlichen Himalaya. Berlin 1988
Rathjens, Carl Strukturen von Staatsform und Machtausübung in Afghanistan. Zur politischen Geographie eines islamischen Staates. In: Geographische Zeitschrift 78/3; S. 186–197 (1990)
Rauf Sheikh, A. Spiritual Swings and Soaring Wings. A Study in Sufism, Mysticism and Spiritualism: the Methods of Islam. Lahore 1982
Reitzenstein, R. Hellenistische Wundererzählungen. Leipzig 1906
ders. Die hellenistischen Mysterienreligionen nach ihren Grundgedanken und Wirkungen. Leipzig/Berlin 1927

Reusch, Richard Der Islam in Ost-Afrika mit besonderer Berücksichtigung der muhammedanischen Geheim-Orden. Leipzig 1931
Rice, C. Colliver Persian Women & their Ways. London 1923
Rinn, Louis Marabouts et Khouan. Etude sur l'Islam en Algérie. Alger 1884
Ritter, Hellmut Das Meer der Seele. Mensch, Welt und Gott in den Geschichten des Farīduddīn 'Aṭṭār. Leiden 1978
Rizvi, Saiyid Athar Abbas A History of Sufism in India, Vol. I. Early Sufism and its History in India to 1600 A.D. New Delhi 1975, Vol. II. From Sixteenth Century to Modern Century. New Delhi 1983
Rose, H. A. Muhammadan Pregnancy Observances in the Punjab. In: The Journal of the Anthropological Institute of Great Britain and Ireland 35 (N.S. 8); S. 279–282 (1905)
ders. A Glossary of the Tribes and Castes of the Punjab and North-West Frontier Province, Vol. I–III. Lahore 1911 (Repr. Lahore 1978)
Rosenthal, Franz The Herb. Hashish versus Medieval Muslim Society. Leiden 1971
Rosner, Victor Fire-Walking the Tribal Way. In: Anthropos 61; S. 177–190 (1966)
Roy, Asim The Islamic Syncretistic Tradition in Bengal. Princeton 1983
Roy, Olivier Islam and Resistance in Afghanistan. Cambridge 1986
Rydén, Lennart Das Leben des heiligen Narren Symeon von Leontios von Neapolis. Stockholm/Uppsala 1963.
Rypka, Jan Iranische Literaturgeschichte. Leipzig 1959
Sadler, Albert W. Visit to a Chishtī Qawwālī. In: The Muslim World 53/4; S. 287–292 (1963)
Saleh, Ahmed Alkohol und Haschisch im heutigen Orient. In: G. Völger (Hrsg.) Rausch und Realität. Drogen im Kulturvergleich, Teil 2; S. 488–491. Köln (Rautenstrauch-Joest-Museum) 1981
Salzmann, Erich von Im Sattel durch Zentralasien. Berlin 1908
Schelle, Karl Gottlob Die Geschichte des männlichen Bartes. Leipzig 1797 (Repr. Dortmund 1983)
Schimmel, Annemarie The Martyr-Mystic Ḥallāj in Sindhi Folk-Poetry. Notes on a Mystical Symbol. In: Numen 9; S. 161–200 (1962)
dies. Gärten der Erkenntnis. Texte aus der islamischen Mystik. Düsseldorf/Köln 1982 (a)
dies. Islam in India and Pakistan. Leiden 1982 (b)
dies. Reflections on Popular Muslim Poetry. In: Contributions to Asian Studies 17; S. 17–26 (1982c)
dies. Der Islam im indischen Subkontinent. Darmstadt 1983 (a)
dies. Unendliche Suche. Geschichten des Schah 'Abdul Latif von Sind. München 1983 (b)

dies. Die orientalische Katze. Köln 1983 (c)
dies. Stern und Blume. Die Bilderwelt der persischen Poesie. Wiesbaden 1984
dies. Al-Halladsch »O Leute, rettet mich vor Gott«. Worte verzehrender Gottessehnsucht. Freiburg i. Br. 1985 (a)
dies. Mystische Dimensionen des Islam. Die Geschichte des Sufismus. Köln 1985 (b)
dies. Derwīsh. In: H. Waldenfels (Hrsg.) Lexikon der Religionen; S. 122. Freiburg i. Br. u. a. 1987 (a)
dies. Ṣūfismus. In: H. Waldenfels (Hrsg.) Lexikon der Religionen; S. 620–622. Freiburg i. Br. u. a. 1987 (b)
dies. Derwische. In: G. Völger/K. v. Welck (Hrsg.) Männerbande – Männerbünde. Zur Rolle des Mannes im Kulturvergleich, Bd. 1; S. 199–204. Köln (Rautenstrauch-Joest-Museum) 1990 (a)
dies. Sufismus und Volksfrömmigkeit. In: Der Islam. III Islamische Kultur – Zeitgenössische Strömungen – Volksfrömmigkeit; S. 157–242. Stuttgart u. a. 1990 (b)
Schipperges, Heinrich Zum Phänomen der ›Besessenheit‹ im arabischen und lateinischen Mittelalter. In: J. Zutt (Hrsg.) Ergriffenheit und Besessenheit. Ein interdisziplinäres Gespräch über transkulturell-anthropologische Fragen; S. 81–94. Bern/München 1972
Schlamminger, Karl/Peter Lamborn Wilson Persische Bildteppiche. Geknüpfte Mythen. München 1980
Der Schlangenschatz. Turkmenische Märchen. Berlin 1976
Schmidt, Richard Fakire und Fakirtum im Alten und Modernen Indien. Berlin 1908
Schulz, Walter Zustände im heutigen Persien wie sie das Reisebuch des Ibrahim Begs enthüllt. Leipzig 1903
Schuyler, Eugene Turkistan. Notes of a Journey in Russian Turkistan, Khokand, Bukhara, and Kuldja, Vol. I.
New York 1876
Schwarz, Franz von Turkestan, die Wiege der indogermanischen Völker. Freiburg i. Br. 1900
Schweizer, Gerhard Die Derwische. Heilige und Ketzer des Islam. Salzburg 1980
Schwerin, Kerrin Gräfin Heiligenverehrung im indischen Islam: Die Legende des Märtyrers Sālār Mas'ud Ġāzī. In: Zeitschrift der Deutschen Morgenländischen Gesellschaft 126/2; S. 319–335 (1976)
Sharib, Zahurul Hassan Khawaja Gharib Nawaz. Lahore 1961 (Repr. Lahore 1985)
Sheil, (M.) Glimpses of Life and Manners in Persia. London 1856
Singer, André Die Derwische. In: A. Singer (Hrsg.) Bild der Völker –

Die Brockhaus Völkerkunde, Bd. 8, Teil 1: Türkei, Iran, Irak, Afghanistan, West-Turkestan; S. 56–57. Wiesbaden 1974
ders. Lords of the Khyber. The Story of the North-West Frontier. London/Boston 1984
Sirajul Haq Samā' and Raqṣ of the Darwishes. In: Islamic Culture 18; S. 111–130 (1944)
Small, Michael Pilgrimage in Pakistan: A Study of the Urs of Barri Imam. (unpubl. Diss., Department of Social Anthropology, University of Cambridge, 1981)
Sopher, David E. Religion und Landschaft. In: M. Schwind (Hrsg.) Religionsgeographie; S. 333–372. Darmstadt ([1]1967) 1975
Sorley, H. T. Shāh Abdul Latīf of Bhit: His Poetry, Life and Times. Oxford 1940 (Repr. New Delhi 1984)
Stein, Wolfgang Coffea arabica – Kaffee aus dem Jemen. In: P. W. Schienerl (Hrsg.) Diplomaten und Wesire. Krieg und Frieden im Spiegel türkischen Kunsthandwerks; S. 149–160. München (Staatl. Museum für Völkerkunde) 1988
Steingass, F. A Comprehensive Persian-English Dictionary. London u.a. [7]1984
Stronge, Susan/N. Smith/J. C. Harle A Golden Treasury. Jewellery from the Indian Subcontinent. London (Victoria & Albert Museum) 1988
Subhan, John A. Sufism. Its Saints and Shrines. An Introduction to the Study of Sufism with Special Reference to India and Pakistan. Lucknow 1960
Suzuki, Michiko Oral Tradition of Epics and Folktales. In: T. Fuji (Hrsg.) Music Culture in West Asia; S. 95–120. Osaka 1980
Syed Shah Khusro Hussaini Die Bedeutung des 'urs-Festes im Sufitum und eine Beschreibung des 'urs des Gisudiraz. In: Asien 17; S. 43–54 (1985)
Sykes, P. M. The Glory of the Shia World. The Tale of a Pilgrimage. London 1910
Tabibi, Abdul H. Sufism (Mysticism) in Afghanistan and its Impact on Islamic Culture. Kabul 1977
Taeschner, Franz Der Anteil des Sufismus an der Formung des Futuwwaideals. In: Der Islam 24; S. 43–74 (1937)
ders. Die osmanische Literatur. In: Handbuch der Orientalistik, 1. Abt., Bd. 5, 1. Abschnitt Turkologie; S. 250–335. Leiden/Köln 1963
ders. Zünfte und Bruderschaften im Islam. Texte zur Geschichte der Futuwwa. Zürich/München 1979
Tapper, Richard Holier than thou: Islam in three Tribal Societies. In: A. S. Ahmed/D. M. Hart (Hrsg.) Islam in Tribal Societies. From the Atlas to the Indus; S. 244–265. London 1984

Tausend und eine Nacht (Arabische Erzählungen nach der Übersetzung von Gustav Weil). Hamburg 1928

Tavernier, Jean Baptiste Reisen zu den Reichtümern Indiens. Abenteuerliche Jahre beim Großmogul 1641–1667 (Hrsg. u. Bearb. der dt. Ausgabe von 1681 durch S. Lausch u. F. Wiesinger). Stuttgart 1984

Temple, Richard Carnac Panjab – Rosaries – Hindu and Musalman. In: Indian Notes & Queries 4/39; S. 41 f. (1886 a)

ders. Panjab – Begging Bowls – Mendicants – Angarh and Ghori Jogis. In: Indian Notes & Queries 4/39; S. 42. (1886 b)

ders. The Legends of the Panjab, Vol. I–III. London 1886 (Repr. in zwei Bänden: Islamabad; Institute of Folk Heritage 1981) (1886 c)

ders. (Hrsg.) The Travels of Peter Mundy, in Europe and Asia, 1608–1667. o. O. 1914 (Repr. Nendeln 1967)

Thorning, Hermann Beiträge zur Kenntnis des islamischen Vereinswesens auf Grund von Basṭ Madad et-Taufîq (Türkische Bibl., 16. Bd.). Berlin 1913

Thylmann, Karl/Linde Thylmann Gesänge des tanzenden Gottesfreundes. Aus der Dichtung des persischen Mystikers Rumi. Freiburg i. Br. 1978

Titus, Murray T. Indian Islam. A Religious History of Islam in India. London u. a. 1930

Topper, Uwe Sufis und Heilige im Maghreb. München 1991

Trimingham, J. Spencer The Sufi Orders in Islam. Oxford 1971

Troll, Christian W. Muslim Shrines in India. Their Character, History and Significance. Delhi 1989

Tschudi, Rudolf Das Vilâjet-nâme des Hâdschim Sultan. Eine türkische Heiligenlegende (Türkische Bibl., 17. Bd.). Berlin 1914

Tuchelt, Klaus (Hrsg.) Türkische Gewänder und osmanische Gesellschaft im achtzehnten Jahrhundert. Graz 1966

Tunsch, Thomas Tanzdarstellungen in der islamischen Metallkunst: Bemerkungen zur Typologie und zum kulturhistorischen Umfeld. In: Wissenschaftliche Zeitschrift Universität Halle 40/2; S. 119–125 (1991)

Ubaidullah Baig/A. A. K. Brohi Pakistan. Journey into Light. An Instant Guide to Devotional Tours. Islamabad 1985

Utas, Bo Mānistān and Xānaqāh. In: Papers in Honour of Professor Mary Boyce, Vol. II (Acta Iranica 25); S. 655–664. Leiden 1985

Vambery, Hermann Reise in Mittelasien. Leipzig 1865

Venzlaff, Helga Der islamische Rosenkranz. Stuttgart 1985

Waardenburg, Jacques Official and Popular Religion in Islam. In: Social Compass 25/3–4; S. 315–341 (1978)

ders. The Persistence of Islam in Central Asia. In: Temenos 26; S. 139–157 (1990)

Wadhwani, Tirathdas Hotchand Music Composition of Shah Latif. In: G. A. Allana (Hrsg.) Folk Music of Sind; S. 85–90. Jamshoro (Institute of Sindhology, University of Sind) 1982

Weidig, Jutta Tanz-Ethnologie. Einführung in die völkerkundliche Sicht des Tanzes. Ahrensburg 1984

Welte, Frank Maurice Der Gnāwa-Kult. Trancespiele, Geisterbeschwörung und Besessenheit in Marokko. Frankfurt a. M. 1990

Wensinck, A. J./J. H. Kramers (Hrsg.) Handwörterbuch des Islam. Leiden 1976 (zahlreiche Stichworte/Artikel zum Thema Sufismus und Derwischwesen von verschiedenen Autoren)

Werbner, Pnina Economic Rationality and Hierarchical Gift Economies: Value and Ranking among British Pakistanis. In: Man, N. S. 25; S. 266–285 (1990)

Westphal-Hellbusch, Sigrid/Gisela Soltkahn Mützen aus Zentralasien und Persien. Berlin (Museum für Völkerkunde) 1976

Westphal-Hellbusch, Sigrid/Heinz Westphal Zur Geschichte und Kultur der Jat. Berlin 1968

Widengren, Geo Harlekintracht und Mönchskutte, Clownhut und Derwischmütze. Eine gesellschafts-, religions- und trachtgeschichtliche Studie. In: Orientalia Suecana 2/1; S. 41–111 (1953)

ders. Die Religionen Irans. Stuttgart 1965

Wikander, Stig Der arische Männerbund. Lund 1938

Willfort, Fritz Turkestanisches Tagebuch. Sechs Jahre in Russisch-Zentralasien. Wien/Leipzig 1930

Wittek, Paul The Rise of the Ottoman Empire. London 1971

Wunderli, Jürg Schritte nach innen. Östliche Meditation und westliche Mystik. Freiburg i. Br. 1975

Yousuf, Mahrukh Catalogue of the Collection of Folk and Classical Musical Instruments of Pakistan in the Archives of Lok Virsa Museum. Islamabad 1989

Yusuf, Zohra (Hrsg.) Rhythms of the Lower Indus. Perspectives on the Music of Sindh. Karachi 1988

Zaehner, R. C. Hindu and Muslim Mysticism. London 1960

ders. Drugs, Mysticism and Make-Believe. London 1972

Zahorka, Herwig Palang-Gebrauch und seine Darstellungen – über ganz Indonesien verbreitet. In: Tribus 39; S. 141–152 (1990)

El-Zein, Samih Atif Sufismus in der Sicht des Islams. Beirut 1980

Zimmer, Heinrich Indische Mythen und Symbole. Düsseldorf/Köln 1972

Der Koran wurde zitiert nach der Ausgabe: Der Koran. Kommentar und Konkordanz von Rudi Paret. Stuttgart u. a. ^{3}1986

Erläuterung von Fachbegriffen (Glossar)

Adept Novize, Jünger, Anhänger einer Lehre; s. auch *murid*

Adonisgärtlein Fruchtbarkeitssymbol; hier: Miniaturfeld, im Rahmen einer Zeremonie eingesät

Afridi ein in der North-West Frontier Province lebender Volksstamm der → Pashtunen

Androgynie (griech. *aner* = ›Mann‹, *gyne* = ›Weib‹) körperlich-seelische Mischung beider Geschlechter in einer Person; Doppelgeschlechtlichkeit beim Mann

Argot Bezeichnung für die Sprache, den spezifischen Wortschatz einer abgegrenzten, meist am Rande der Gesellschaft stehenden Gruppe; hier: Sprache der Bettler und Gauner; der Argot soll sprachliche Mitteilungen für Außenstehende unverständlich machen

Armut → *faqr*

Attis Geliebter der phrygischen Göttin → Kybele, die ihn aus Eifersucht in den Wahnsinn und zur Selbstentmannung trieb, woran er starb. Daraufhin veranlaßte die Göttin ein alljährliches Trauerfest, bei dem man Attis mit orgiastischen Praktiken feierte. Der Attis-Kybele-Kult verbreitete sich in der Kaiserzeit bis nach Rom; in der Spätantike erlangte Attis hauptsächlich Bedeutung als sterbender und wiederauferstehender Gott

auliya → *wali*

Autismus Persönlichkeitsstörung bei Schizophrenen, die sich in krankhafter Selbstbezogenheit, Insichgekehrtsein und Teilnahmslosigkeit gegenüber der Außenwelt äußert

ba-shar' mit dem religiösen Gesetz (→ *shari'a*) konform gehend, orthodox

Bakkarwal (›Ziegenleute‹); viehzüchtende Minderheit im westlichen Himalaya

balaka im Kontext der islamischen Heiligenverehrung in Indo-Pakistan: Begriff für den Diener eines Heiligen

Baluch in Pakistan, Afghanistan, Iran und Turkmenistan lebendes Volk

baraka Heil- und Segenskraft, Wirkkraft eines Heiligen, die auf die Gläubigen übertragen werden kann; s. auch Charisma

Basmachi-Bewegung (›Buchdrucker, Stoffdrucker‹); Freiheitsbewegung in Mittelasien (1918–29), angeführt von Enwer Pasha

Bektashiyye orthodoxe Derwischbruderschaft in der Türkei, beeinflußte den türkischen Volksislam, bewahrte vor- und nichtislamisches Gedankengut, enge Bezüge zu den → Zwölfer-Schiiten

Berber Sammelbezeichnung für einen Bevölkerungsteil Nordafrikas

bhakti im Hinduismus: Haltung der liebenden Hingabe an Gott

bi-shar' außerhalb des Religionsgesetzes, frei, ungebunden, ohne das religiöse Gesetz (→ *shari'a*) lebend und handelnd

Bu-Jlud karnevaleske Figur in den Riten der Haddawa, einer *bi-shar'*-Bruderschaft

centunculus Mimenschauspieler der Antike

Charisma/charismatisch (griech. ›Gnadengabe‹); die als übernatürlich empfundene, besondere Ausstrahlung oder außergewöhnliche Begabung eines Menschen (Propheten, Kriegshelden). In der islamischen Welt bezeichnet der Begriff → *baraka* charismatische Kräfte und Fähigkeiten

chili scharfe Paprikaart, aus der man Cayennepfeffer gewinnt

chilla-**Übung** Askesepraktik: 40 Tage dauernde Meditation in der Klausur, wahrscheinlich vom 40tägigen Fasten Moses abgeleitet

chimta feuerzangenförmiges Rhythmusinstrument

Chishtiyya orthodox ausgerichtete indische Derwischbruderschaft, übernahm hinduistische Vorstellungen und Gebräuche (Musik und ekstatischer Tanz); charakteristische Ideale der Chishtiyya sind Armut (→ *faqr*) und absolutes Gottvertrauen (→ *tawakkul*)

Corpus cavernosum Schwellkörper des Penis

Cyrenaica Landschaft in Ost-Libyen, erstreckt sich von der Küste bis in die Libysche Wüste

Dakhni in Südindien gesprochenes → Urdu

dargah (›Tor, Pforte‹); Heiligenschrein, Ort der Begegnung von Derwischen sowie Laienanhängern mit der Wirklichkeit des Heiligen; bestehend aus der Grabstätte des Heiligen, Moschee, Derwischkonvent (→ *khanqah*), Gästehaus, Freiküche und Hospital

Derwisch (pers. *darwish* = ›arm‹, arab. *faqir*); Bezeichnung für fromme islamische Mystiker, die – zumeist in Bruderschaften organisiert – die geistige Vereinigung mit Gott anstreben

Devi weibliche Gottheit (Muttergottheit) im Hinduismus, aus der vorbuddhistischen indischen Religion stammend

dhamal ekstatischer Tanz an indo-pakistanischen Heiligenschreinen; eigentlich Bezeichnung für ein spezielles Trommelspiel

dhikr → *zikr*

dies natalis lat. ›Geburtstag‹

Dionysos Gott des Weines, der Fruchtbarkeit und der Ekstase; die oberste Gottheit der späteren griechischen Welt; seine Anhänger verehrten ihn in rauschhaften, orgiastischen Kulten

divyonmada religiöser Wahnsinn

diwan hier: orientalische Lieder- und Gedichtsammlung

Dravida Sammelbezeichnung für nicht-indoeuropäische Sprachfamilie in Zentral- und Südindien

Durrani größter Stamm der → Pashtunen, lebt in Afghanistan

Ekstase (griech. *ékstasis;* arab. *wajd* = ›finden‹); rauschhafte religiöse Verzückung; Loslösung von der eigenen Person; Ekstase wird häufig durch Askese, Musik, Tanz oder Drogen herbeigeführt und tritt oft in Verbindung mit Halluzinationen auf; Zustand, in dem der Derwisch Gott gefunden hat und ganz von ihm erfüllt ist

Ekstatiker im Sufismus: Mystiker, der in einem rauschhaften, ekstatischen Zustand die Vereinigung mit Gott sucht

ektara/yaktaro ein- bis zweisaitige Laute

emisch ethnologischer Begriff: Betrachtung von innen, im Gegensatz zur Betrachtung eines Außenstehenden, z. B. Beschreibung einer Kultur aus der Sichtweise eines Mitglieds dieser Kultur

Endogamie/endogam Verpflichtung zur Heirat innerhalb der eigenen Verwandtschafts- oder Lokalgruppe

Entwerden → *fana'*

Epitheton (griech. ›Beiwort‹); formelhafter attributivischer Zusatz bei bestimmten Begriffen oder Namen, v. a. in der klassischen und volkstümlichen Dichtung (rotes Blut, tapferer Held)

Fakir (*faqir* = ›arm, der Arme‹); muslimische Fakire sind heterodoxe Derwische, Wanderderwische auf dem mystischen Pfad (→ *tariqa*); s. auch Derwisch

fana' ›Entwerden‹ des Mystikers in der göttlichen Gegenwart, Einswerdung von Mensch und Gott; Gnadengabe Gottes am Ende des mystischen Pfades (→ *tariqa*), völlige Aufhebung des Ich-Bewußtseins, geistige Vereinigung mit Gott (der Mystiker entwird seinem eigenen Willen und nimmt Gottes Willen an)

faqr (›Armut‹); zentrale Eigenschaft eines Mystikers auf dem Weg zu Gott; ebenso wichtig wie äußerliche Armut ist ›geistige‹ Armut (Fehlen jeglichen Begehrens nach Besitz)

Faszien Muskelscheiden

Ferghana-Tal 300 km lange, bis 150 km breite mittelasiatische Beckenlandschaft, nördlicher Teil der antiken Landschaft Soghdiana, heute zu Uzbekistan und Tajikistan gehörend

fondouk Großhandelslager mit Herberge

fünfköpfige heilige Familie → Mohammad, seine Tochter Fatima und ihr Mann 'Ali, sowie deren beide Söhne Hassan und Hussein

futuwwa (›Burschentum‹); Zunftorganisationen, die hauptsächlich im islamischen Mittelalter auftraten; geschätzte ritterliche *futuwwa*-Tugenden sind Gastfreundschaft, Freigebigkeit, Frömmigkeit, Treue, Selbstentsagung, Tapferkeit, unbedingte Aufrichtigkeit

gaddi nishin/sajjada nishin die Nachkommen bzw. Nachfolger eines Heiligen *ghazi* Glaubenskämpfer für den Islam, ab dem 9. Jh. zur Grenzsicherung eingesetzt

gopi → Krishnas Freundinnen in der Hindu-Mythologie, tanzende Hirtinnen

Gujar Volk von Viehzüchtern und Bauern in Pakistan und Nordwestindien

guru (altind. ›ehrwürdiger Lehrer‹); spiritueller Lehrmeister in Indien

hadra (›Gegenwart‹); ekstatischer Ritus, v. a. in Nordafrika gebräuchlicher Begriff für Versammlungen von Derwischen, bei denen das rituelle Gottgedenken (→ *zikr*) geübt wird; im Mittelpunkt stehen die gemeinsame Rezitation von → *zikr*-Formeln und ekstatischer Tanz, der sich bis zur Raserei steigern kann

hagiographische Literatur Lebensbeschreibung der Heiligen

Haidari → Khaksar

Halluzinogene auf das zentrale Nervensystem und die Psyche einwirkende Substanzen, die Halluzinationen (Sinnestäuschungen) hervorrufen können

Harem (*haram* = ›verboten‹); der von Frauen bewohnte Teil des islamischen Hauses

Häresie (griech. ›die erwählte Meinung‹); Ketzerei, Sektiererei, Abweichung vom rechten Glauben

Hathayoga → Yoga-Technik; durch ›gewaltsame Anstrengung‹ *(hatha),* etwa langes Fasten, soll der Körper unempfindlich gegen physische Schmerzen werden

heterodox andersgläubig, eine abweichende Meinung vertretend

›heulende Derwische‹ → Rifa'i

homines religiosi ganz ihrer Religion hingegebene Menschen

Imam (›Führer, Vorbild‹); bei den Sunniten Vorbeter während des Gemeinschaftsgebets; bei den → Schiiten ferner oberste religiöse Autorität und Lehrer der Gläubigen; der letzte Imam (bei den Schiiten der zwölfte) wird eines Tages als → Mahdi wiederkehren; hier: oberster Leiter der islamischen Gemeinde

Intersexuelle Personen mit weiblichen und männlichen Geschlechtsmerkmalen

ishan spirituelle Führer und Heilige in Mittelasien; s. auch *murshid, pir, sheikh, wali*

Ismailiyya/ismailitisch Extreme Richtung der → schiitischen Muslime; ihre Anhänger halten Isma'il († 760) für den rechtmäßigen → Imam, der als siebter Imam in Verborgenheit weiterlebe, bis er eines Tages als → Mahdi wiederkehre

Jalali → *bi-shar'*-Derwische in Indo-Pakistan; Begriff für angsteinflößende Attribute des Derwischseins (›unheimliche Ausstrahlung‹)

Janitscharen (›Neue Truppe‹); osmanische Elitegarde; die Janitscharen kamen aus den Beständen der Knabenlese (d.i. die Verschleppung von christlichen Jugendlichen, die dann von ihren religiösen, sozialen sowie kulturellen Wurzeln abgetrennt wurden und eine Ausbildung für den Palast-, Militär- und Staatsdienst erhielten), wurden in Kriegstechniken geschult und bildeten eine gefürchtete – aber schwer zu disziplinierende – Truppe

jihad (›heiliger Krieg‹ des Islam); als äußerer Kampf gegen Ungläubige, eine bereits im → Koran proklamierte Verpflichtung aller Muslime, und als innerer Krieg gegen die eigene Triebseele verstanden

Kalebasse Fruchtschale des Flaschenkürbis, oft zu Gefäßen verarbeitet

kankala-murti → Shiva als Asket

kantha Gewand hinduistischer Asketen

Kaste eine genau abgegrenzte Gruppe innerhalb der Gesamtgesellschaft mit eigenen Funktionen im religiösen, rechtlichen und wirtschaftlichen Bereich; in Indien sind die verschiedenen Kasten streng hierarchisch gegliedert; man wird in eine Kaste hineingeboren

Katalepsie Muskelstarre, tritt häufig in Verbindung mit Schizophrenie auf

Khaksar → *bi-shar'*-Derwische, auch als Haidari bezeichnet; in erster Linie der iranische Zweig der → Qalandariyya: charakteristische Merkmale sind eine → qalandargemäße Lebensweise und das Ideal der Armut (→ *faqr*)

khanqah (türk. *tekke*); Derwischkonvent, religiöses und soziales Zentrum einer Bruderschaft, von einem → *sheikh* oder → *pir* geleitet

Kizilbash (›Rotkopf‹; Alevi); in der Türkei verbreitete Sondergruppe von 'Ali-Verehrern; der Begriff geht zurück auf die uniformartige rote Kopfbedeckung der ersten Vertreter dieser Gruppe

Koran die heilige Schrift des Islam; enthält die Offenbarungen des Propheten → Mohammad

Korporation (lat. *corpus* = ›Körper‹); Körperschaft; Gruppe mit kollektivem Eigentum, eigenem Recht usw.

Krishna (Sanskrit ›der Schwarze‹); Hindu-Gottheit, gilt als die achte Inkarnation → Vishnus; ursprünglich wohl ein Hirtengott

Kybele (auch *magna mater,* lat. ›Große Mutter‹); kleinasiatische Göttin der Fruchtbarkeit. Ihr Liebling war der schöne Hirte → Attis. Der Kult um Kybele war mit ekstatischen Tänzen und Ausschweifungen verbunden

Lakshmana Hindu-Gottheit, als Sohn → Vishnus verehrt

langar (›Anker‹); Freiküche eines Heiligenschreins (→ *dargah*)

Lesghier ostkaukasisches Volk

Levitation (lat. *levis* = ›leicht‹); das freie Schweben des menschlichen Körpers im Raum

Lingayat Anhänger → Shivas, ihn v. a. im Symbol des Phallus verehrend

Madari → *bi-shar*'-Derwische, Anhänger Zinda Shah Madars, bilden eine Untergruppe der → Malang; bekannt sind sie für ihre schwarze Kleidung und den Lauf über glühende Holzkohlen

Maghreb (›Ort des Sonnenuntergangs‹ = Westen); arabische Bezeichnung für das westliche Nordafrika (Marokko, Algerien, Tunesien)

Magier/Mager medischer Volksstamm, der in der altiranischen und → zoroastrischen Religion Priesterfunktionen wahrnahm; religionswissenschaftlicher Begriff zur Bezeichnung eines Menschen mit übernatürlichen, ›magischen‹ Fähigkeiten

mahayogi → Shiva in seiner Eigenschaft als Meister des → Yoga

Mahdi (›Messiasfigur‹); bei den → Schiiten grundlegender Bestandteil des Glaubens; der verborgene zwölfte → Imam wird eines Tages als Mahdi zurückkehren und frei von Irrtum und Sünde den Glauben erneuern und die Welt erlösen

Majzub zu Gott hingezogene → Ekstatiker mit scheinbarer mentaler Verwirrung, ›weise, heilige Narren‹, gelten als von Gott selbst vom religiösen Gesetz (→ *shari'a*) befreit

Malamati (›Leute des Tadels‹) → *bi-shar*'-Derwische, die ganz bewußt öffentliches Ärgernis erregten, den Tadel der anderen suchten, denn Selbstverachtung und Erniedrigung gehörten zu ihrem Kampf gegen Eitelkeit und Selbstsucht; ihre Geisteshaltung wurde von anderen Derwischgruppen übernommen (v. a. von der → Qalandariyya und → Naqshbandiyya)

Malang freie Gruppe von Ekstatikern, bekannt für exzessiven Haschischgenuß und das Tragen schwerer Eisenketten, weibliche Attribute in Kleidung und Haartracht

Mamluken türkische Militärsklaven, die nach ihrer Ausbildung in Kriegstechniken freigelassen und in die Armee der Aijubiden eingereiht wurden; übernahmen ab 1250 die Macht in Ägypten und Syrien (bis 1517)

mantra im Hinduismus und Buddhismus wirkkräftige heilige Formel bzw. Keimsilbe

Messianismus/messianistisch Sammelbezeichnung für Erneuerungsbewegungen, die einen Messias bzw. Heilsbringer erwarten

Mevleviyye orthodoxe, türkische Derwischbruderschaft, vertritt den gemäßigten → Sufismus, auch bekannt als Orden der ›tanzenden Derwische‹; bei ihrem – den Gestirnenlauf symbolisierenden – Tanz bewegen sich die Akteure in einem Kreis, drehen sich zugleich um die eigene Achse, ein Derwisch im Kreis dreht sich im Gegensinn; der intellektuell ausgerichtete Orden erschien 1425 erstmals im Osmanischen Reich und hat bis zu seinem Verbot durch den Republikgründer Atatürk im Jahre 1925 starken Einfluß auf politischer wie religiöser Ebene ausgeübt

Mikrozephalie Kleinköpfigkeit; meist mit Schwachsinn verbunden; bei annähernd normaler Größe des Gesichts – jedoch mit lang hervorstehender Nase – ist das Gehirn zu klein ausgebildet; oft erbbedingt

Mithras altpersischer Lichtgott, auch im antiken Griechenland und bei den Römern verehrt; den Mithras-Kult feierte man in Felsgrotten oder unterirdischen Räumen, wobei unter dem Genuß von Rauschmitteln Stiere geschlachtet wurden; später (ab dem 2. Jh. v. Chr.) gehörte zu diesem Kult die Enthüllung eines Standbildes, den Gott Mithras darstellend, wie er den Urstier tötet

Moghul-Reich 1526 begründetes Großreich muslimischer Herrscher in Indien; bestand bis 1858

Mohammad (um 570–632); Begründer des Islam und nach islamischer Auffassung letzter der mit Adam beginnenden Reihe der Propheten Allahs; der → Koran gilt als die an Mohammad übermittelte Offenbarung

Moschee islamischer Kultbau und -platz für das öffentliche und private Gebet der Gläubigen, aber auch für Versammlungen

muharram schiitischer Trauermonat

***muharram*-Feierlichkeiten** Gedenkfeier zum Todestag von Hussein, des Sohnes ʿAlis und Enkels des Propheten

mullah einfacher Theologe und Geistlicher

multilocatio gleichzeitige Anwesenheit an mehreren Orten

Munda zur austroasiatischen Sprachfamilie gehörende Stammesgruppe, die überwiegend in Chota Nagpur und Orissa/Indien lebt

Mundtabak im Mund ausgelaugter (nicht gekauter) pulverisierter Tabak mit verschiedenen Beimengungen, v. a. in Afghanistan, Pakistan und Mittelasien weitverbreitet

murid (›Liebender‹); Anhänger und Schüler eines Heiligen

murshid Heiliger, spiritueller Führer; führt den Novizen (→ *murid*) auf dem mystischen Pfad; s. auch *sheikh, pir, ishan, wali*

Mysteriengemeinde in der Antike: Mitglieder einer religiösen Gemeinschaft, die geheime kultische Riten vollzog

mystischer Pfad → *tariqa*

Naqshbandiyya eine der größten und wichtigsten Derwischbruderschaften, orthodox ausgerichtet, vertritt eine eher nüchterne mystische Richtung; ihre Mitglieder legen Wert auf Meditation und stilles Gottgedenken (→ *zikr*)

Nativismus/nativistisch (lat. *nativus* = ›angeboren‹); ethnologisch-religionssoziologische Bezeichnung für in Krisen auftretende Bewegungen, die in der Rückkehr zu den Ursprüngen ein besseres Leben suchen

Neophyt in Mysterien, Geheimbünde oder in die frühchristliche Kirche durch die Taufe neu Aufgenommener

numinos die zugleich furchteinflößende als auch anziehende Eigenschaft des Heiligen

Orakzai in der pakistanischen North-West Frontier Province lebender Stamm der → Pashtunen

Oraon → dravidasprachige Stammesbevölkerung im Nordosten des Dekkhan/Indien

Orpheus im griechischen Mythos: Sänger und Leierspieler, Gründer eines Mysterienkultes. Dem unwiderstehlichen Zauber seines Gesanges verdankte er es, daß Hades ihm erlaubte, seine verstorbene Frau Eurydike aus der Unterwelt zurückzuführen. Doch durfte er sich vor Erreichen der Oberwelt nicht nach Eurydike umdrehen. Orpheus verstieß gegen das Gebot, und Eurydike war für ihn auf ewig verloren

Orthodoxie/orthodox Rechtgläubigkeit

Osmanen türkische Dynastie, deren Sultane zwischen 1516 und 1918 (–1925) von Istanbul aus Anatolien, Teile des Balkan und den Nahen Osten, zeitweise (bis etwa 1830) auch Nordafrika und Algerien beherrschten

pagal irrsinnig

Papaver somniferum Schlafmohn, aus dessen Fruchtkapseln Opium gewonnen wird

Paralytiker ein von Bewegungslähmung Betroffener

Paria sozial verachtete, rechtlose ›Unberührbare‹; Außenseiter der Gesellschaft

Pashto Sprache der → Pashtunen

Pashtunen Volk in Afghanistan und Pakistan; gliedert sich in zahlreiche Stämme

pata berishi Offiziant beim mittelasiatischen → *zikr*-Ritual

patchwork (engl. ›Flickwerk‹); Aneinanderfügen verschiedenfarbiger und verschieden gemusterter Stoffflicken

Peripatetiker in der Ethnologie verwendete Bezeichnung für Randgruppen der Gesellschaft, die nomadisierend umherziehen und selbst keine Nahrung produzieren

Phrygien historische Landschaft im westlichen Inneranatolien, Türkei

phrygische Mütze Jakobinermütze; in der Französischen Revolution als Freiheitssymbol getragene rote Mütze, die beutelförmig verlängert war

pir (pers. ›Meister‹); Heiliger und geistiger Führer von Sufis und Derwischen; s. auch *ishan, murshid, sheikh, wali*

Pol/*qutb* höchste geistige Autorität in der Heiligenhierarchie der Derwische, Zentrum der mystischen Energie; um ihn kreist die Welt, deshalb auch ›Achse‹ einer Derwischbruderschaft genannt

Qadiriyya eine der größten Derwischbruderschaften; orthodox ausgerichtet, insbesondere mit der städtischen Kultur verbunden

qajarische Zeit Herrschaftsperiode des turkmenischen Stamms der Qajaren (1774–1925)

Qalandar allgemein Bezeichnung für bettelnde Wanderderwische; im besonderen für die Anhänger der Qalandariyya, einer → *bi-shar*'-Bruderschaft, deren Mitglieder durch ihr provozierendes anti-orthodoxes Verhalten auffallen, sie vertreten häufig die Geisteshaltung der → Malamati und rasieren sich mitunter Haupt- und Barthaare

Qalandari Sprache der → Qalandar- → Peripatetiker

qawwali ekstatische, mystische Musik Indo-Pakistans

Quadragesima 40tägiges vorösterliches Fasten

Qureshi Familien, die ihre Abstammung auf die Quresh – die Verwandtschaftsgruppe des Propheten – zurückführen

qutb → Pol

Radha Gemahlin → Krishnas

Raga Melodietypen in der indischen Musik, die einen Improvisationsrahmen bilden; jedem Raga ist ein Gefühl (Trauer, Freude) zugeordnet

Rama Hindu-Gottheit, die siebte Inkarnation → Vishnus, seit Beginn des 11. Jh. kultische Verehrung, v. a. in Nordindien, wobei Rama zum Namen für den höchsten Gott wird

Ramadan der neunte Monat des islamischen Mondjahres; der Fastenmonat, in dem die Muslime von Sonnenaufgang bis Sonnenuntergang weder essen, trinken noch rauchen dürfen. Zur Nachtzeit finden oft Festlichkeiten und religiöse Andachten statt

revivalistisch wieder auflebend

Rifa'i aufgrund ihres besonders ekstatischen → *zikr*-Rufs bekannt als ›heulende Derwische‹; Rifa'i-Derwische kleiden sich schwarz, vertreten das Ideal der Armut und führen spektakuläre Gauklerpraktiken vor

Safawiden sufische Ordensmeister, dann persische Dynastie (1501–1737) mit → zwölfer-schiitischen Tendenzen; vereinten die Völker des iranischen Hochlands und leiteten eine kulturelle Blüte ein

sajjada nishin → *gaddi nishin*

sama' (›Hören‹); mystisches Konzert, meist in Verbindung mit *raqs* (›Tanzen‹); bekannteste Äußerung mystischen Lebens im Islam

Samnyasin wandernde Hindu-Mystiker und Asketen

***satwahan*-Riten** im Panjab – sowohl von Muslimen als auch von Hindus – praktizierte Riten im siebten Monat der Schwangerschaft einer Frau: Die Schwangere erhält von ihren Eltern bestimmte Geschenke; für die Verwandten wird ein Fest organisiert, und die Armen werden beschenkt

sayid Nachkommen des Propheten Mohammad

Schamane Person, die im Dienste der Gemeinschaft in einer bewußt herbeigeführten → Ekstase mit übernatürlichen Wesen in Verbindung tritt bzw. eine Seelenreise in jenseitige Sphären unternimmt

Schia ›Partei‹ ʻAlis (→ Schiiten)

Schiiten Angehörige der Schia; Bezeichnung für diejenigen Muslime, die ʻAli, den Vetter und Schwiegersohn → Mohammads, als dessen legitimen Nachfolger anerkennen; neben den Sunniten wichtigste religiöse Gemeinschaft des Islam

Seychellen-Nuß (Malediven-Nuß); bis 20 kg schwere, einsamige Frucht von der Form einer Doppelkokosnuß, größte Baumfrucht der Erde, benötigt bis zur Reife etwa zehn Jahre

shakta Verbindung shivaitischer Kulte mit solchen weiblicher Gottheiten

shariʻa das islamische Recht; integraler Bestandteil des Islam und konstituierendes Element der weltweiten Gemeinschaft aller Muslime; sie enthält die von Gott festgelegte Schöpfungsordnung, die dem Propheten → Mohammad offenbart wurde und die bis zum Jüngsten Gericht gültig ist. Geregelt werden die Beziehungen der Menschen untereinander sowie die Beziehungen zu Gott; keine Trennung zwischen sakralem und profanem Bereich

sheikh (›Meister‹); Oberhaupt einer Derwischbruderschaft; s. auch *ishan, murshid, pir, wali*

sheikh al-sajjada amtierendes Oberhaupt einer Derwischbruderschaft

sheikh al-masheikh Großscheich

sheikha weibliches Oberhaupt einer Derwischbruderschaft

Shiva (Sanskrit ›der Gnädige‹); neben Brahma und → Vishnu einer der drei Hauptgötter im Hinduismus; verkörpert den Aspekt der Zerstörung

Skythen zentralasiatisches Reitervolk (etwa 1. Hälfte des 1. Jts. v. Chr.)

stupidus (lat. ›dumm‹); stumpfsinnig, geistlos, beschränkt

Sufismus *(tasawwuf);* islamische Mystik; in der Frühzeit eher asketische Weltflucht (abgeleitet von *suf* = Wolle; die ersten Asketen trugen ein grobes Wollgewand); in späteren Zeiten entstanden subtile mystische Pfade mit dem Ziel, die geistige Vereinigung mit Gott zu erlangen; ab dem 12. Jh. bildeten sich Orden; in den folgenden Jahrhunderten wurde der Sufismus zu einer Massenbewegung, die exklusive Mystik verlor dadurch an Tiefe, andererseits gewannen nun die Gläubigen gefühlsmäßig belegte Elemente wie Tanz, Poesie, Musik hinzu, die dem offiziellen, stark ritualisierten Islam fehlten

Suhrawardiyya eine der größten Derwischbruderschaften, v. a. im Mittleren Osten und in Südasien verbreitet, vertritt eine sehr nüchterne mystische Richtung (Dichtung, Musik und Tanz werden abgelehnt)

Sure Abschnitt des Korans, der in 114 Suren gegliedert ist

Synkretismus Bezeichnung für die Verschmelzung verschiedener religiöser und philosophischer Lehren und Anschauungen

tantrische Lehren/Tantra/Tantrismus buddhistische und hinduistische Lehren, die von magischen, esoterischen, mystischen und sexualsymbolischen Vorstellungen geprägt sind; die sexuelle Vereinigung symbolisiert die Verschmelzung von Gegenpolen

›tanzende Derwische‹ → Mevleviyye

tariqa mystischer Weg (Pfad); der Sufi und Derwisch muß verschiedene, häufig schmerzvolle Stufen/Stationen auf seinem Weg zur Vervollkommnung und geistigen Vereinigung mit Gott (→ *fana'*) durchlaufen; Hauptschritte sind Reue, Gottvertrauen und Armut

tasawwuf → Sufismus

Tatauierung (Tätowierung); Muster und Zeichnungen auf der menschlichen Haut, mittels winziger Stiche und Ritzungen angebracht

tawakkul Begriff aus der sufischen Gedankenwelt: unbedingtes Gottvertrauen und vollkommene Hingabe an Gott; der Mensch überläßt sich völlig der allumfassenden Weisheit, Macht und Barmherzigkeit Gottes; *tawakkul* führt zu vollkommenem inneren Frieden

Tonsur kreisrund geschorene Stelle auf dem Kopf katholischer Mönche

Transvestiten Personen mit dem inneren Drang, sich äußerlich dem anderen Geschlecht anzugleichen

Turi in der pakistanischen North-West Frontier Province lebender kleinerer Stamm der → Pashtunen

Turkmenen v. a. in Turkmenistan, aber auch im Iran und in Nordafghanistan lebendes Turkvolk

'ulama orthodoxe islamische Rechtsgelehrte

unio mystica → *fana'*

Urdu neuindische Sprache, die sich im 13./14. Jh. entwickelte, in Pakistan als Amtssprache verwendet, auch in Nordindien weit verbreitet

Urethra Harnröhre

'urs (›heilige Hochzeit‹); Todestag eines Heiligen und alljährliche Feier dieses Ereignisses am Schrein des jeweiligen Heiligen

Uzbeken in Uzbekistan, aber auch in Nordafghanistan und Tajikistan lebendes Turkvolk

Vaishnava Verehrer → Vishnus

via negativa (lat. ›negativer Weg‹); Reinigung und Läuterung von Geist und Seele durch Askese

virahini treue sehnsuchtsvolle Hindu-Ehefrau

Vishnu (›der Durchdringende‹); neben Brahma und → Shiva einer der Hauptgötter im Hinduismus; gilt als Erhalter und Schützer der Welt; Vishnu erscheint in zehn Inkarnationen auf der Erde (u. a. als → Krishna), um die Welt von Dämonen zu befreien

wajd → Ekstase

wali (Pl. *auliya*); Heiliger, Freund Gottes

Wesir ursprünglich der privat besoldete Assistent oder Berater des Kalifen; in späterer Zeit oberster ›Beamter‹ der Administration

Wolof ethnische Gruppe im Senegal

yaktaro → *ektara*

Yoga indische Lehre der geistigen Konzentration und Entspannung; durch Meditation, Askese und andere körperliche Übungen soll der Geist vom Körper befreit werden und so zu höherer Erkenntnis gelangen

Yogi Name indischer Büßer, welche die Praxis des → Yoga ausüben

Zarathustra im zweiten Viertel des 1. Jts. v. Chr. in Baktrien wirkender Reformator der altiranischen Religion, Begründer der dualistischen (Gut und Böse, geistige und körperliche Wirklichkeit) → zoroastrischen Religion (Parsismus)

***zar*-Kult** Besessenheitskult in Ägypten; im Laufe des Rituals sollen durch Musik und gemeinsamen ekstatischen Tanz sogenannte *zar*-Geister, von denen insbesondere Frauen besessen sind, beruhigt werden

zikr *(dhikr);* rituelles Gottgedenken; geistige Übung/Ekstasetechnik der Sufis und Derwische beim Fortschreiten auf dem mystischen Pfad (→ *tariqa*); der *zikr* ist im Gegensatz zum Gebet überall und zu jeder Zeit erlaubt; bestimmte Formeln werden laut oder nur in Gedanken immer wieder aufgesagt; wichtig sind dabei besondere Sitzhaltungen und Atemtechniken

Zikri in Pakistanisch-Baluchistan und Karachi verbreitete Gruppe der → Baluch; als religiöse Sekte praktizieren sie insbesondere den → *zikr*

zinda ›lebend‹

Zoroastrismus iranische Religion, die auf Zoroaster, d. i. → Zarathustra, zurückgeht

Zwölfer-Schiiten größte Gruppe der → Schiiten; nach ihrer Überzeugung lebt der zwölfte → Imam (→ Mahdi) seit 873/74 bis 940 in ›kleiner‹ und seit 940 bis heute in ›großer Verborgenheit‹; Staatsreligion im Iran

Abbildungsnachweis

Farbabbildungen

Jürgen Frembgen, Gröbenzell Titelbild (1992), 9–10 (1991), 11 (1989), 12 (1984), 13 (1989), 14 (1988), 15 (1992)

Sammlung Prinz Sadruddin Aga Khan, Genf 3

Sammlung Karl Schlamminger, München 4, 5

Staatliche Museen Preußischer Kulturbesitz, Museum für Völkerkunde, Berlin (alle Aufnahmen: D. Graf) Umschlagrückseite (Inv.-Nr. IB 183), 16 (Inv.-Nr. IB 180)

Staatliches Museum für Völkerkunde, München (alle Aufnahmen: M. Weidner) 1 (Inv.-Nr. 88–311 095), 2 (Inv.-Nr. 77–11–400), 6 (Inv.-Nr. 88–310 822), 7 (Inv.-Nr. 88–310 826), 8 (Inv.-Nr. 88–310 817)

Schwarzweißabbildungen

Nils Ambolt, Schweden S. 80, S. 132 unten (mit freundlicher Genehmigung von Gunnar Jarring, Viken/Schweden)

Bayrisches Nationalmuseum, München S. 18 (Slg. Kriss & Kriss-Heinrich), S. 26 (Slg. Kriss & Kriss-Heinrich)

aus: Bodenstedt, Friedrich Die Völker des Kaukasus und ihre Freiheitskämpfe gegen die Russen. Frankfurt/M. 1848 S. 61 (S. 96)

The British Library S. 135 (Inv.-Nr. Or. 1362, Folio 142 recto), S. 191 (Inv.-Nr. Or. 7573, Folio 66 verso)

The British Museum, London S. 73 (Inv.-Nr. 13.6.83 lot 44), S. 189 (Inv.-Nr. BM Sloan Ms. 1928, 3–23, 046, Folio 92)

aus: Buschan, Georg Die Sitten der Völker, II. Stuttgart u. a. o. J. S. 86 (Abb. 325)

aus: Crooke, William The Native Races of the British Empire. Natives of Northern India. London 1907 S. 117 (Abb. 16)

aus: Folk Heritage of Pakistan, I. (Hrsg.: Institute of Folk Heritage Islamabad). Islamabad 1977 S. 146/147 (S. 62)

Jürgen Frembgen S. 35 (1989), S. 42/43 (1988), S. 56 (1978), S. 58 (1989), S. 68 (1988), S. 76 oben (1989), S. 76 unten (1991), S. 77 oben (1992), S. 77 unten (1989), S. 84 (1991), S. 92 (1992), S. 138 (1992), S. 145 (1991), S. 169 (1990), S. 172 (1989), S. 181 (1992)

Alfred Janata, Wien S. 164 (1958)

Eberhard Krüger, München S. 127 (1958)

Jan Marek, Prag S. 74

aus: Moser, Heinrich Durch Central-Asien. Leipzig 1888 S. 50 (S. 389)

Museum für Völkerkunde, Wien S. 69 (Inv.-Nr. 2744; Agenturphoto), S. 178 (Inv.-Nr. 3077; Agenturphoto aus der Slg. Franz Heger)

Privatbesitz Hans Georg Maier, München S. 193

Religionskundliche Sammlung Marburg S. 148 (Inv.-Nr. Hi 4/305)

aus: Rosen, Friedrich Persien in Wort und Bild. Berlin 1926 S. 10 (S. 146), S. 83 (S. 166), S. 132 oben (S. 147)

Sächsische Landesbibliothek, Dresden S. 199 (Inv.-Nr. Ms. Eb 362, Folio 25 a; Richter)

Sammlung Baron Maurice Rothschild, Paris S. 90

Staatliches Museum für Völkerkunde, München (wenn nicht anders angegeben: Aufnahmen von M. Weidner) S. 15 (Archiv; aus dem Album »Punjab & North West Provinces«, Nr. 27a; Photoatelier Shepherd & Robertson), S. 25 (Inv.-Nr. 88–310 820), S. 28 (Inv.-Nr. 88–310 830), S. 31 (Inv.-Nr. 31–7–1; Slg. M. Schede), S. 36/37 (Inv.-Nr. 88–310 829), S. 40 (Inv.-Nr. 88–310 818), S. 53 (Inv.-Nr. 88–310 833), S. 110 (Inv.-Nr. 88–310 803), S. 120/121 (Archiv; aus dem Album »Punjab & North West Provinces«, Nr. 71a; Photoatelier Shepherd & Robertson), S. 130 (Archiv; aus dem Album »India. Miscellaneous«, VIII, Nr. 64; Photoatelier Shepherd & Robertson), S. 140/141 (Inv.-Nr. 88–310 808; S. Autrum-Mulzer), S. 142 (Archiv; aus dem Album »Punjab & North West Provinces«, Nr. 29; Photoatelier Shepherd & Robertson), S. 150 oben (Inv.-Nr. 90–313 344; S. Autrum-Mulzer), S. 150 unten Inv.-Nr. 7102, S. Autrum-Mulzer), S. 159 (Inv.-Nr. 88–311 097), S. 177 (Archiv; aus dem Album »Punjab & North West Provinces«, Nr. 28; Photoatelier Shepherd & Robertson), S. 186/187 (Archiv)

Staatsbibliothek Preußischer Kulturbesitz, Berlin S. 46, S. 49, S. 64

Victoria & Albert Museum, London Frontispiz (Photoatelier Klein & Peyerl Comp., Madras; um 1920/30)

Zeichnungen von Petra Thalmeier, München S. 79 (nach einer Abb. von Nicolas de Nicolay 1568; aus: G. Völger/K. von Welck [Hrsg.] Männerbande – Männerbünde. Zur Rolle des Mannes im Kulturvergleich, I. Köln 1990: 207), S. 149 (von links nach rechts: nach Inv.-Nr. Hi 2/294 der Religionskundlichen Sammlung Marburg; nach Abb. aus: Egerton, Wilbrahim An Illustrated Handbook of Indian Arms and those of Nepal, Burma, Thailand und Malaya. London 1880; Repr. Bangkok 1981: Abb. 4; ibid. Abb. 639; ibid. Abb. 470), S. 151 oben (von links nach rechts: nach Inv.-Nr. 18.15:123 des Hamburgischen Museums für Völkerkunde; nach Abb. aus: Quedenfeldt, M. Aberglaube und religiöse Bruderschaften bei den Marokkanern. In: Verhandlungen der Berliner Anthropologischen Gesellschaft [1886], S. 671–692, Abb. 9), S. 151 unten (von links nach rechts: nach Abb. aus: Quedenfeldt, Abb. 12; nach Inv.-Nr. 18.15:125 des Hamburgischen Museums für Völkerkunde), S. 157 (nach einer Abb. in einer deutschen Handschrift des 16. Jh., aus: Schweizer, Gerhard Die Derwische. Heilige und Ketzer des Islam. Salzburg 1980: 217)

Karte: DuMont Buchverlag, Köln

Personenregister

Ehren- und Amtstitel (Khwaja, Pir, Sayid, Sheikh, Sidi etc.) sind dem Namen nachgestellt.

Orts- und Sachregister

Kleine Geschichte der islamischen Kunst

Herausgegeben von Hans-Thomas Gosciniak. 438 Seiten mit 149 einfarbigen Abbildungen, 18 Plänen und Grundrissen, Glossar, Bibliographie, Register, kartoniert (DuMont Taschenbücher, Band 235)

»Zehn Autoren haben in 18 Beiträgen die Essenz ihres Spezialwissens eingebracht, um den Irritationen faszinierter Nordafrika- oder Orientreisender entgegenzuwirken, wenn sie sich mit islamischer Architektur und Kunst konfrontiert sehen. Allgemeine Aufklärung über Grundlagen, Botschaft, Geschichte und Wandel dieser Kulturzeugnisse ist das erklärte Ziel, Allgemeinverständlichkeit und Sachkundigkeit der folgerichtig eingeschlagene Weg. Für den interessierten Laien ein kleines Standardwerk mit Karten, Plänen, Illustrationen, alphabetisch geordneten Fachbegriffen und allem, was sonst dazugehört.«

Westfälische Nachrichten

DuMont Taschenbücher

Stand Frühjahr '93

Band 2
Horst W. und Dora Jane Janson
Malerei unserer Welt

Band 3
August Macke – Die Tunisreise

Band 4 Uwe M. Schneede
René Magritte

Band 6 Karin Thomas **DuMont's kleines Sachwörterbuch zur Kunst des 20. Jahrhunderts**

Band 8 Christian Geelhaar
Paul Klee

Band 13 Joseph-Émile Muller
DuMont's kleines Lexikon des Expressionismus

Band 14 Jens Christian Jensen
Caspar David Friedrich

Band 15 Heijo Klein **DuMont's kleines Sachwörterbuch der Drucktechnik und grafischen Kunst**

Band 18 Horst Richter
Geschichte der Malerei im 20. Jahrhundert

Band 23 Horst Keller
Marc Chagall

Band 25 Gabriele Sterner
Jugendstil

Band 26 Jens Christian Jensen
Carl Spitzweg

Band 28 Hans Holländer
Hieronymus Bosch

Band 30
Johannes Pawlik (Hrsg.)
Malen lernen

Band 31 Jean Selz
DuMont's kleines Lexikon des Impressionismus

Band 32 Uwe M. Schneede
George Grosz

Band 33 Erwin Panofsky
Sinn und Deutung in der bildenden Kunst

Band 35 Evert van Uitert
Vincent van Gogh

Band 37 Bob Haak **Rembrandt**

Band 38 Ingeborg Tetzlaff
Romanische Kapitelle in Frankreich

Band 39 Joost Elffers (Hrsg.) **TANGRAM**

Band 40 Walter Pach
Pierre Auguste Renoir

Band 44 Fritz Baumgart
DuMont's kleines Sachlexikon der Architektur

Band 47 Paul Vogt **Der Blaue Reiter**

Band 59 Hugo Munsterberg **Zen-Kunst**

Band 65 Harald Küppers
Das Grundgesetz der Farbenlehre

Band 66
Sam Loyd/Martin Gardner (Hrsg.)
Mathematische Rätsel und Spiele

Band 69 Erich Burger
Norwegische Stabkirchen

Band 70 Ernst H. Gombrich
Kunst und Fortschritt

Band 71 José Pierre
DuMont's kleines Lexikon der Pop Art

Band 73 Gabriele Sterner
Barcelona: Antoni Gaudi

Band 74 Eckart Kleßmann
Die deutsche Romantik

Band 77 Wolfgang Hainke **Siebdruck**

Band 78 Wilhelm Rüdiger
Die gotische Kathedrale

Band 83
Ekkehard Kaemmerling (Hrsg.)
Bildende Kunst als Zeichensystem

Band 84 Hermann Leber
Plastisches Gestalten

Band 85
Sam Loyd/Martin Gardner (Hrsg.)
Noch mehr mathematische Rätsel und Spiele

Band 88 Thomas Walters (Hrsg.) / Gabriele Sterner
Jugendstil-Graphik

Band 90 Ernesto Grassi
Die Theorie des Schönen in der Antike

Band 91 Hermann Leber
Aquarellieren lernen

Band 93
Joost Elffers / Michael Schuyt
Das Hexenspiel

Band 95 Karl Hennig
Japanische Gartenkunst

Band 99 Bernd Fischer
Wasserburgen im Münsterland

Band 101 Felix Freier
Fotografieren lernen – Sehen lernen

Band 103 Kurt Badt
Die Farbenlehre van Goghs

Band 112 Alexander Adrion
Die Kunst zu zaubern

Band 114 Peter-T. Schulz
Der Kuckuck und der Esel

Band 115 Angelika Hofmann **Ton**

Band 123 Fritz Winzer
DuMont's Lexikon der Möbelkunde

Band 124 Walter Dohmen
Die Lithographie

Band 128 Lu Bro
Wie lerne ich Zeichnen

Band 130 Bettina Gruber/Maria Vedder
DuMont's Handbuch der Video-Praxis

Band 131 Anneliese u. Peter Keilhauer
Die Bildsprache des Hinduismus

Band 133
Barbara Salberg-Steinhardt
Die Schrift

Band 135 Karlheinz Schüssler
Die ägyptischen Pyramiden

Band 142 Rudolf Wittkower
Allegorie und der Wandel der Symbole in Antike und Renaissance

Band 143 Martin Warnke (Hrsg.)
Politische Architektur

Band 144 Miriam Magall
Kleine Geschichte der jüdischen Kunst

Band 145 James F. Fixx
Rätsel und Denkspiele mit Seitensprung

Band 148 Renée Violet
Kleine Geschichte der japanischen Kunst

Band 149 Lawrence Treat
Detektive auf dem Glatteis

Band 150
Alexandra Lavizzari-Raeuber
Thangkas

Band 156 Herbert Alexander Stützer
Kleine Geschichte der römischen Kunst

Band 157 Paul Maenz **Die 50er Jahre**

Band 159 Anita Rolf
Kleine Geschichte der chinesischen Kunst

Band 160 Felix Freier / Norbert Sarrazin
Fotos: Selbst entwickeln – Selbst vergrößern

Band 164 Nora Gallagher
Wohnzimmerspiele – alt und neu

Band 167 Eckhard Neumann (Hrsg.)
Bauhaus und Bauhäusler

Band 170 Hans Sedlmayr
Die Revolution der modernen Kunst

Band 171 Ernst H. Gombrich
Eine kurze Weltgeschichte für junge Leser

Band 173 Eve-Marie Helm
555 Teekessel

Band 174 Abbie Salny / Marvin Grosswirth
Phantastische Mensa-Rätsel

Band 177 Vittorio Lampugnani
Architektur als Kultur

Band 182 Martin Schuster
Kunsttherapie

Band 184 Wilfried Hansmann
Balthasar Neumann

Band 185 Manfred Görgens
Kleine Geschichte der indischen Kunst

Band 190 Peter Bolz / Bernd Peyer
Indianische Kunst Nordamerikas

Band 191 Abbie Salny/Marvin Grosswirth
Das endgültige Mensa-Quiz-Buch

Band 193 Gerald Kahan **$E = mc^2$**

Band 197 Andreas Mäckler (Hrsg.)
Was ist Kunst ... ?

Band 200 Peter-T. Schulz **Ein Glück!**

Band 201 Ernst Kitzinger
Kleine Geschichte der frühmittelalterlichen Kunst

Band 203 Wolfgang Müller
Kleine Geschichte der altamerikanischen Kunst

Band 206 Peter Sager
Unterwegs zu Künstlern und Bildern

Band 211 Marion Milner
Zeichnen und Malen ohne Scheu: Ein Weg zur kreativen Befreiung

Band 212 Toshihiko und Toyo Izutsu
Die Theorie des Schönen in Japan

Band 213 Scot Morris
Rätsel für Denker und Tüftler

Band 214 Karlheinz Schüssler
Kleine Geschichte der ägyptischen Kunst

Band 218 Joachim Petsch
Eigenheim und gute Stube

Band 219 Till Förster
Kunst in Afrika

Band 221 Johannes Stahl **An der Wand**

Band 222 Herbert Alexander Stützer
Ravenna und seine Mosaiken

Band 223 Rolf Harris
Cartoon-Zeichnen leicht gemacht

Band 224 Jochen Maes **Fahrradsucht**

Band 225 Erwin Panofsky
Gotische Architektur und Scholastik

Band 226 Richard Kostelanetz
John Cage im Gespräch

Band 228 Otto J. Brendel
Was ist römische Kunst?

Band 230 Kasimir Malewitsch
Suprematismus – die gegenstandslose Welt

Band 232 Martin Kuckenburg
Die Entstehung von Sprache und Schrift

Band 234 Gerhard Kebbel
DuMont's verblüffendes Fremdwörterbuch

Band 235
Hans-Thomas Gosciniak (Hrsg.)
Kleine Geschichte der islamischen Kunst

Band 236 Klaus Eid / Hakon Ruprecht
Collage und Collagieren

Band 238 Michael Jäger
Die Theorie des Schönen in der Italienischen Renaissance

Band 239 William C. Seitz **Claude Monet**

Band 242 Dan Ritchard/Kathleen Moloney
Die Kunst des Bauchredens

Band 243 Michael Holt **$3 \times 3 = 9$?**

Band 244 Felix Thürlemann
Vom Bild zum Raum

Band 246 Günter Spitzing **Athos**

Band 247 Esther u. Klaus Gallwitz (Hrsg.)
Rußlandbilder

Band 248 Kai-Uwe Hemken **El Lissitzky**

Band 249 Andreas Franzke **Dubuffet**

Band 250 Evi Melas **Delphi**

Band 251 Ulrich Vielmuth
Lexikon für Videofilmer

Band 252 Andreas Mäckler
Anthroposophie und Malerei

Band 254 Christian W. Thomsen (Hrsg.)
Aufbruch in die Neunziger

Band 255 Franziska Ehmcke
Der japanische Tee-Weg

Band 256 Johann N. Schmidt
Wolken-Kratzer

Band 258 Friedhelm W. Fischer
Max Beckmann

Band 259 Winfried Hönes
Was ist Glück ...?

Band 260 Walter Kugler
Rudolf Steiner und die Anthroposophie

Band 261 Herbert Alexander Stützer
Frühchristliche Kunst in Rom

Band 262 Horst Gatermann
Die Osterinsel

Band 263 Hajo Düchting **Franz Marc**

Band 264 Joachim Heusinger von Waldegg
James Ensor

Band 265 Jutta Ströter-Bender
Zeitgenössische Kunst der ›Dritten Welt‹

Band 266 Wolfgang Walenski
Der Offsetdruck

Band 267 Christa Murken-Altrogge
Paula Modersohn-Becker

Band 268 George Michell
Der Hindu-Tempel

Band 269 Klaus Urbons **Copy Art**

Band 270 Hans Gekeler
Taschenbuch der Farbe

Band 271 Gustav Vriesen
Robert Delaunay

Band 272 Burchard Brentjes
Die Kunst der Mauren

Band 273 Hermann Bauer/Hans Sedlmayr
Rokoko

Band 274 Harald Küppers
Schule der Farben

Band 275 Hans Christian Kirsch (Hrsg.)
William Morris
Wie wir leben und wie wir leben könnten

Band 276 Russel Page
Ich schuf Gärten in aller Welt

Band 277 Margery Fish
Blumen für jeden Tag

Band 278 Martin Schuster
Wodurch Bilder wirken

Band 279 Peter Gendolla
Zeit – Zur Geschichte der Zeiterfahrung

Band 280 Eva Howarth
DuMont's Schnellkurs ›Kunstgeschichte‹

Band 281 Eva Howarth
DuMont's Schnellkurs ›Architektur‹

Band 282 Jutta Ströter-Bender
Die Muttergottes

Band 283 Dieter Daniels
Duchamp und die anderen

Band 284 Wilfried Hansmann
Im Glanz des Barock

Band 285 Gerd Presler
Glanz und Elend der Zwanziger Jahre

Band 286 Norbert Eisold
Das Dessau-Wörlitzer Gartenreich
(März 1993)

Band 287 Gregory Fuller
Kitsch-Art

Band 288 Felix Freier
DuMont's Lexikon der Fotografie

Band 289 Margery Fish
Naturnah und schön:
pflegeleichte Gärten (März 1993)

Band 290 Margery Fish
Die schönsten Blumen für den Cottage-Garten

Band 291 Ingrid Kreide-Damani
Kunstethnologie

Band 292 Mario-Andreas Lüttichau
Otto Mueller

Band 293 Herbert Alexander Stützer
Die Etrusker und ihre Welt

Band 294 Niels Gutschow/Alex Michaels **Benares** (Frühjahr 1993)

Band 295 Jürgen Frembgen
Derwische (April 1993)

Band 296 Ulrich Vielmuth
DuMont's Ratgeber für Videofilmer
(April 1993)

Band 297 Hubertus Gaßner
Joan Miró (April 1993)

Band 298 Martin Kuckenburg
Vom Jägerlager zum Fürstensitz
(Juli 1993)

Band 299 Gerhard Steinborn
Muttergöttinnen (Juli 1993)